卓越教师 教学主张丛书

厦门市卓越教师培育项目成果
西南大学教育学"双一流"学科建设实践成果
总主编 陈 珍 朱德全

本原物理

促发深度学习

洪进步 著

西南大学出版社
国家一级出版社 全国百佳图书出版单位
·重庆·

图书在版编目(CIP)数据

本原物理:促发深度学习/洪进步著. -- 重庆:西南大学出版社, 2024.10. -- (卓越教师教学主张丛书). -- ISBN 978-7-5697-2732-6

Ⅰ.G633.72

中国国家版本馆CIP数据核字第20240R6S03号

本原物理:促发深度学习
BENYUAN WULI: CUFA SHENDU XUEXI

洪进步　著

责任编辑:杨景罡
责任校对:尹清强
封面设计:闰江文化
版式设计:散点设计
排　　版:江礼群
出版发行:西南大学出版社(原西南师范大学出版社)
　　　　　地址:重庆市北碚区天生路2号
　　　　　邮编:400715
　　　　　市场营销部电话:023-68868624
印　　刷:重庆亘鑫印务有限公司
成品尺寸:170 mm×240 mm
印　　张:15.75
字　　数:285千字
版　　次:2024年10月　第1版
印　　次:2024年10月　第1次印刷
书　　号:ISBN 978-7-5697-2732-6
定　　价:58.00元

编委会

总主编

陈　珍　朱德全

副总主编

洪　军　刘伟玲　庄小荣　潘世锋　罗生全　周文全

执行主编

范涌峰　魏登尖

编委（以姓氏笔画为序）

王天平　王正青　牛卫红　艾　兴　叶小波　朱德全
庄小荣　刘伟玲　陈　珍　陈　婷　范涌峰　罗生全
周文全　郑　鑫　赵　斌　侯玉娜　洪　军　唐华玲
　　　　　　　　　　　　韩仁友　潘世锋　魏登尖

总序

习近平总书记在2024年全国教育大会上指出,要实施教育家精神铸魂强师行动,加强师德师风建设,提高教师培养培训质量,培养造就新时代高水平教师队伍。《中共中央 国务院关于弘扬教育家精神加强新时代高素质专业化教师队伍建设的意见》指出,要加强中小学学科领军教师培训,培育一批引领基础教育学科教学改革的骨干。强化中小学名师名校长培养。

厦门市历来重视名师队伍的培育培养工作,根据教师专业成长规律,经二十年探索,逐步形成了"骨干教师—学科带头人—专家型教师—卓越教师"的金字塔式名师阶梯成长体系。自2021年起,厦门市教育局与西南大学开展战略合作,共同推进厦门教育高质量发展和教师队伍建设。"厦门市首期卓越教师培育项目"是由厦门市教育局与西南大学教育学部联合倾力打造的精品培训项目,也是厦门市迄今为止最高层次的教师培训项目。该项目旨在打造一支具有教育情怀、高尚师德,富有创新精神,具有鲜明教育教学思想和教学主张,在教育教学和教育科研上发挥领军作用的高层次教育人才队伍。项目以产出导向为理念,坚持任务驱动,通过个人自学、高端访学、课题研究、讲学辐射、挂钩帮扶、发表论文、出版专著、提炼教育思想、推广教学主张等方式优化培育过程。

三年琢磨,美玉渐成。通过三年的探索,围绕成为"有实践的思想者"这一核心目标,每一位卓越教师培育对象形成了特色鲜明、理念前沿的教学主张，并以教学主张为中心形成了一本专著，从而汇集成目前呈现在大家面前的"卓越教师教学主张丛书"。本丛书，既是"厦门市首期卓越教师培育项目"三年实施成果的沉淀，是每一位卓越教师培育对象思想的结晶，也是西南大学教育学"双一流"学科建设的实践成果。

　　仔细阅读本丛书，可以欣喜地看到，卓越教师培育对象们不仅能敏锐地捕捉到教育教学领域的难点、热点问题，揭示其中的本质规律，还能结合本地教学实际智慧地提出解决方案。总体来说，本丛书有以下三个方面的特点。

　　一是有较浓厚的学术气息。29位培育对象中有获得国家、省级基础教育教学成果奖的教师，有正高级教师，有省特级教师，但他们还在不断突破，追寻对教育教学本质的理解，追寻从实践到思想的蝶变，追寻高水平的专业表达。他们从实践中提炼出主张，再用主张引领实践，他们在书稿中融入了理论的阐释，学会了建构模型，并借助模型简洁地表述自己的教育教学思想，读起来不生涩也不单调。

　　二是有较强的系列探索味道。《义务教育课程方案（2022年版）》提出，应做好学段间的教育教学衔接。29位培育对象中，既有教育科研专职人员和学校的管理者，也有班主任、一线教师等，研究成果覆盖了小学、初中和高中的大部分学科，最终形成了29本培育对象教学主张的专著和1本全景式呈现卓越教师培育的经验和初步成效的论著。因此，本丛书既有基于教育者几十年教学实践的思想提炼，又有深入课堂的案例剖析，可以"用眼睛来读"，作为教师专业发展的自读文选；也可以"用行动去做"，作为教学范例直接进入课堂实践，在行动研究中孵化、创生；也适合专门研究者或管理人员参阅，从中窥探从小学到高中的教育教学重点与发展脉络。

三是有鲜明的课程育人特色。本丛书的撰写以学科课程为载体,以学科课程核心素养为目标,积极探索新时代背景下的育人方式变革,寻求育人最佳路径,以德施教,立德树人。因此,单看每本专著,已能感受到其中鲜明的课程育人特色,综合丛书来看,这一特色更加明显。

期盼厦门市首批卓越教师培育对象大力弘扬践行教育家精神,追求卓越的步伐永不停留,不断完善、应用和推广自己的教学主张和教学成果,为厦门教育做出更多更大的贡献。也期盼本丛书能为广大中小学教师深化教学改革提供参考,为教育学"双一流"学科服务教育实践提供借鉴。

是为序。

陈 珍

(中共厦门市委教育工委书记、厦门市教育局局长)

朱德全

(西南大学教育学部部长、西南大学教育学一流学科建设"首席责任专家"、国家重大人才工程特聘教授、国务院学位委员会学科评议组成员)

序言

在古代,无论中外都提到"本"的重要性。《论语》有言:君子务本,本立而道生。西汉《说苑》也提到:万物得其本者生,百事得其道者成。西方哲学的第一问即本原是什么。教育,作为人类传递社会生产、生活经验并培养人才的社会活动,其本原和价值一直是教育领域乃至整个社会思考的焦点。

教育的终极目的是人的发展,离开了人,就没有了教育。教育的本原性目的,表现为对人的关注,教育是为了使每个人成为更好的自己。学习是人类的天性,是一种与生俱来的素质。人生下来,就会学习,碰到新奇的、未知的人与事,会不停地追问:"这是什么?""那怎么啦?""这为什么?""那怎么办?"……所有这些问题,本质上都是孩子探究未知世界的学习过程。所以,可以说学习先于教育而存在,教育是为了使每个人学得更快、更好而在社会进化中逐渐产生和形成的。

从教学本源上来说,学是本原性的存在,教是条件性的存在。无论是从个体发展还是人类整体发展来说,学都先于教而存在,教服务于学。本原教学体现回归学为中心、回归学科本质、凸显学科价值、回归物理学科育人的本原。

合理的教学革新需明确界定教学的价值观、知识观、学习观,教学过程中教师与学生的关系,教与学的关系,以及教学方式与组织形式、教学时间、教学空间、教学环境与资源等基本问题。多年以来,我们对"教师中心"持有一致的反对观点,转而走向了"学生中心""学习中心",从强调学生的主体地位和自主发展的角度看,这种转变无疑是有价值的、积极的。但从教学改革思维方式上看,这种转变并没有触及本质,依然是"点状思维"和"中心思维",依然没有处理好教与学、教师与学生、知识与素养等方面的关系。其实教师与学生、教与学的关系是成对耦合的关系。为了凸显学生的主体地位,激发学生主动参与、自主学习,各种从教学时间分配、教学先后程序转换的教学模式,极易出现割裂教与学之间动态耦合、相映异构关系的各种问题。严谨的教学改革,必须澄清教学价值观、课程知识观、学习观、教学过程观、教学环境观,实现教学价值重建、教学结构重组、教学程序重设、教学文化重构。

在这个知识更新迅速、技术不断进步的时代,教育领域正面临着前所未有的挑战与机遇。作为科学教育的重要组成部分,物理教学不仅承载着传授知识、培养技能的使命,更肩负着培养学生科学素养、创新精神和社会责任感的重任。《本原物理:促发深度学习》一书,正是在这样的背景下应运而生,为我们提供了一种全新的教学理念和实践路径。

"深度学习"是21世纪学校变革的风向标,也是我国新课程改革以来一直倡导的教学指导方针。本书深入探讨了深度学习的内涵,明确了其在物理教学中的重要性。作者不仅阐述了深度学习的特征和效果,更提出了一套系统的本原物理教学模式,旨在通过逆向教学设计,引导学生回归学习的本质,激发他们的探究欲望和创新精神。

在阅读本书的过程中,我被作者对教学逻辑的深刻理解和对学科育人价值的独到见解所打动。特别是书中关于学科核心素养的解读,以及如何通过物理教学来培养学生的关键能力,给我留下了深刻的印象。这些内容不仅对于物理教师的教学实践具有指导意义,对于其他学科的教学改革同样具有借鉴价值。

本书的核心在于本原物理教学的提出与实践。作者认为,本原物理教学应回归"学为中心",强调学生的主体地位,倡导教师在教学过程中扮演引导者和促进者的角色。通过逆向设计教学框架,本书为教师提供了一种从学习结果出发,逆向规划教学活动的方法,以确保教学活动能够有效地促进学生的深度学习。

在探讨学科育人功能时，作者深刻地指出了物理学科在培养学生科学精神、科学态度和科学方法方面的独特价值。物理学科的核心素养，如科学探究能力、批判性思维和创新能力，是学生终身学习和适应社会发展的关键。作者通过具体的教学案例，展示了如何将这些素养融入到日常教学中，使之成为学生学习的一部分。

书中对物理教学要素的探讨，如学习目标的层次化、学习内容的结构化、学习评价的持续化以及学习活动的多样化，为我们提供了一套系统的教学设计框架。这些要素不仅有助于教师更有效地组织教学活动，也有助于学生更深入地理解和掌握物理知识。

在教学策略方面，本书提出了重新审视物理概念教学与物理规律教学的必要性，并探讨了如何重构这些教学内容，使之更加符合深度学习的要求。此外，作者还强调了外显物理思想方法和融合物理学史在物理教学中的重要性，这些内容不仅能够丰富学生的学习体验，也能够加深他们对物理概念和规律的理解。

物理学不仅是一门科学，更是一种探索精神和哲学思考的体现。古希腊哲学家亚里士多德曾对物理学的本质进行过深刻思考，他认为物理学是研究自然界本原的学科。而《本原物理：促发深度学习》一书，正是继承了这一思想传统，致力于探索物理教学的本质和规律，也为我们提供了一种新的思考和实践路径。这种探索精神和哲学思考将引领我们不断前行，拓展认知的边界。

林伟庆

（厦门市特级教师协会会长

厦门市教育科学研究院原院长

福建省杰出教师）

目录

第一章　本原物理教学的深度学习缘起

第一节　深度学习的意涵 ………………………………………003
第二节　深度学习的底线逻辑 ……………………………………014
第三节　深度学习的思维发展 ……………………………………020
第四节　深度学习到本原教学 ……………………………………032

第二章　本原物理教学的阐述

第一节　揭示本原物理内涵 ………………………………………049
第二节　实现学科育人功能 ………………………………………058
第三节　发展学科核心素养 ………………………………………065
第四节　建立学科核心思想 ………………………………………072
第五节　提升学科关键能力 ………………………………………077

第三章　本原物理教学的学习观

第一节　学习的本质与发展 ………………………………………087
第二节　学习的过程与意义 ………………………………………091
第三节　学习的境界与层次 ………………………………………098

第四章　本原物理教学的教学观

  第一节　体现物理学科本质 …………………………………… 115
  第二节　强化学科技能教学 …………………………………… 123
  第三节　凸显深度教学过程 …………………………………… 139

第五章　本原物理的教学要素

  第一节　学习目标层次化 ……………………………………… 147
  第二节　学习内容结构化 ……………………………………… 155
  第三节　学习评价持续化 ……………………………………… 163
  第四节　学习活动多样化 ……………………………………… 170

第六章　本原物理教学策略

  第一节　再论物理概念规律教学 ……………………………… 181
  第二节　重构物理概念规律教学 ……………………………… 189
  第三节　外显物理思想方法 …………………………………… 200
  第四节　融合物理学史 ………………………………………… 214

参考文献 ………………………………………………………………… 229

后记 ……………………………………………………………………… 235

第一章

本原物理教学的深度学习缘起

第一节 深度学习的意涵

学生进行深层次的物理学习,对学生的核心素养发展有着重要意义。由于学科核心素养是可迁移的基础知识、关键能力、必备品格和正确价值观的综合体,其习得与发展依赖于深度学习过程,深度学习是落实学科核心素养培育的重要途径。

一 深度学习的概念辨析

(一)"深度学习"与"浅层学习"

何为"深度学习"?国内外学者从不同角度、不同侧面进行了探讨。

所谓学习的"深"与"浅",具体地说,是从比较"深度学习"与"浅层学习"究竟存在哪些差异开始的。研究者认为"深度学习"是指"寻求意义的学习";"浅层学习"是指"着眼于个别用语与事实的学习"。两种学习的特征形成鲜明的对照,如表1-1所示。

表1-1 深度学习与浅层学习的特征

深度学习	浅层学习
1.同既有知识与经验链接起来进行思考。	1.知识碎片化。
2.掌握普遍的范式与内在的原理。	2.记忆知识和例行的操作步骤。
3.基于证据,引出结论。	3.对新颖思考的意义感到困惑。
4.关注逻辑性与推理,展开批判性探讨。	4.几乎不寻求学程或课题的价值和意义。
5.体悟学习中的成长。	5.缺乏学习目的与策略的反思。
6.潜心学程内容,孜孜以求。	6.心理压力过大,忧心忡忡。

这就是说,两者的差别在于"深度学习"是寻求意义与知识、经验的链接,发现共同的范式与原理,琢磨证据的检验与讨论的批判性,认识自我理解的水准;而"浅层学习"是作为碎片化知识的暗记与再现,不寻求价值与意义,意味着无意义、无目的的学习。马克泰格(J. McTighe)与维金斯(G. Wiggins)从"把握普遍

的范式与内在的原理"的特质出发,发现学习者思考知识与其他知识的关联,同经验链接起来,加以原理化或概括化,可以形成"深度学习"。就是说,"深度学习"在于学习者自身能够展开知识的"结构化"与"链接"。比格斯(J. Biggs)与唐(C. Tang)则用"动词"归纳了两种学习的特征。"深度学习"的特征是多采用"反思""运用于不同类型的问题""树立假设""提炼核心概念"之类的高阶认知技能,以求得真实性问题的解决。相反,"浅层学习"的特征是多采用"记忆""指认与命名""理解文本""变换说法""描述"之类的非反思性的机械记忆方式,以求得形式上的问题解决。

日本学者佐藤学等认为深度学习是指"学习者能动地参与教学的总称",亦即通过学习者的能动学习,培育认知性、伦理性、社会性能力,以及包括教养、知识、体验在内的通用能力。因此,发现学习、问题解决学习、体验学习、调查学习等,均属深度学习的范畴。"深度学习"并不是从传递特定知识内容的教科书开始,而是从揭示问题开始的。在深度学习中学习者围绕问题,引出不同的思考与解决方法,教师则判断他们在该时点"知道了什么""能够做什么",从而制定学习规则,展开一系列旨在掌握问题解决所需的知识与技能的探究活动。

我国学者对深度学习进行了多方面的研究,对深度学习和浅层学习进行了比较。如有学者认为,深度学习是以促进学生高阶思维能力发展为目标,以深度思维为本质的理想型学习状态和现代化教学理念。与浅层学习相比,深度学习下学习者充分发挥自身主体作用,依靠稳定、持续且强烈的内在动因主动投入到学习活动当中,以自我理解和意义探索为目标将零散的知识点系统化,提高自身的认知水平并在学科领域、现实生活当中迁移运用所学的知识。[①]

总之,深度学习使学生能解决更有挑战性的问题,从而获得丰富的学习体验。在此过程中,学生对知识的理解更深入,能把握学科的本质,并形成积极向上的态度,逐渐成长为有思想、能自主判断的人。

(二)"深度学习"的三个视点

索耶(R. K. Sawyer)把"深度学习"同基于行为主义的课堂教学进行了对比,揭示了"深度学习"的基本特质,即新的信息同既有知识的链接,因果关系与证据的探究,基于对话的知识建构,学习者对自身学习过程的反思。

---

① 李映红.指向深度学习的高中物理单元教学路径研究[J].数理天地(高中版),2024(14):70-72.

面对急剧的社会变化,单纯灌输知识的教育已经落后于时代。习得知识固然重要,但更重要的是,能直面周遭环境产生的种种问题,与不同背景的他者一起协作,合力探求最优的解决方案。换言之,能够运用复杂的知识与信息、形成自己的思考、创造新的观念变得格外重要。因此,"核心素养"的思潮强调了三根支柱:(1)理解了什么,能够做什么(习得鲜活的知识与技能)。(2)怎样理解运用所掌握的知识(培育能够直面未知情境的思考力、判断力与表达力)。(3)怎样处世,创造精彩的人生(向学秉性与人格的涵养)。这就要求在学习的过程中,作为主体的学习者不停留于单纯地记忆知识,而是同现实社会与实际生活联系起来,借助于同他者的对话,求得有深度、有广度的学习。

钟启泉认为,"深度学习"强调三个视点。[1]

一是实现"主体性学习"。所谓"主体性学习",是指作为学习者的儿童能够控制自身的学习,凭借自己的能力解决课题,并且经过反复磨砺,能够认清学习的过程与成果,最终凭借自身的能力调控学习。"主体性学习"尤其强调教学初始阶段的"课题设定"与"预设",教学终结阶段的"反思"。设定怎样的课题、面对怎样的课题,决定了能否实现在真实境脉中学习,即能否产生本真的、有意义的学习。"预设"大体分两种:一是明确问题解决的过程,二是鲜明地描绘学习活动的目标。"反思"是指觉悟到自己学习的意义与价值,同他者分享。"反思"的情境大体有三层含义:确认学习内容的反思;把当下的学习内容同过去的学习内容链接起来,即概括化的反思;把学习内容同自身挂钩、体察到自身变革的反思。

二是实现"对话性学习"。在教学实践中学习的意义不是基于知识的传递与对教师所讲内容的理解,而是基于学习者对知识的探究与功能性运用。因此,佐藤学把"学习"界定为"从既知世界到未知世界之旅","同客观世界的相遇与对话,同他者的相遇与对话,同自己的相遇与对话"的三位一体的对话性实践,亦即"学习"是同新的客观世界的相遇与对话(建构世界·文化实践),同新的他者的相遇与对话(形成伙伴·社会实践),同新的自己的相遇与对话(自我建构·存在性实践)。在对话性学习过程中,拥有明确的课题意识、形成知识技能的链接是必要的,相互分享反思体验也是必要的。

---

[1] 钟名泉.深度学习:课堂转型的标识[J].全球教育展望,2021(1):14-33.

三是实现"协同性学习"。课堂学习是以师生之间、同学之间的沟通为媒介而展开的。这种沟通不是"彼此独白"的关系,而是作为"相互倾听"的关系来组织的。在独白的交换中是不可能形成"学习"的。通常的彼此独白式的表达,停留于既知事物的交流,没有面向未知事物的探究,而以"相互倾听"关系为基础的"对话性沟通"就可以求得同他者同心协力基于问题解决创造协同的新的观念,其理论基础就是维果茨基的"最近发展区"。

"深度学习"不是指特定的教学方法,也不否定学校教育中教师的作用,而是要求教师把握学习的本质,不断地思考培育学生素质与能力所必需的学习的理想模式。在这里有三个要点是必须明确的。其一,所谓"深度学习"无非是指培育学生的素质与能力所必需的学习方式。其二,深度学习不是聚焦教师的教学行为,而是聚焦学生所产生的学习的质量。其三,优质的深度学习,既是主体性的,又是对话性的,也是协同性的学习。深度学习不是把"主体""对话""协同"三者当作独立的要素加以解释,分别形式化地设定应对各自要素的不同情境与活动。把这些要素肢解开来分别加以实施,并非良策。深度学习带来的应当是知识结构的重建。就是说,所谓"学科教学"不仅是单纯的知识量的增加,而且是拥有独特价值的知识结构的变化与凝练。这也意味着其是"因应不同学科特征的思维方式与见解得以形成的状态",亦即"学科素养"的养成。

二 深度学习的判定标准与衡量

(一)判定标准

如何判定"学习"的深浅,是一个关系到如何进行学习评价的问题。海(D. B. Hay)倡导运用"概念地图"。诺瓦克(J. D. Novak)以奥苏伯尔(D. P. Ausubel)的"先行指导者"(advance organizers)与"有意义学习"(meaningful learning)的理论为基础,自1972年以来一直持续地展开"概念地图"的研究,并借助"概念地图"把儿童"学习"的知识世界的变化与概念理解加以可视化。对于诺瓦克而言,"有意义学习"是与"暗记学习"(rote learning)相对的。从该研究以奥苏伯尔的"先行指导者"(在展开新的学习之际,引进学习者个人所拥有的知识结构容易接纳的知识与思维)为基础,即可明白。这种研究是以重视"既有知识"以及把"既有知识"与其他"相关知识"加以链接与结构化为特征,进而指向这种学习的"动机"与"参与"。这种"有意义学习"的研究同"学习的深浅"的研究有异曲同工之妙。从"概念地图"的视角看,深度学习的判定标准有以下几点。

(1)在学习之后的概念地图中,显示出新学习的概念。这是学习之前在概念地图上并没有画出来的、有别于既有知识的内涵。

(2)在学习之后的概念地图中,显示出"既有知识"产生了有意义方式的链接,形成了新的知识。就是说,链接的接续词是贴切的、有解释力的,体现了有意义的证据。

(3)学习之后的概念地图的整体知识结构,比之学习之前,产生了重要的变化。就是说,表现出更优异的结构、更深刻的内涵(链接)、更丰富的意义。

"深度学习"判定标准的重点在于,在"既有知识"之间形成了有说服力的链接,体现了整体知识结构的重要变化。而若"既有知识"之间并没有形成链接,未能显示出概念统整性的重建,就是说,并没有显示有意义的重要的结构性变化,可判定为"浅层学习"。此外,新概念缺乏链接,仍然顽固地维持学习之前的"既有知识",学习并没有进展,可评定为"非学习"("无学习"或"无感学习")。

(二)衡量

所谓"深度学习"是提升"向学力"、涵养"人格"的状态。要衡量"深度学习"的质量,如下三个层次是不可或缺的:课题的质;对话的质;学生关系的质。换言之,"深度学习"拥有如下三种特质:(1)基于学科本质的真正革新;(2)具有主体性和对话性,即通过同伙伴的协作能够达到认知极限;(3)学习者自身能够体悟到学习深度。

可以说,在学校现场能够满足这三种特质的课堂教学简直是凤毛麟角。这是因为,在日常的教学中要使得班级全员实现"深度学习",就得在教材研究、提问研究的基础之上,展开同班级全员的深度学习息息相关的优质"对话指导",以及能够把自身的学习过程加以语言表达、赋予意义与价值的"反思指导"。在传统型的教学研究中并无真正的"对话指导"与"反思指导",其需要模型化教学与长期训练的积累,仅凭一节课或几节课的教学是难以实现的。

在一些优秀的公开教学中教师做出的教材解读、提问研究与教学方法的反思,确实为实现"深度学习"积累了一些必要的见识与技能。这种教学研究不能说毫无价值,不过,公开课的大体流程是事先设定好的。比如,在小学的课堂里,教师一声号令"好！翻开书本第几页",接着全班同学精神振作地进入学习的课题。在教学结束阶段,教师发问:"有谁懂了,说说看？"催促学生举手发言。一部分学生回应"怎样怎样……是这样吗"。于是全班学生齐声附和"懂了"。教师说:"好的,大家都懂了呢。"接着教师写板书、做归纳。在教师"好"的号令之下,班级全员齐声念诵板书中的归纳。即便是关注反思的教师,在教案中也写明"进行本节课的归纳",大体也会由于课时被安排得满满当当,没有多余的反思时间——"反思的时间没有了,课后补写,再集中交上来",宣布下课。如此这般以教师的讲解为中心的教学,是难以保障班级全员的学习的。这是因为,每一个人的学习都是有差异的。也许会有达到"被动的深度学习"的学习者,即他们听取了教师精彩的讲解或者记录了归纳要点的板书,然后反复思考,可达成某种程度的"深度理解",但也难以达到如前所述的具有三种特质的"深度学习"。

三 深度学习的特征与效果

(一)深度学习的典型特征

浅层学习与深度学习虽相对应,但并非截然相反。采用浅层学习方式的学生往往视学习为外界强加的任务,具有鲜明的现实功利色彩,期望以最小的努力换取最大的收益,其学习动力主要来源于外部驱动。此外,浅层学习倾向于关注局部知识,学生在此模式下被动且机械地接受信息,孤立地储存所学知识,将学习重心放在彼此割裂的部分上。他们更注重学习的"表面信号",如孤立的词汇、独立的事实以及分散的条款等。为了取得优异的考试成绩,学生可能会采用机械记忆的方式来掌握这些基础知识,但这会阻碍他们深入探究知识背后的含义及整体结构,导致他们对知识的理解肤浅。久而久之,学生自身便与学习产生了疏离感,进而引发一系列负面情绪,如焦虑、冷漠、厌倦等。

采用深度学习法的学生倾向于自发地对内容产生兴趣,采取将内容含义最大化理解的学习方法。深度学习要求学生着眼于学习内容整体来获得综合性的、系统性的认知与理解。然而,尽管浅层学习注重机械性的重复,缺乏反复思考的过程,也无法让学习者对知识进行更加深入的理解,但它仍然是深度学习的前提。前者的局部知识正是后者对全局进行整合与思考的基本单元,因为在理解论据或结论时并不排斥记忆事实。学习者只有将学习的内容记牢之后才能够在此基础上完成对知识的创新。深度学习中,学习者不仅要深入理解,而且要能回想线索的细节,这些细节是互相联系的,通过正确地回想部分的细节就能理解整个文章。而当记忆完全替代了理解则变成了一种浅层学习方法。因此,正确的学习过程是一个由浅入深的过程,这两个过程也是相互关联的。

能够由浅层进入到深度的学习是高效的,是有意义的。深度学习之所以是高效的学习与其具有的五个特征密切相关。根据深度学习内涵的五个维度概括出的深度学习的特征包括首要特征、固有特征、本质特征、必要特征和趋向特征。[1]

1. 首要特征:理解认知

深度学习的过程首先是基于理解的学习过程。澳大利亚著名认知心理学家海尔福德认为,个人自主性的提高与"理解"有很大的关系,理解对于个人进行深度认知有着十分重大的意义。单纯的记忆过程并不是理解的全部,理解还包括了监控与联系的交互过程、调用与存储的交互过程、试验对照与表征建构过程以及外部世界与知识经验的印证过程等,是一种双向的交互过程。

这种交互作用过程不但能满足学习者的个人内在需求,促进学习者的建构性学习,还能帮助学习者具备不同情境中的灵活处理能力、推理及批判能力。理解性认知既可以是学习过程又可以是学习结果,是深度学习所具备的首要特征。理解的过程不仅可以在原有的知识基础上增添新的要素,还可以在一个不断发展的过程中整合、生成新的认知结构。深度学习的教育是要培养学生学会理解、欣赏、享受等,而不仅仅是知道些什么,记住了什么。

2. 固有特征:高阶思维

所谓高阶思维,是指发生在较高认知水平层次上的心智活动或认知能力,它在教学目标分类中表现为分析、综合、评价和创造。学习者在学习过程中可借助高阶思维将相关学习资料视为类比的、可归类的、有联系的、系统的材料,并能够通过一些判断准则与逻辑将信息组织成一个整合的体系,形成一种抽象的思维结构。相反,如果学习者不具备高阶思维,那么呈现在其大脑中的知识

---

[1] 付亦宁.深度学习的教学范式[J].全球教育展望,2017(7):47-56.

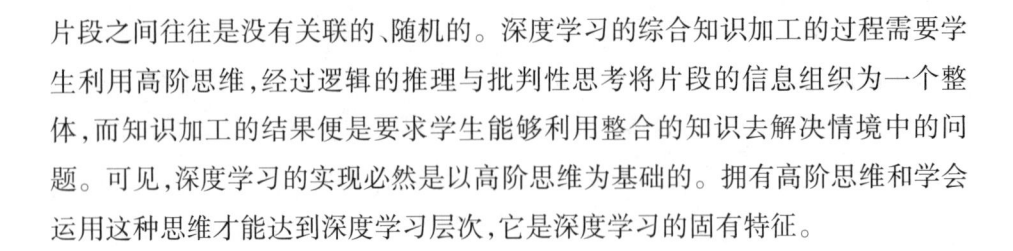

片段之间往往是没有关联的、随机的。深度学习的综合知识加工的过程需要学生利用高阶思维,经过逻辑的推理与批判性思考将片段的信息组织为一个整体,而知识加工的结果便是要求学生能够利用整合的知识去解决情境中的问题。可见,深度学习的实现必然是以高阶思维为基础的。拥有高阶思维和学会运用这种思维才能达到深度学习层次,它是深度学习的固有特征。

3.本质特征:整体联通

乔治·西蒙斯认为,学习是一个对各种信息源与节点进行联结的过程。在学生的意识中,各种知识就像神经元一般,是相互联结的,而想要对这种联结的强弱进行调整或者重塑,必然需要通过知识的学习过程才能实现。这种联通主义思想强调知识不是贮存在"库房",而是贮存在单元间的联结中,学习就是建立新的联结或改变联结间的激活模式。在整体性的背景之下,学生在各种知识和现象之间建立联通关系,逐渐建构起自己的知识体系。通过这种联通关系所学到的知识往往比通过现有的知识体系学习的知识更加全面与深入。这种学习既包括学习者的学习又包括教师的教学。深度学习需要学习者在整个学习过程中不断进行联通,一直保持整体观、全局观,也需要教师能够引导学习者形成这种整体性联结的学习策略。整体联通的学习最终可以促进学习者的全面发展,是深度学习所具有的本质特征。

4.必要特征:创造批判

创造性学习(creative learning)是与传统的维持性学习(maintenance learning)相对的,是能够引起变化、更新、改组,提出一系列问题的学习。传统的维持性学习的本质其实就是浅层学习,学生在这种学习模式下往往处于知识的被动接受状态,且所学的知识表现出很明显的单一性与封闭性。而创造性学习强调学习者的主体性、独立性、批判性和参与性。创造性学习是培养学习者遇到意想不到的情形而能够有勇气去面对和灵活、开放地适应新事物的能力。创造性学习还强调教育的互动性和创造性,主张教育过程的各要素之间应生成动态的关系。教育通过对学生的内在学习因素加以激发,使学生能够获得更多的学习经验,对自身的学习行为加以优化,从而完善自己的知识结构,并实现知识的创新与整合。学生的主体性能够通过深度学习得到充分发挥,而这对其知识的构建也有很大的帮助,同时学生解决问题的能力以及科研能力也能通过自我批判得到强化。在知识经济时代,这种富有创造性、批判性特征的学习是学校教育中必不可少的。尽管这种创造批判能力因人而异,有强有弱,却不可或缺,是达到深度学习的必要特征。

5.趋向特征:专家构建

早在20世纪70年代便有学者针对如何解决学习问题进行研究。他们发现,在解决一些学习问题时新手与专家所采用的方式有很大差异,从而得出了学习过程就是将新手塑造为专家的过程。在学习新知识的过程中,专家往往侧重对新知识进行理解,从而利用新的知识来对自身知识结构进行重组,体现了"知识构建"的过程。就学习过程而言,专家型学习者能够主动将学习的外部因素转化为自主学习的动力,从而全面而系统地理解或掌握新知识,有目的地促进自己领域知识和能力的发展。在解决问题方面专家之所以能够更加灵活、迅速,且有着较高的成功率,往往是因为他们对于相关知识的掌握更加熟练,并能对其进行灵活运用;他们会自己安排、调控学习活动,在解决问题时能够准确选用最高效的策略。如果学习者在平时课堂上的学习活动与该领域的专家的日常学习活动有着较多的共同点,学习者将更易于掌握深度知识,学习更高效,其深度学习的能力也将显著提高。学生在调整自己的学习过程时如果能够灵活使用元认知策略,也将极大地帮助自己完成知识的迁移,创造性地解决问题,从而逐渐向专家型学习者靠拢。成为专家型学习者需要一个过程,达到专家的知识构建水平也必然需要一个过程,这是深度学习最终追求的目标,是深度学习的趋向特征。

(二)深度学习的效果

"深度学习"意味着从"教"到"学"的教学范式的转型。就是说,它不是"被动学习",听取教师单向知识传递的讲授型的被动学习,而是一种能动的学习。这里的"学习"超越了单纯的知识习得,意味着以高度的参与和高度的能力为特征的"有意义学习经验"进行创造,牵涉到通用能力与态度的开发,以及作为学习者的人格的成长。

第一,扎实。"深度学习"有助于学习者扎实地把握知识。所谓"学习"并不是单纯记忆或者死记硬背,而是强调"能动性",通常包括"知道""发现""理解"。今日倡导的"学习共同体"中的"学习"被界定为"意义与关系的编织",或者"同客观世界的对话、同他者的对话、同自己的对话",通过借助教师适当的介入,而使得这三种对话的质得以提高。学习者自身对客体的意义,与学习者自身拥有的既有知识与经验同课题的关系性的编织、再编织,从不断反复的"主体性对话深度学习"重建知识,完成自我建构,对知识形成长期记忆——这就是社会建构主义的学习论。一线教师知道,通过反复练习也能把知识留存在长期记忆之中。但另一方面,死记硬背的知识,学习者在考试结束之后会将其从记忆之中完全剥落,这也是众所周知的。人的"体验记忆"往往会把对自己感到无意义的、无用的知识,逐步地加以剥落,反过来,同自己的生存与后代生命攸关的有意义与有用的知识,就会保持在长期记忆之中。这就是人的"体验记忆"所具有的强大的"趋利避害"的倾向。当学习者体验到知识的有用性的时候,就会谋求其同日常生活的关联,显示出关注知识的有用性的取向。然而,教学中处理的内容大半是难以直接同日常生活关联起来的。因此,倘若一个学习者的见解与思维方式的架构通过与他者的架构相互切磋、产生纠葛,引起对自身见解与思维方式的质疑,进而激发对认知矛盾的质疑,就会产生寻根究底的"主体性"。这种"主体性"容易通向"客体所具有的意义与关系性的编织"这一意义上的"深度学习"。

第二,活用。"深度学习"有助于学习者在未知情境中灵活地运用知识。所谓"深度学习"不是旨在记住基础问题的解法,借以解答应用性问题与难题的。应用性问题与难题的解答确实有"熟能生巧"的一面,但是,单靠机械训练、死记硬背,即便能够解答应用性问题与难题,也未必能理解学科内容本质。即便不理解意义,也能在教师与伙伴的帮助之下正确地解决基础问题,但这仅仅是能够正确解决类似的应用性问题罢了,对于深度理解而言是远远不够的。比如,在数学应用题中,即便意义是相同的,一旦变更了数字的顺序与话语,正确率就会大幅度降低,这就表明靠机械性训练所得到的知识是有局限性的。参照教科书的表述,能够做出同教科书相同结论的解释,或在考试中碰到自己不知道的术语之后加以死记硬背等,从而"知道了"或"记住了"原本不知道的东西,这一意义上的学习尽管说是"学习了",但终究不过是表层的、肤浅的学习罢了。要在未知的情境中灵活地运用知识,就得有基于学科本质的"深度学习"。即便是小学的学科教学也得有学科的系统性以及基于专业见解与思维方式的深度学习的过程。AI(人工智能)的"深度学习"是从失败中学习的。人的学习也同样,比起借助成功,借助失败而获得的学习方法,更容易走向"深度学习"。浅显易懂的教学不可能引领学习者走向"深度学习",当教师拿出勇气,挑战"不懂""不会",才可能引领学习者走向"深度学习"。把"不懂"视为与"懂"同等重要的思考的"课堂文化"的建构,是实现真正的"深度学习"的关键所在。

第三,愉悦。"深度学习"有助于师生双方体悟到"学习"的愉悦。在深度学习中让学习者借助相互交流做出叙事性的反思(叙述各自的愉悦与惊讶的情绪性反思),并把这种教学方略贯穿于教学的全过程:自己原本对客体抱有怎样的见解与思维方式;在学习活动中通过同客体的对话、同他者对话、同自我的对话,发生怎样的变化;或者理解到什么程度,哪些方面还不理解——当学习者借助这样一些"元认知"的学习过程,编织客体所具有的意义,通过客体与既有知识、经验之间的关系而获得综合性的通用性高的知识与认识的时候,换言之,当学习者通过孜孜以求的探究活动赋予了学习过程以意义与价值的时候,自然而然地就会流露出"啊,原来是这么回事!""唔,确实如此!"之类的感慨。充溢着这种感悟的教学,无论是教师还是学习者,都会享受到学习的愉悦。这样,借助可视化的学习者的"深度学习"的过程,以及发现学习者炯炯有神的求知眼神,教师也会体悟到教学创造的愉悦,感受到学习者的成长所带来的幸福。

学习即"对话的实践"。为了保障拥有多样背景——知识、技能、经验与学习动机都不同的班级全员的"深度学习",就得使每一个成员反复展开这三种对话,把每一个学习者编织"怎样的意义与关系"这一深度参与、深度理解的过程可视化。"深度学习"归根结底是在这种拥有不同文化背景的异质者之间借助交流而自我构筑的知识世界场域中产生的。

第二节 深度学习的底线逻辑

尽管深度学习在教育研究领域逐渐受到重视,但在实际教学过程中,深度学习的实现仍面临显著挑战,这是不容忽视的现状。一方面,教师往往倾向于采用权威式的"讲授"方式,依据既定的教学流程和框架向学生"传递"知识;另一方面,学生也习惯于被动地"接收"信息,这种重数量轻质量的学习方式阻碍了知识的有效迁移。此现象的根本原因在于教学与学习之间缺少足够的互动与融合,从而限制了教学活动效率的充分发挥。教学与学习的成效核心在于其逻辑性,即通过知识、教学方法、学习过程及认知发展等关键要素间逻辑上的相互转化,能够推动它们的关系演进,进而增强教学与学习的效果。因此,为了探讨如何在教学实践中有效推动深度学习的实现,本部分将从剖析深度学习生成的逻辑基础入手,设计一个能够加速教学各要素转化的深度学习框架,并据此提出推动深度学习实践的策略。

一、深度学习的生发逻辑

深度学习作为一种高级的学习模式,其内在的发展逻辑不仅体现在教师的"教"与学生的"学"的互动过程中,更在于其是一个多层次、多维度的动态转化过程。这种转化过程涉及了知识传递、教学发生、学习机制发生、认知发展等多个方面,构成了一个复杂而又紧密联系的整体。只有当这些要素达到和谐统一时,才能真正实现深度学习的目标。因此,深度学习的生发逻辑是教与学中多要素的动态转化。

1. 知识逻辑

知识产生于实践且被实践检验,是人类认识客观世界的结果。从教育的视角来看,知识是教与学的载体,也是教学系统中最具实质性的要素。知识逻辑就是要回答"教什么""学什么"的问题。符号表征、逻辑形式与意义系统是知识不可分割的部分,逻辑形式和意义系统内隐于符号表征,逻辑形式说明知识构成的逻辑过程和逻辑思维,意义系统则是知识的规律系统和价值系统。从知识生产的过程来看,教师与学生在教学过程中传播和应用知识,探究并创造知识,进而推动学科内在知识体系的构建,因而教与学既是知识传授的过程,也是知识生产的过程。因此,如果教师仅停留在传授知识的表层,而学生止步于对知识复制性记忆,那么教与学就会停留在知识的符号层面,无法触及知识所蕴含的本质、规律、价值及意义,更无法进行知识的拓展、应用和创造。

艾根认为深度学习在知识层面的标准是知识学习的充分广度、充分深度和充分关联度。所谓充分广度,就是要把握知识的产生与来源,即学科系统中的知识体系及其发展演变脉络;所谓充分深度,就是要把握知识的方法与思想,即领悟学科专家发现知识并用其解决问题的思脉;所谓充分关联度,就是要构建起知识间的关联关系,即前后知识间的顺序关系、左右知识间的并列关系、上下知识间的层次关系。深度学习应当遵循知识逻辑,这就要求教师在对知识进行教学化加工时,选择学科中最基本、最具价值的知识进行适切性组织,既要揭示知识的广度、深度和关联度,又要揭示内隐于知识的思想、方法和价值,进而将其转化为能够承载知识本质的问题、任务和项目,以促进学生对知识的深度理解。而学生则要从知识本质的角度对其进行理解、应用、拓展和创造,有意识地对知识进行联结与融合。唯有如此,知识学习才能从"内容之知"走向"方法之知"和"意义之知",在由浅入深、循序渐进的学习中,深度学习才能真正发生。

2.教学逻辑

教学逻辑是教师在深化理解和解决具体教学问题的过程中,权衡教学要素关系时所遵循的相对稳定的依据或规则,它回答"如何教"的问题。教学是教师、学生、学习材料、学习环境之间的交互实践,在众多的教学方法中,"以教师为中心"的直接教学法和"以学生为中心"的探究式教学法极具代表性。直接教学法虽饱受争议,却是课堂教学中最为普遍的教学方法。而探究式教学法虽被认为更能触发深度学习,却常因教师有效引导和学生探究技能的缺乏而遭受失败。事实上,直接教学法不一定低效,探究式教学法也不一定优质,片面地强调教学方法的重要性并不足以促进有效学习。深度学习在教学逻辑层面更注重教师引导下的学习,强调学生的"学",但不能忽视教师的"教"。教师应当在教与学的交互中帮助学生唤醒自身的学习系统,寻求教与学的均衡与协调,从而实现教学的有效性。

教学的目的是促进自主学习,授人以鱼不如授人以渔,"教"是为了"不教"。正如杜威所言,教是为了促进学,没有学何来教。然而,教会学习比教授知识困难得多。教师从传授知识,转换为引导学生探索知识和发现知识,从而教会学生学习,这是教学的根本任务,也是深度学习追求的目标。约翰·哈蒂认为,当教师成为他们自己教学的学习者,学生成为他们自己的教师时,对于学生学习的最大促进效果就会发生。深度学习应当遵循教学逻辑,这就要求教师不仅仅是知识的讲授者,更应当成为自适应学习的规划者,从学生的视角设置教学目标、设计学习任务、观察学习情况,为学生搭建有效的框架并提供学习策略支持,从而激活学生的思考和探究,促使深度学习发生。

3.学习逻辑

学习逻辑是深度学习的核心,它回答"如何学"的问题。要理解深度学习,就需要认识学习的本质及其发生机制。经验主义认为学习是简单的记忆,行为主义认为学习是在反复"刺激—反应"的训练中产生的行为改变,而认知主义则认为它是在已有知识基础上形成的新的认知结构。上述对学习本质的认识反映了从接受式学习到建构式学习的变迁,从某种层面上也体现出学习是一个复杂而立体的系统。相较而言,安德烈·焦尔当对学习的本质及其发生机制的解释与深度学习更为契合。他认为学习是问题、可参照知识的状态、心智处理、语义网络和意义符号交互作用的结果,并非对概念的记忆,而是基于一系列可以启动和引发概念运用的问题,借助思考、推理等程式,通过建立概念关联和主动质疑使关联活化,进而完成对概念的转化和知识的扩建,其本质是心智结构的全面重组和持续优化。

遵循学习逻辑,深度学习可归结为学生在探索知识之间关联的过程中理解新知识,并通过思考、质疑、争论来促进知识的分裂、聚合和迁移。学习的发生贯穿于学生主动与知识进行交互的一系列过程,知识的获取、应用与创造是由学生与学习活动中多种要素的互动所引发的。也就是说,深度学习是提取、联结、理解、解构等学习行为以及冲突、思考、质疑、建构等心智活动的结果,具有多线程、并发性、交互性、迭代性和持续性的特征,是学生学习行为和心智结构的全面重组、自我创新和持续优化。

4.认知逻辑

认知逻辑回答"认知如何发生与发展"的问题。皮亚杰认为认知是复杂有机体之于复杂环境的适应形式,更多体现为心智活动或思维形式,其发生与发展往往内隐于对知识的学习。为分析人的学习行为,马扎诺从知识的领域和认知加工水平两个维度对学习进行描述,其中认知加工水平涉及自我系统、元认知系统、认知系统和知识系统四个系统。自我系统是阀门,决定着是否参与学习活动以及参与的程度,反映了学习动机的强弱;元认知系统是控制器,意在明确学习的目标、方式和策略,并检验、评估和调整认知活动;认知系统是生产线,旨在通过运用认知技能来促进知识的理解、炼制与创造。可见,前三个系统与知识系统是相互协同和融合的,知识学习受控于学习者的情感态度和认知技能,而在获取、应用与创造知识的同时,学习者的思维能力、认知技能、元认知水平也得到提升。因此,知识学习、思维运作和认知发展之间并不是互相独立的线性作用关系,而是一个互动循环、彼此影响的过程。

遵循认知逻辑,深度学习中的认知发展是自我、元认知、认知和知识等四个系统中诸多要素之间循环交互作用的结果。因此,深度学习既要促进学习者的上述系统从简单到复杂、从低层至高层的垂直性跃迁,也要促进其在多种学习和应用情境中的水平性迁移。然而,值得注意的是,并非多要素的简单组合就能实现上述系统的垂直性跃迁和水平性迁移,而是要通过诸多既相互依赖又彼此制约的要素的反复组合和迭代,使其形成紧密联结的整体。可以看出,认知发展体现出动态自适应和非线性的复杂特性。

通过上述分析可以看出,教与学中多要素之间存在丰富、严谨的逻辑转化。知识逻辑、教学逻辑、学习逻辑和认知逻辑体现出紧密的内在联系,因此深度学习的生发逻辑必然体现于知识系统、教学系统、学习系统、认知系统间诸多教与学相关要素的动态转换。具体而言,深度学习借助教学逻辑、学习逻辑将知识系统内化于认知系统,教学逻辑和学习逻辑间的交互也是促进静态知识转化为动态认知和技能的内生机制。更进一步来说,依托教学逻辑,事实性、概念性、符号性的学科知识,经教师的组织和重构转化为承载教育意义的情境知识;依托学习逻辑,学生通过对知识的加工、应用和创造,获得知识所内隐的思想、价值和意义;依托认知逻辑,在教与学的有效融合、动态交互和反复迭代中,促进学生的知识迁移和认知迁移。可见,深度学习的发生取决于知识逻辑、教学逻辑、学习逻辑和认知逻辑间的有序和有效转化,而教与学中相关要素的动态转化是深度学习的关键。[①]

二 深度学习的教学模式

深度学习的运行机制在于多要素的灵活自适应性。在深入剖析深度学习的生发逻辑后,我们沿着知识、教学、学习与认知的逻辑演变路径,构建了一个揭示深度学习中教学活动、学习活动、知识迁移与认知迁移内在联系的多要素动态自适应教学模式。此模式将深度学习视为一个循序渐进、多阶段螺旋上升的过程,每个阶段涵盖接受式学习、参与式学习及迁移式学习三个子阶段。在接受式学习阶段,重点在于记忆陈述性知识,随着知识积累的增多,知识间的联结与提炼变得更加顺畅。与浅层学习不同的是,深度学习在知识记忆与积累上更注重广度、深度及关联性。进入参与式学习阶段,学习者需要对知识进行深度整合与处理,通过"点线面网"的关联方式将零散知识构建成知识体系,并在思考、质疑、讨论中实现知识的解构、提炼与创新。到了迁移式学习阶段,学习者则将已掌握的知识体系与认知框架应用于新情境,形成新的认知技能(即程序性知识),从而实现知识与认知的有效迁移,推动高阶能力与智慧的发展。

接受式学习、参与式学习及迁移式学习等三种学习方式是不能孤立、固化运行的,需要教与学中多个要素的互动与融合,具体体现为知识、教学、学习和认知之间的逻辑转化。一是知识与教学的逻辑转化。由于知识多以概念、原理、定理等抽象符号的形式呈现,并不适合作为教学的直接内容。因此,教师需要对知识进行教学化处理,对静态知识进行意义理解与形式加工,揭示知识产生与发展的过程,进而使知识话语体系转化为教师话语体系。二是教学与学习的逻辑转化。教学活动与学习活动之间的互动是教学逻辑向学习逻辑转化的阶梯,也体现为教师话语体系向学生话语体系的转化。在教学活动方面,需要诊断学习的起点,设置能够激活学生参与、激发深度认知加工、促进高阶能力发展的学习活动,在引导、交互、评价与反馈等教学活动中推进学习。在学习活动方面,强调学生通过全身心的参与,引发元认知体验和知识迁移。三是学习与

---

① 龚静,侯长林,张新婷.深度学习的生发逻辑、教学模型与实践路径[J].现代远程教育研究,2020(5):46-51.

认知的逻辑转化。学习活动伴随着认知发展的全过程,深度学习强调通过支持深度参与、深度反思、深度重构的学习活动来促进高阶知能的发展。认知发展的过程具有多线程和反复迭代的特征,多样化的学习活动对认知迁移的螺旋式促进,体现了学习逻辑向认知逻辑的转化。四是知识与认知的逻辑转化。认知源于对陈述性知识的简单记忆,随着知识理解和应用的深入,静态的知识得以内化为动态的认知。当从知识到认知的内化反复发生,认知技能便在该过程中得到强化,知识迁移、认知迁移也随之发生,这体现了知识逻辑向认知逻辑的转化过程。

从接受式学习、参与式学习到迁移式学习的过程中,我们可以看到在知识、教学、学习和认知等多个系统要素之间的互动模式发生了显著的变化。在接受式学习阶段,教师通常扮演着中心角色,他们不仅是知识的传递者,还是学习过程中的引导者和管理者,学生则更多地处于被动接受的状态。然而,随着教育理念的发展与变革,特别是进入到参与式学习阶段后,学生的主动性开始被激发出来,教师的角色也逐渐从主导转向辅助,更加注重培养学生的自主学习能力和批判性思维。到了迁移式学习阶段,这种变化更为明显:教师的作用进一步减弱,而学生的作用则显著增强。在这种模式下,学生不仅能够将所学知识应用到不同的情境中,还能在此过程中不断反思和完善自己的理解。更重要的是,通过这种互动,各个要素之间实现了更为灵活和高效的沟通与协作,从而使得整个学习体系趋于动态自适应状态。在这种状态下,每个参与者都可以根据自身需求和特点调整学习策略,实现个性化发展。因此,在这样一个高度互动且不断自我调节的环境中,深度学习便能够持续不断地发生,并促进学生综合素质的全面提升。

第三节 深度学习的思维发展

知识和学习是深度教学的两个基本出发点。确立知识的教育学立场，引导学生对知识的深刻学习、充分学习，促进知识育人价值的实现，是实现教学发展的根本条件。对知识的深刻学习、充分学习、关联性学习，由深度的教引发深度的学，让学生的深度学习有行为、思维、情感的多元参与，切实通过知识理解、师生多元互动，实现知识和学习对学生思维发展、价值观培育、文化熏染和关键能力培养等方面的价值。真正的深度学习是学习行为的主动、思维的深刻和情感的丰富表达，也是文化的有效嵌入。

无论是价值达成的深度，还是知识理解的深度、学习过程的深度，都指向学生高阶思维和学科素养表现。课堂中学生的科学认知、社会理解、文化认同、生命体悟等都需要思维的参与，特别是高阶思维；高阶思维的发生，都需要有学习的过程沉浸、深度体验和素养表现。

一 提升学生学习的境界与层次

学习是一个复杂的心理活动，也是一种社会活动、文化活动，是促进学生发展的过程。学习是符号接受，还是文化实践？是符号解码，还是生命探寻？这四种答案体现了学习的不同境界和不同层次。深度教学强调切实转变学习观，提升学习的境界与层次，达到学习过程和学习方式的深度。知识、学习的价值与属性的多维性，决定了学习层次与学习方式的多样性。与英国哲学家、数学家罗素同时代的数学家、哲学家怀特海在他的《思想方式》一书中指出，理解、表达、意义，是人的一生的三件要事，也是人生的境界。笔者觉得这三重境界，也是学习的三重境界。理解是学习的第一个境界，"人—知"互动、知识与人的相遇，都是从理解开始的。人是理解者，理解是人进入世界的方式。通过学习，获得对世界的理解，并结成与世界的各种关系。理解是学习的基础，但理解不仅仅是指对符号知识的理解，还是通过知识理解自然世界、社会世界和精神世界，以及理解自我。超越对知识的符号化理解，经历完整的认知过程，达成对世界的科学理解、文化理解、社会理解、价值理解、方法论理解等,并以此为基础,理解和建立自我与世界的关系。理解层次的结构性缺失,必然影响理解难以达到应有的广度、深度和关联度。表达是学习的第二个境界,学而后有所知、有所得、有所悟、有所困,皆需表达。言语表达、行为表达是表达最基本的方式,而情感表达、思想表达、经验表达,是表达最基本的内容。表达使得学习可见、可视,使发展得以表现。意义是学习的最高境界,意义获得、意义生成是学习的终极目的,也是深度教学所构设的教学归宿。作为人的发展过程的学习,无论从内容层面,还是从价值层面,抑或从活动层面看,都包含丰富的内涵。课堂教学的多重境界,反映的是育人方式的多样化。课堂中的知识学习本质是科学学习、技术学习、文化学习、社会学习和生命学习。只进行单一的符号知识学习而达不到学习的多重境界,教学育人功能则必然消减。《论语》开篇就提到"学而时习之",强调的就是学与习相结合。人们通俗地把"学而时习之"解释为"学习后要经常复习",其实是对孔子思想的曲解。学习是儿童走向成人世界的过程,是一种进入文化、进入社会、进入生活的过程。课堂教学要引导学生开展社会学习,一方面是因为知识具有社会属性,另一方面是因为学习的宗旨是促进成长。课堂教学要引导学生开展文化学习,是因为知识本身就是文化结晶,知识具有文化属性和文化价值,通过知识学习引导学生获得人类或民族文化的同一性。从终极意义上说,学习即学生生命实践的发展性活动,一切的知识学习最后都需要融入学生生命,才具有发展性。因此,知识学习最终是生命学习,或生命化的学习,这也是笔者主张让知识与学生生命相遇的根本出发点。

郭元祥认为,从学习内容和目标的角度看,对知识这个有待发育的"精神种子"的学习,不能简单地归入"知识学习"。知识的多维属性体现了学习层次的多样化。深度教学把知识学习分解为五个相互关联的层次,即科学认知、技术体验、社会参与、文化觉醒、生命感悟,这五个层次也称为科学学习、技术学习、社会学习、文化学习和生命学习。"三境界五层次"学习观,是深度教学在对待学习过程、学习方式等问题上的基本理念。

作为人类认识成果的知识,本身具有科学属性、文化属性、社会属性、美德属性和实践属性等本质属性。教学应引导学生达到学习的充分广度、充分深度和充分关联度。

知识是人类实践的产物,科学属性是知识的第一属性。知识是一种文化产品,是人类的一种文化形式和文化现象,是人类的一种典型的文化存在形态,文化属性是知识的基本属性。知识伴随人类社会生产生活的全过程,知识的生产、知识的传递、知识的享用更是一种社会活动,知识具有社会属性。苏格拉底说知识即美德,意味着知识是一种值得信赖的信念,并影响着人们的社会行为,知识具有美德属性。教学活动只有充分地表达出知识的多维属性,其育人功能才能得以真实实现。因此,从深度教学的视野来说,知识是有待发育的精神种子,知识学习的过程唯有成为科学实践的过程、文化实践的过程、社会理解的过程、生命实践的过程,教学育人价值才能得到发挥。

"充分广度"是对知识的"发生学问题"的关切。引导学生进入知识发生的过程,理解知识的来龙去脉,为理解和转化奠定认知基础。从此意义上说,"知识学习的充分广度"体现的是对知识学习的历史之维、过程之维的关切。知识不是单一的符号存在,而是思想、思维、文化的结晶,而且任何知识都有其特定的自然背景、社会背景、科学背景、历史背景、文化背景。教学需要超越单一的符号接受、解码和符号认知,立体地处理知识,引导学生达到知识学习的充分广度。知识学习的充分广度,要求学习者不应脱离知识的背景来抽象地学习知识和解码知识,而需要进行沉浸式学习。理解知识所表达的事物的本质和规律,需要沉浸于知识的背景,经历并理解知识的发生过程,从发生学的视角去解码知识。沉浸式学习,是对知识背景的沉浸,对知识发生过程的沉浸,对认知活动情境的沉浸。这也许是杜威在主张"经验论"的同时又提出"还原论"的知识哲学的原因。还原与下沉、体验与探究、反思与上升,形成了一个U形的学习曲线。沉浸式学习的体验、探究、反思提供了促进学生"生长"的可能性。

"充分深度"是对知识的"认识论问题""方法论问题"的关心。知识的符号背后内在的元素是知识的逻辑形式和意义系统,知识学习只有理解知识的发生过程、内在的逻辑规则,及其具有真理性的信念和意义,才能习得知识的全部内容,获得知识的全部意义并实现知识对于个体的意义增值。因此,具有发展性的教学需要为对知识的深度理解而教,达到知识学习的充分深度。深度教学追求由符号学习走向逻辑学习、意义学习,引导学生获得符号之后的东西。从符号学习,到逻辑学习,再到意义学习,体现了知识学习的层进性。知识学习的充分深度,旨在进入知识的内部,深度学习知识。层进性学习,是达到知识学习的充分深度所必需的学习状态。从符号接受,到符号解码,再到意义建立,是一个层进的过程。通过深度理解、高阶思维,进入知识的内部,才能获得知识所凝结的思想、思维、方法论、价值观等核心要素。表层教学、表面教学的弊端就在于学习总是游离于知识的内核之外,导致学习从未真正发生,或者学习刚刚开始发生就戛然而止了。

"充分关联度"是对知识的"方法论问题""教育学问题"的关注。知识一方面产生于人类的文化背景,另一方面与种族、个体的想象和经验具有千丝万缕的联系。前人的认识成果对后来的学习者会发生"意义增值",而知识的意义增值的条件是前人的知识与学习者的人生境遇发生充分的关联,尤其是与时代文化的关联、与个体经验的关联和与个体想象的关联。一直以来,表层教学往往把知识置于孤立的、静止的状态,单一的符号孤立、平面处理与文化和现实的社会生活的隔离,阻断了公共知识向个体知识转化的历史通道,具有历史意义和现实意义的知识演变成了"古董式的存在"或"展品",知识的文化价值和发展意义被剥离了,教学成了对知识的符号接受,进而丧失了知识对于人的生成的意义。实现知识学习的充分关联度,需要有文化回应性教学、经验回应性教学,以及发展学生学科想象力的教学。

二 思维发展反映了学习深度

思维是建立在感知基础上的心理活动,思维是学生认知过程的高级阶段。良好的思维品质包括思维的敏捷性、广阔性、批判性、创新性等方面。深度学习最显著的标志是引导高阶思维的发生,即学生思维过程的表现、思维方式的建立、思维品质的提升。高阶思维是高层次、高水平的思维,主要包括反思性思维、批判性思维和创新性思维等不同的高级思维水平。引导思维过程,培养思维方式,提升思维层次,是理解的条件。教师的教学要引发学生的思维,结合具体的教学主题和教学内容,促进学生通过思维过程来实现对知识的理解以及对知识背后的意义和思想的获得,从而发展学生的思维品质。学习过程的思维发生、高阶思维的培养,不是学生自主所能解决的问题,必须以教师的深度教导为前提。

思维作为认知过程的高级阶段,不是课堂教学中要求"同学们想一想""大家思考一下""同学们小组探究一下"等各种表层的活动所能达到的。思维有规则、有过程、有形式。引导学生经历演绎与归纳、分析与综合、类比与比较,以及概括、判断、推理等逻辑思维的过程和逻辑思维的形式,是思维发生的根本条件。马克思主义的辩证思维包含六大思维范畴,即现象与本质、内容与形式、结构与功能、原因与结果、偶然性与必然性、现实性与可能性。唯物辩证法是关于事物研究的辩证思维的方法论。发展学生思维,不是空洞的和表层的形式要求,而需要以问题为导向,引导学生规范地经历逻辑思维的基本过程,应用逻辑思维的基本形式。遗憾的是,大多数教师在教学过程中基本忽视基于逻辑思维的过程与形式的规则来引发学生思维。其实,演绎与归纳、分析与综合、类比与比较,以及概括、判断、推理等逻辑思维的过程和逻辑思维的形式,在具体的教学内容的理解过程中随处可见。数学中的几何思维,就是点、线、面、体、方向、位置、数量几何七个要素的逻辑问题。语文作品谋篇布局分析中"总、分、总"就是分析与综合的逻辑思维过程问题,排比就是基于类比的归纳法的应用。历史课程教学中对历史事件的学习,则需要应用辩证唯物主义和历史唯物主义的思维方法。

当然,思维发生不是形式上的思维训练,而是基于教材和具体学科的问题和学科思想的思维教学,有些学校脱离具体的课程和教学内容,开发所谓的"思维课"来培养学生思维,这种现象值得反思。教学引导思维,需要切合具体的学科知识理解、学科问题、学科思想来体现。深度教学主张扎根学科问题和学科思想,引导学生规范严谨地经历逻辑思维过程,建立概念,理解理论。同时,结合具体情境、社会实际,开展反思性思维、批判性思维和创造性思维。反思,是切己体察的活动,是自我觉醒的过程。批判,是以质疑、怀疑为基础的,批判不是否定一切,而是换位思考、抽象与移情的过程。创新,则是独立思考、抒发己见。从公元前4世纪古希腊亚里士多德提出演绎法,到16世纪末英国哲学家培根提出归纳法,人类走过了近2000年历史。再到18世纪晚期德国古典哲学家康德提出分析判断和综合判断,又过去了近200年的时间。到19世纪上半叶由于德国哲学家黑格尔以及其后恩格斯等人的突出贡献,辩证逻辑才得以建立起来。

过程中高阶思维的引发与培养,考验着教学过程的民主品质。没有思维的深度,便难有学习的深度。学习不是静止的内隐活动,而是需要沉浸、需要行为表现支持的活动。深度学习是具身学习、无边界学习、沉浸式学习与层进式学习。培养积极投入的学习者、激发导向成功的学习热情,是引导学生深度参与学习过程的起点。具身学习是学习者全身心参与学习过程,包括认知参与、情感体验、意志参与和动作参与。无边界学习突出的是学习内容的充分广度,以问题为导向,让学习内容和理解过程具有文化、社会、历史、生活等多元的视野。

沉浸式学习、层进式学习则指向基于知识的发生学问题、情境问题的考虑。教学只有超越"点状知识教学""平面知识教学"的局限,真正让学生进入教学过程,深度学习才是可见的学习。深度教学的实施,要让知识的多重属性可见、学生思维过程可见、学会理解和转化的素养表现可见。

让思维发生,不是空洞的和无内容的,思维的对象是知识与其依存的多向度的情境。聚焦问题、关注情境、引导方法,思维才可能真实发生。可见的学习首先是知识的多维度、多层面的意义性理解。静止的、平面的、点状的知识的字面意义诠释或解释,粗放的符号表层解释,容易消解学生对知识多维度的意义理解。学习的起点是知识理解,可见的深度学习,不仅是对知识的科学本质规定性的理解,而且是对知识的科学属性的把握。从概念,到关系,到思想、方法,再到变式,构成知识科学规定性的整体。更为重要的是,要进入历史视角、知识发生学的视角,以及社会视角,让知识所隐含的文化背景、社会背景,以及知识所赖以依存的情境,进入学生理解性的学习过程。如此,教学过程中所见到的知识就不再仅仅是一个"点",而是一个多维的"知识网""意义网",历史、文化、社会、生命等便是这张知识之网上的纽节。深度学习需要超越符号认知,由知识的网状学习、分层处理,引起学生课堂中的科学学习、社会学习、文化学习、生命学习。

可见的学习是层进式理解、层进式思维的可见。从理解,到转化,再到反思、迁移,学生的学习是不断进阶的过程,可见的学习必定有清晰的层进式理解和对知识情境的沉浸,以及明确的思维过程。从哪些层面来引导学生深度理解知识?如何由概念学习、关系学习转化到学科思想的建立,以及由知识向学科能力的转化?如何让生活经验进入学生理解的过程、反思的过程?又如何通过变式学习来实现举一反三、问题解决?这都是教学需要回答的关键问题。教学环节清晰,目标针对性明确,并将目标任务化,是可见学习的显著标志,而任务取向、问题导向、过程取向,是让学习可见的观测点。

三 指向深度学习的物理思维型课堂教学内涵

(一)内涵解读

深度学习视域下的思维型物理课堂强调以深度学习理念为指导,提升中学物理课堂发展性,着重发展学生高阶思维、思维品质和实际问题解决能力。

首先,思维型物理课堂强调学生对物理概念的深入理解,而不仅仅是表面的记忆。通过设计富有挑战性的问题和实验,教师引导学生主动探究物理现象背后的原理,从而促进学生对知识的深层次理解。这种理解是建立在学生主动思考和内化知识的基础上的,有助于学生形成系统化的知识结构。

其次,这种课堂模式注重发展学生的思维品质,如逻辑性、批判性和创造性。在课堂上,教师会鼓励学生提出问题、质疑现有的理论,并从不同角度分析问题。通过小组讨论、辩论和项目式学习,学生能够在交流和合作中锻炼自己的思维能力,学会从多个视角审视问题,形成独立的思考习惯。

最后,思维型物理课堂着重培养学生的实际问题解决能力。教师会将物理知识与现实世界的问题联系起来,设计一些与生活紧密相关的项目,让学生运用所学的物理知识去解决实际问题。这种学习方式不仅能够提高学生的应用能力,还能增强他们对物理学习的兴趣和动力。

在中学物理教学中以"生动的问题情境、交互的具身体验、意义的自主整合、批判的自我反思、真实的问题解决"为基本原则,创设有思维空间的挑战性学习任务,引导学生实现公共知识的个人意义达成,增强学习的意义感、自我感和获得感。指向深度学习的中学物理思维型课堂5个基本教学原则关系如图1-1所示,他们彼此之间是紧密联系的。[①]

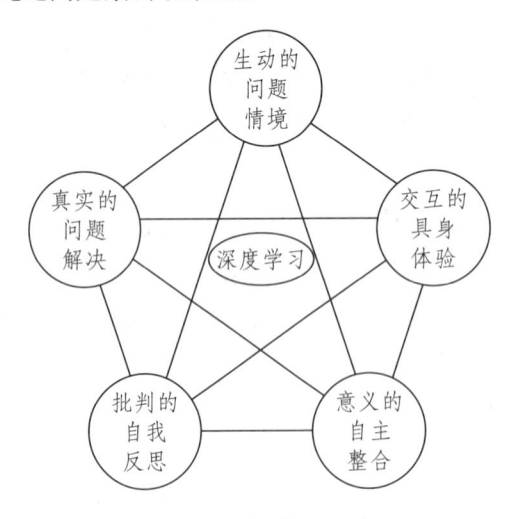

图1-1 教学五原则

---

① 任虎虎.指向深度学习的高中物理思维型课堂构建的研究[J].物理教师,2019(7):28-31.

1.生动的问题情境

生动的问题情境是深度学习发生的基础,问题情境越生动、越逼真就越能增加个体的身体体验,特别是在学习抽象概念时或者学生缺乏已有感性经验时,情境的再造与渲染至关重要。中学物理可以回归生活世界或借助实验创设真实的问题情境,也可以借助其他手段对现实情境再现,如视频、图片、语言或文字描述等,甚至还可以借助计算机创设虚拟情境。

2.交互的具身体验

交互的具身体验是深度学习发生的催化剂,目前由于课时的限制,一些课堂教学教师代替或缩短了学生对知识感悟、体验的过程,从具身学习角度而言,体验方式、体验内容、体验结果决定认知方式、认知内容与认知结果,教师应根据教学内容,创设多种能引发具身效应产生的情境,大大增强或者延长感受、体验的环节,使学生能够产生身心融入的具身学习。

3.意义的自主整合

意义的自主整合是深度学习发生的关键环节,引导学生将自己的感知、体验与自己的生活背景或已有的经验建立联系,促进学生自主地、能动地建构新知识,把握知识背后的思想方法、逻辑、意义和价值。新知识建立的过程也是新意义生成的过程,只有生成新意义的学习才是有深度的学习。

4.批判的自我反思

批判的自我反思是深度学习的核心标志,教学中引导学生对自己体验的方式、内容和结果进行总结、反思、评价和批判,不仅能促进学生理清知识的内在结构和逻辑,更好地把握学科思想方法,并且批判性的自我反思也是提升高阶思维能力和思维品质的有效途径。

5.真实的问题解决

真实的问题解决是深度学习发生的判断准则,物理学与生活息息相关,生活中许多复杂的实际问题都可以作为教学材料,在物理知识学习过程中,引导和鼓励学生在体验和理解的基础上,综合运用多种知识和方法解决实际问题,提升学生综合应用跨学科知识解决问题的能力,并且促进深度学习从课内延伸到课外。

在深度学习理念的照耀下,中学物理思维型课堂焕发出了前所未有的活力与魅力,它不仅是知识的殿堂,更是思维与智慧的熔炉。这一课堂模式以提升课堂的发展性为己任,其核心精髓在于引领学生踏入深度学习的广阔天地,精心培育他们的高阶思维能力,雕琢其思维品质,并在解决实际问题的征途中锤炼他们的能力。教师如同智慧的导航者,遵循着"设置富有启发性的问题情境"的轨迹,为学生铺设一条条通往未知世界的探索之路。这些问题情境,如同一个个精心布置的谜题,激发学生的好奇心与求知欲,引领他们主动探索、积极发现。同时,"提供交互式的具体体验"如同为学生的学习之旅增添了生动的色彩,通过实验操作、小组讨论等形式,让学生在亲身体验中感受物理的魅力,深化对知识的理解和记忆。

更为关键的是,深度学习理念下的中学物理课堂,鼓励学生成为知识的主动建构者。通过"自主整合知识意义"的任务设计,学生如同一位位智慧的建筑师,将零散的知识点串联起来,构建起属于自己的知识大厦。而"倡导批判性的自我反思"则如同一面明镜,让学生在反思中审视自己的学习过程,发现不足,进而不断完善自我。最终,"解决实际问题"的任务,如同实战演练场,让学生在解决问题的过程中,将所学知识转化为实践能力,体验到知识的力量与价值。

这样的学习任务设计,不仅充满了思维挑战,更充满了无限可能。它让学生在学习的过程中,不再是被动接受知识的容器,而是成为了主动探索、积极创造的主体。学生在完成任务的过程中,不仅收获了知识的果实,更在心灵深处种下了学习意义感、自我认知及成就感的种子。

例如,在一次关于"力与运动"的教学中,教师设计了一个"小车运动轨迹探究"的实验任务。学生们通过亲手操作小车,观察其在不同力作用下的运动轨迹,进而思考力与运动之间的关系。在小组讨论中,他们各抒己见,碰撞出思维的火花;在自我反思中,他们深刻认识到自己在学习过程中的成长与变化;在解决实际问题的过程中,他们更是将所学知识灵活运用,成功设计出了多种改变小车运动轨迹的方案。这一过程,不仅让学生深刻理解了力与运动的知识,更让他们感受到了学习的乐趣与成就。

总之,深度学习理念引领下的中学物理思维型课堂,以其独特的魅力与智慧,点亮了学生心中的求知之火,让他们在探索与创造的征途中,不断前行,不断成长。

(二)不同课型的教学模式

1.物理概念教学模型

指向深度学习的思维型课堂物理概念教学过程、教师主要活动和学生主要活动如表1-1所示。

表1-1 中学物理概念教学模型

教学原则	对应教学过程	教师主要活动	学生主要活动
生动的问题情境	唤醒前概念	创设实验、视频和图片等情境	将当前情境与已有前概念建立联系
交互的具身体验	定性感知物理概念形成过程	设置与概念有关的体验活动	亲身参与活动,对概念形成感性认识
意义的自主整合	同化或顺应构建概念模型	设置有思维空间和挑战性的学习任务	构建物理模型,形成科学概念
批判的自我反思	深化物理概念的内涵和外延	提供与科学概念相关的正例和反例	通过辨析和反思内化物理概念的本质
真实的问题解决	应用物理概念解决实际问题	创设待解决的真实问题情境,适当引导	应用所学概念自主或合作解决问题

2.物理规律教学模型

指向深度学习的思维型课堂物理规律教学过程、教师主要活动和学生主要活动如表1-2所示。

一是通过实验情景或逻辑推理激发认知冲突;二是通过自主或合作探究亲历物理规律的建立过程;三是总结归纳得出物理规律;四是反思物理规律的建立过程,探寻物理规律的适用范围;五是应用物理规律解决实际问题。

表1-2 中学物理规律教学模型

教学原则	对应教学过程	教师主要活动	学生主要活动
生动的问题情境	激发认知冲突	通过实验、逻辑等创设"两难"情境	将当前情境与已有前概念建立联系
交互的具身体验	定性感知物理概念形成过程	设置与规律有关的实验探究或体验活动	亲身参与活动,对规律形成感性认识

续表

教学原则	对应教学过程	教师主要活动	学生主要活动
意义的自主整合	同化或顺应构建概念模型	创设理论和实验探究的问题与情境	通过理论和实验探究建立物理规律
批判的自我反思	深化物理概念的内涵和外延	引导学生对物理规律建立的过程进行反思	在反思中明确物理规律的适用范围
真实的问题解决	应用物理概念解决实际问题	创设待解决的真实问题情境，适当引导	应用所学规律自主或合作解决问题

3.习题教学模型

指向深度学习的思维型课堂物理习题教学过程、教师主要活动和学生主要活动如表1-3所示。

表1-3　中学物理习题教学模型

教学原则	对应教学过程	教师主要活动	学生主要活动
生动的问题情境	引出习题教学主题	创设实验、视频和图片等情境	明确要研究的主题
交互的具身体验	定性感知物理概念形成过程	提供学生独立解决习题的时间和空间	独立思考解决物理习题并展示交流
意义的自主整合	同化或顺应构建概念模型	回归生活背景，让学生尝试还原物理习题	联系生活还原物理习题，生成意义
批判的自我反思	深化物理概念的内涵和外延	引导学生对物理习题解决的过程进行反思	通过反思形成方法性知识，发展元认知
真实的问题解决	应用物理概念解决实际问题	提供变式或迁移拓展形成要解决的实际问题	应用所学思想方法解决问题

4.实验探究教学模型

指向深度学习的思维型课堂实验探究教学过程、教师主要活动和学生主要活动如表1-4所示。

表1-4 中学物理实验探究教学模型

教学原则	对应教学过程	教师主要活动	学生主要活动
生动的问题情境	引出实验探究主题	提供生活情境或现象的视频或图片	明确实验探究的主题
交互的具身体验	设计实验方案，实验操作	问题驱动学生实际方案设计和操作	独立或合作设计实验方案并操作
意义的自主整合	实验数据分析	帮助学生寻找处理实验数据的方法	分析实验数据，寻找证据
批判的自我反思	论证实验结论并进行误差分析	引导学生对实验探究过程和结论进行反思	得出实验结论，探寻误差产生的原因并分析可能出现的结果
真实的问题解决	解决实际复杂问题	创设待解决的实际问题	应用所学实验结论和实验方法解决问题

第四节 深度学习到本原教学

一直以来,教育改革能否成功实施,关键在于其能否在学校及课堂层面得到有效贯彻。教育理论或模式的真正价值,通常需要在学校与课堂的实际运行中得以验证。课堂改革是教育改革进程中的核心议题。长期以来,人们持续探索课堂教学改革的路径与技巧,各种形式的课堂教学改革实践为教育改革的推进贡献了力量。然而,随着教育事业的进步、对高质量教育需求的增长,以及对当前课堂教学存在问题的深入反思,人们愈发渴望出现更为高效、适用的课堂教学改革方案。深度学习的设计理念与教学策略,为课堂的革新提供了一个崭新的视角。

一、从传统探索到新型路径

"深度学习"最早应用于人工智能的研究。学者将深度学习的概念引入教育领域,特别是用于课堂教学研究时,赋予了其新的含义。深度学习不是零散的碎片式的知识点的学习,深度学习强调整体学习,注重对学科领域的关键问题和基本思想的理解和运用。深度学习的基本特征是重视高层次的思维和能力。浅层学习就是学习比较低端的知识、记忆性的知识和简单的理解。深度学习则指向培养高端的能力包括高级思维能力、创造能力和分析问题、解决问题的能力。深度学习的研究聚焦于学科课堂教学的变革,以学习主题的整体理解和学生学习特定主题的学情分析为基础,实现整体性教学,培养学生的创造能力和问题解决的能力。随着有关深度学习研究的深入,深度学习成为一种课堂变革的理念和课堂教学的设计思路。深度学习,是在教师引领下,学生围绕着具有挑战性的学习主题,全身心积极参与、体验成功、获得发展的有意义的学习过程。在这个过程中,学生掌握学科的核心知识,理解学习的过程,把握学科的本质及思想方法,形成积极的内在学习动机、高级的社会性情感、积极的态度、正确的价值观,成为既具独立性、批判性、创造性又有合作精神、扎实基础的优秀的学习者,成为未来社会历史实践的主人。深度学习追求一种高品质、高效率的课堂教学,深度学习的主要价值在于通过学科核心内容的重点探究过程,使学生在掌握学科核心知识的同时,培养学生的高阶思维能力和问题解决能力,实现学科教学中的少量主题的深度覆盖。

指向深度学习的课堂变革是教育改革新型路径。教育改革是否成功的标志在于改革的理念与目标是否得到实施。而判断教育改革实施的重要因素,是看教育改革是否在学校产生效果,改革的理念与目标是否在课堂中体现出来。我国于2001年开始实施的基础教育课程改革也是如此,课程改革提出的改革理念与目标,包括关注学生的发展、注重学生的学习过程等,在学校和课堂层面的达成程度往往不尽如人意。在课程改革推进过程中出现了城乡差异明显、课程资源匮乏、经费投入不足、校本教研不够深入和课堂教学存在单纯追求形式等现象。在课程改革推进过程中,学生的学习方式正在向积极方面转变,但各种学习形式的发展不平衡,特别是研究型学习和合作型学习的开展尚不理想,与新课程改革的要求差距较大。学生的独立自主性发展较差或不平衡;研究型学习与合作学习型大多表现为表面化、形式化。也有研究表明,使用新课程的学生对数学的基本理解与计算能力从整体上表现较好,但不如使用原课程学生在此方面的优势明显;与使用原课程学生相比,使用新课程的学生在高层次思维能力方面表现出明显优势,新课程比较明显地提高了学生对复杂问题的解决能力、数学表达与交流及应用意识;新课程提高了学生学习数学的兴趣,学生也形成了良好的数学素养。但高级思维的本质和如何培养高级思维还是一个值得探讨的问题。

考察与评价教育改革或课程改革的一个重要维度是看课堂教学是否发生了变化。随着教育改革的推进,人们总是要聚焦课堂,了解课堂是否真正发生了变化。这是因为课堂变革直接作用于学生,改革的最终受益者应当是学生,课堂发生变化才能引起学生的变化。一般认为,课程实施包含几个层面,如教材的变革,教师的理解,教学行为的变化,教学信念的变化等。真正的实际发生变化的是教学行为,包括教学的组织方式和教学策略与方法等。另一方面,课堂变革总是与具体的学科相联系。为什么许多教育改革的理念、课程改革的目标在课堂教学层面会遇到瓶颈,出现问题呢?为什么许多教育理论在设计的时候显得很有道理,而在课堂教学层面会遇到阻力,甚至会显得无能为力?主要的原因在于,课堂教学是一个更为复杂的系统,课堂教学不仅有一般教育所要面对的教育者和学生,有教育理念所涉及的一般的教育问题,有课程设计时所考虑的一般原理,更要考虑具体学科的特点,具体学段学生的特征,甚至某一类学生的特征,以及学生学习某一个学科的具体内容时的需求和状态。这种复杂问题,不是一般教育理论,一般的心理学理论,一般的课程设计所能解决的。课堂教学的问题,是需要将这些一般的理论和方法,与具体的学科内容和学生现有状态结合起来产生新的知识、方法与策略。这种知识、方法与策略是没有人可以在课堂教学设计与实施之前确定下来的,只有课堂教学的当事人——教师和学生知道应该怎样行动,知道面对具体的问题要采取什么样的策略。

历来的教育改革者或者众多一线教师,总是试图找到一种课堂教学变革的有效方案,找到一种适合于所有课堂教学,至少大多数课堂教学变革的方案。事实上,这样做往往是徒劳的,也是没有出路的,任何试图找到课堂教学改革一般的具体的解决方案的做法都是无效的。也就是说,任何一个精细到可以适用不同学科、不同学段、不同班级的课堂教学变革的具体的可操作的模式与方法都是不存在的。所以,人们总是觉得某种教学模式与方法,听起来很有道理,用起来就会走样。反过来也是如此,任何一种宣称是成功的课堂教学变革方法,当试图将其具体化、模式化,变成可操作、可推广的模式与方法时,实际的效果总是不尽如人意。原因就在于课堂教学的复杂性,课堂教学的创造性,课堂教学的不确定性。每一个课堂教学的设计方案都是一位教师或者这位教师所依托的团队精心设计的创造性的结果。而这一结果又往往不能简单复制。因此,课堂教学变革的出路在于使教师成为课堂教学设计者,成为课堂教学的创造者。我们能够给予教师的只能是课堂教学设计的思路和策略,使教师增强面对复杂的课堂教学的创造性的智慧。这种思路不是简单的课堂教学形式的变革,而是使教师认识课堂教学的实质,提升自身课堂教学设计的能力,生成驾驭课堂教学的智慧。深度学习的教学设计为教师提供设计与实施课堂变革的思路与策略。[①]

二、从表象到本质

以往的课堂教学变革更多是形式上的变革,而没有关注课堂教学本质的变

[①] 马云鹏.深度学习视域下的课堂变革[J].全球教育展望,2018(10):52-63.

革,往往给人以错误的信息和走捷径的指引。似乎按照某种方法,遵循某些环节,就可以实现有效的课堂教学变革。数以百计的教学模式与教学方法,多以形式上的几环节、几步骤、几阶段的方式命名,更有具体到哪个环节几分钟,不同环节次序的变换构成不同的教学方式。教师也乐此不疲地模仿和运用各种花样翻新的教学方法,以期进行课堂教学改革的尝试,试图达到提高课堂教学效果的目的。其实这样的所谓变革只是表面的、形式上的,解决一时一事,或个别案例。对长远的课堂变革几乎不起作用,对具体到一个学科、一个主题的教学往往不能奏效。

对于这样的课堂变革可以从一般的教育学和心理学的理论、模式与方法中找到根据,或者说这些教学模式与方法是从教育学或心理学的某种理论衍生出来的。我们可以从早期的赫尔巴特、凯洛夫、加涅,到现代的布鲁纳、布鲁姆,结构主义、建构主义、发生认识论等所提倡的教学模式与方法中找到依据。

这些理论与模式无疑具有其价值与意义,对课堂教学具有指导性。但从这些理论直接派生出来的教学模式与方法,很难说适应不同的学科和不同学科中不同主题的教学。逻辑上一定要将某些教育的或心理的理论与学科教学相结合。多少年来人们试图做这样的工作,其中各学科课程与教学所研究的正是这方面的事情。但令人遗憾的是,学科课程与教学遵循的仍然是从教育学或心理学衍生出来的一套体系。这样就导致课堂教学的实质性的问题得不到解决。

真正的课堂变革应当是从学科的本质出发,针对学生学习和发展的需求,以及学科内容的本质特征提炼学习主题,确定学习目标,将教育学、心理学的理论与方法整合到学科和学科的具体主题的教学研究之中,设计有针对性的具体的呈现方式与教学策略,形成具有个性化的教学方案。因此,一个具体的课堂教学设计方案,应该是独特的具体的设计,进而方案的实施才能获得生成性的和伴随教学进程而变化的课堂决策的结果。所以,课堂变革的基础在于教师对所教学科的本质的理解,对学生学习的理解,以及一般教育学知识的运用。学科本质的理解包括学科知识的掌握,学科价值的认知,学科内容的来龙去脉,以及特定学科内容的把握等。学生学习的理解包括某一阶段学生发展与学习的一般特征,以及学生学习特定内容的特征、困惑和前概念等。教育学知识的运用是对教育学一般原理的掌握,以及运用于特定内容教学的策略与方法等。因此,课堂教学设计是教师创造性工作的结果,课堂教学变革是与教师创造性劳动分不开的。与其为教师提供普遍适用的教学模式与方法,不如为教师提供基本的课堂变革的思路和原则,提高教师的专业素养,使教师能够独立地创造性地设计和实施每一节课堂教学,使课堂教学变革成为具有活力的源头活水。

深度学习是以学科核心内容为线索,聚焦学生的高级思维和创造性解决问题能力的培养。深度学习课堂变革的理解与研究必须与具体的学科建立联系,使其成为连接学科本质和学生学习的桥梁。基于深度学习的教学设计与实施反映具体学科的本质与学生学习的特征,体现了课堂变革的本质。

深度学习强调整体学习,关注学习过程中的多维表征。最好的学习就是整体学习。除了情感的参与,还需要有整体的知识网络,不能碎片化。碎片化的学习只能积累一些无效的记忆。它不能激活其他知识。有效的记忆和理解总是在一个整体的知识框架里头,它能诱导别的知识,别的知识也可以诱导它。这一特征决定了深度学习理念下的课堂变革与以往的许多课堂改革有明显的区别。

指向深度学习的本原教学设计深刻体现了课堂变革的本质,标志着教育理念和教学方法的根本转变。这种设计不仅关注知识的传授,更强调学生在学习过程中的主动参与和深度理解,旨在培养学生的批判性思维、创造力和解决实际问题的能力。

首先,指向深度学习的本原教学设计强调以学生为中心,鼓励学生主动探索和发现知识。这种转变意味着教师不再是单纯的知识传递者,而是学习的引导者和促进者。教师通过设计富有挑战性和趣味性的学习活动,激发学生的学习兴趣,促使他们在探索中构建自己的知识体系。

其次,这种教学设计注重学习的深度而非广度。它鼓励学生深入思考,分析和理解知识的内在联系,而不是仅仅停留在表面的记忆和理解上。通过项目式学习、合作学习和探究学习等方式,学生能够在实践中运用所学知识,培养批判性思维和创新能力,从而更好地应对复杂的现实问题。

最后,指向深度学习的本原教学设计还强调跨学科的整合与应用。它鼓励学生将不同学科的知识进行融合,培养他们的综合素养。这种跨学科的学习方式不仅拓宽了学生的视野,也帮助他们在解决实际问题时能够运用多元的思维方式和解决策略。这种教学设计反映了教育对未来社会需求的回应。在快速变化的时代,学生需要具备适应性和灵活性,能够在面对复杂挑战时迅速调整自己的思维方式和解决方案。指向深度学习的本原教学设计正是为了培养这样的能力,使学生能够在未来的学习和生活中游刃有余。

深度学习教学理念为教师提供了一个教学设计的基本思路,不同学科教师需要依据本学科的特征,以及对具体内容的理解和学生学习状况的把握,创造性地设计具有个性的课堂教学方案。深度学习的教学设计围绕内容理解、学生理解、教学设计这三个课堂教学的基本要素展开。学科教学活动的设计与组织以学科特定内容和学生对该内容的学习状况的分析和理解为基础,是连接学科内容理解与学生理解的桥梁和纽带。三个要素各包含了若干基本特征,形成三者之间复杂的动态关系(见图1-2)。深度学习的课堂变革正是基于这三个要素及其关系的深刻理解与把握实现的。[1]

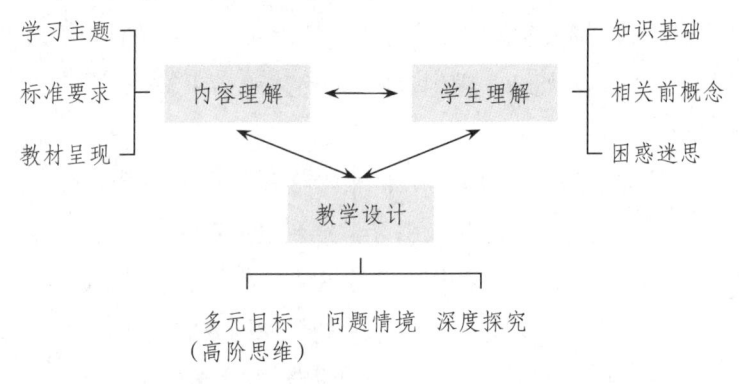

图1-2 深度学习教学设计思路

三 从深度学习到本原教学的范式之基:回归学习要义

从深度学习的特征可以看出,深度学习强调教育的理解性和联系性;强调学科、专业之间的整合学习;强调思维和学习是一个系统的过程。它能使学习者获得系统性知识、批判性精神、创造性思维等,是一种充分挖掘个人潜能以培养完整人格的学习方法。当前教育越来越重视更深层次的学习方法。[2]

(一)凸显"生成性学习"

维特罗克是美国当代著名的教育心理学家,认知学习理论中生成学习理论(theory of generative learning)的创始人。1974年,他第一次提出了学习的生成过程的基本模式。维特罗克认为,学习并非简单的信息或者知识的接受过程,

---

[1] 马云鹏.深度学习视域下的课堂变革[J].全球教育展望,2018(10):52-63.
[2] 付亦宁.深度学习的教学范式[J].全球教育展望,2017(7):47-56.

而是需要实现旧知识与新知识的有机融合,同时还需要真正地理解新知识,将之纳入到自己的知识结构体系当中。深度学习的首要特征、本质特征都体现了生成性学习的特点。以生成性学习为教学过程导向,可以认为学生自主进行知识的构建过程是完成学习活动的基础。而这又需要学生对已有知识有着较灵活的掌握,更需要教师的有效引导,包括引导学生学会有效的知识建构方法。一是对所学知识各部分之间的建构;二是对所学知识与已有的知识之间的建构。一个好的知识体系在结构上是复杂的和无错的。创建这种知识体系需要利用学生已有的知识并重点建立这些已有知识与知识主题的联系。知识和理解都是教育过程的本质,教学中应尽可能多地确立与个人经验相关的概念。更为重要的是在教学一开始便为学生提供一个清晰的结构,一个合乎逻辑的统一的主题。

知识的传授并不是教师教学工作的根本任务,引导学生领会学习的意义往往更加重要。这种有效的引导包括引导学生产生正确的学习动机,使他们认识到学习的意义所在,形成积极的内在学习驱动力。当学生感到必须学的时候,他们会自动地试图专注于理解含义、中心思想、原则或成功地应用。此外,有效的引导还包括引导学生掌握合理的元认知策略,教会学生对自己的内部认知过程进行认识、调节和监控。在运用深度学习方法处理学习任务时,学生的态度是积极的,学习是快乐有趣的,学生能感受到学习的重要性,勇于挑战并保持心情愉快。

(二)立足"基于设计的学习"

创设基于设计的学习的教学活动,需要注意教学活动的设计性,设计的思想要贯穿于整个学习过程。包含设计思想的教学可以促进和唤醒学习者在理解和深入学习时的不同思维框架。有研究团队开发了一个促进学生深度学习的教学框架:鼓励教师设定一个关于理解的总体目标,选择能够促进思维生成的主题,并设计能够检验学生是否真正理解的教学任务。这种教学任务是一种基于设计的学习活动,要有利于将所学知识进行整合,能够引发学生的反思,帮助他们学习创造逻辑联系,查明原因和结果,提出类比,根据结果检验设计的合理性与有效性,再进行迭代修改,在这个不断反复的过程中最终解决问题。

知识的建立是通过学习者的活动和互动来完成的。在设计活动实施过程中,学习者不是将注意力集中在离散的事实而是将设计内容作为一个系统进行学习。基于设计的学习所设计的教学活动的复杂性表明了合作以及分布式专业知识的必要性。为学习者提供真实的学习环境、真实的项目,不仅有助于学习者把握知识的整体性去解决问题,处理日后将会发生在实际生活中的情况,使他们获得专家的知识构建方法,还可以增强学习者的内在学习动机,发展学习者的高阶思维能力。要具备这样的能力,学生需要学习自由,需要有更多的机会去发现问题、表达问题以探索更合理的概念理解。在这个过程中还可以培养学生的批判性思维能力。批判性思维能力是一种不可直接传授的技能,是在与课程内容的相互交织过程中潜移默化形成的。

(三)归于"SOLO学习结果分类"评价

当学生学习一门新学科时,最初是以量的方式获得分离的、互不相关的内容。随着学习的进一步深入,质的变化发生了:所学的内容相互联系起来,构成一个连贯、一致的整体。传统评价方式是在量化的基础上孕育出来的,这种方式无法测量到较高层次的学习,无形中鼓励了浅层学习。深度学习的特征中涉及到的"理解""建构"等词语很难从"量"的方面对学生开展评价,更多的应该是针对"质"的评价,也就是不在乎学生答对了多少与标准答案接近的内容,而是力求从学生回答中分析出他能够达到哪一思维层次。

1982年,澳大利亚学者约翰·B.彼格斯和凯文·F.科利斯在皮亚杰的发展阶段论的基础上建立了一种描述智力发展的一般性框架,即SOLO分类理论,原意是可观察到的学生学习结果的结构。彼格斯认为不论是儿童还是成年,当他们在学习新的知识时,认知的发展都是有阶段的。该理论从五个层次对学习效果进行了描述,故又被称为SOLO学习结果分类法。五个不同的层次之间是递进提高的,包括"前结构""单点结构""多点结构""关联结构"和"抽象扩展结构"。SOLO分类理论能够以"质"的方式更好地解释学习者在学习不同任务时的不同表现,用动态的视角评判过程中的各种发展变化,同时注重对变化的具体分析和描述。利用SOLO分类理论对学生的思维操作模式开展评价能够为学生提供战略性的学习组织框架,同时还可以为教师创设深度学习情境提供教学设计指导框架,引导学生进行深度学习。

基于SOLO分类的深度学习评价模式可以包括四个部分,"设定标准""学习过程的能力""思维操作"和"学习阶段"。"设定标准"是根据学习者的认知发展阶段所设定的SOLO的五个层次。"学习过程的能力"指根据深度学习的特征在不同学习阶段所应具有的能力表现。"思维操作"是指把线索和回答联系起来的方式。"学习阶段"是根据能力表现划分的无学习、浅层学习、部分深度学习和完全深度学习四个阶段。

处于单点结构层的学生,他们回答问题的知识点各自独立存在,基本不会存在某种关联,学生无法阐述不同知识点之间的联系,也不会利用上下文内容来探究问题的答案。此时的工作记忆通常会被那些需要背诵的知识所占用。因此,学生必须具备"超量"的知识,才能由单点结构层转移为多点结构层,才能自动利用头脑中的知识完成检索答案的过程。因而,教师设计教学内容时最重要的环节便是学习任务的设计,教师应为学生设计一些帮助他们完成知识点整合的学习任务,使学生能够利用已经积累的知识去解决情境问题,而不仅局限于课本教材中的片段练习。

处于多点结构层的学生,他们既能够理解单个知识点,也能够理解存在一定关联的知识点。他们能够发现知识点之间的简单联系,但却不能发现隐藏于知识点背后的复杂联系,而对于知识点的重要性也没能形成正确的理解。因此,这个学习阶段还是浅层学习。这个时候要防止出现新旧知识混乱的局面。在这个阶段,教师需要了解学生的概念形成过程,及时发现、改正存在的错误概念和理解。

处在关联结构层和抽象扩展结构层的学生便进入了深度学习阶段。在这两个阶段,建立知识点之间的联系是很重要的。处于这两个层次的学习,就是通常所说的"理解",它包括了发现和创造层面的活动。处于关联结构层的学生有能力完成知识点的整合,发现不同知识点的联系,并建立起更大的知识结构。不仅如此,处于这个阶段的学生能够从整体的角度来思考知识,发现知识点之间的内在关联性,从而认识到知识点的重要性。然而,这一阶段的学习还只是部分深度学习。处于这个层次的学生对学习过程出现的困难缺乏判断。关联结构层所表现出的深度学习还缺少"专家构建"的特征,学生还不能像"专家"一样熟练地使用所学知识在实际情境中完成知识的迁移,创造性地解决问题,还不能灵活使用元认知策略。帮助学生从关联结构层转移为抽象扩展结构层,需要进行更多的基于设计的学习实践活动,因为这些评估性和综合性活动倾向于知识在更多陌生领域的灵活运用,有利于提高学生的调整能力和适应能力。

进入抽象扩展结构层的学生能够组织、归纳、整合知识,同时还能够利用知识解决真实的问题。学生可以发现不同学科知识之间的联系,也可以发现某一学科知识与其他事物之间的联系。不仅如此,他们还能够利用这些联系来帮助理解知识。学生能够搭建知识结构,提炼隐藏于知识点之后的基本原则,能够分析假设条件,还能够将各种知识信息与自己的生活实际相结合。处于这个层次的学生有着较高的元认知能力,对完成任务的过程能够及时监控与自我调整,在解决问题时能准确选用最高效的策略。这个阶段的学习者具有了深度学习的所有特征。

基于SOLO分类理论的深度学习评价模式有助于学生明确自己在学习活动之前和学习活动之后分别所处的学习阶段。这样,学生能够提出更加科学合理的学习期望。还可以帮助学生开展更适合自身发展的学习活动,从而使其在最短时间内搭建起系统的知识框架。同时,也有助于教师为学生设计出利于学生学习阶段的问题以及教学任务,帮助学生改变传统的学习方式,使学生尽快摆脱简单学习,进入到关联结构层和抽象扩展结构层的学习阶段,从而开展更加复杂的深度学习活动。

总之,学习过程不能停留在学习知识点的层次,学生需要的是一种能够透过表层,惠及心智的学习,收获长远的自由是学习的真正目的。

四 从深度学习到本原教学的过程遵循:学习逻辑

教学作为一种特殊的认识活动,其核心在于教师的教与学生的学,这两者在课堂上紧密交织、相互影响。特别强调的是,学生的学习过程及其逻辑构成了这一活动的基石:教师根据学生的既有学习基础精心设计教学内容,而学生的学习行为及成效则显著受到教师教学策略的引导。教师的教学行为,要遵循学生的学习认知规律,沿着学生学习过程的逻辑脉络,带领学生经历学习过程,掌握知识,提高核心素养。

该过程主要由学习阶段和教学事件两部分组成,学习阶段和教学事件相互影响,共同促进学生深度学习的发生。其中学习阶段主要分为五个阶段,分别是经验调取、概念失稳、概念解构、意义建构和重构概念网络。与之相对应的教学事件分别是:创设情境,前概念外化;聚焦问题,比较前概念;与情境、他人、自我对话;刺激感官,形成整体思维;变式练习,社会实践。[①]

[①] 张春莉,王艳芝.深度学习视域下的课堂教学过程研究[J].课程·教材·教法,2021(8):63-69.

(一)经验调取阶段

一个好的问题情境必须基于学生的已有经验、学习内容和学习环境进行综合考虑,充分激发学生的好奇心和求知欲,引发学生的深层兴趣,促使学生携带自己对学习内容的已有理解卷入学习活动中来。问题情境要与学生的真实生活产生强烈的意义关联是达成这一目标的关键所在,只有当学生意识到新知识的学习能够对自己的生活产生积极的影响,才会调取经验投入其中。就像师范生练习教学技能,建筑师学习绘图知识,这些知识与技能直接与他们的生活、工作息息相关,卷入学习则变得水到渠成。除了提升学生的学习兴趣之外,该阶段的另一个重要任务便是帮助学生将前概念外化,这种外化需要教师和学生都能够清晰地意识到并予以理解。一方面,前概念外化可以帮助教师根据学生基础及时调整自己的教学安排,促进教学的生成性和适切性;另一方面,可以帮助学生认识自己的前概念,为后续反思、优化已有概念,理解新概念提供可能。

(二)概念失稳阶段

对新知识的理解往往伴随着学习者心智表征的根本性改变,学习者关于概念的参照框架在很大程度上需要重构,产生意义的方式也将发生变化,而这需要经过冲突和干扰阶段。当个体面对问题情境的改变,意识到原有概念将不再能够为解决新问题提供帮助时,才会产生修正或抛弃原有概念、学习新概念的内在发展需求,进而建构新的经验网络。但是这种对概念局限性的客观认识,即概念的失稳,往往不是自然发生的,需要教师的介入。教师可以通过提出核心问题的方式,引导学生围绕关键概念阐述自己的概念解读方式。在将同学的前概念与自己的前概念进行差异比较的过程中,学生会逐渐意识到自己前概念的局限性,产生认知冲突,前概念不再坚固。

需要注意的是,这种认知冲突需要控制在学生可接受的范围内,不能过强,否则可能会使学生无法清晰地思考,从而放弃概念的更新。研究表明,积极情绪能够提高学习者的注意广度、整体性思维和想象中的行动反应,持续性的消极情绪(例如压力)则会使其减少信息的获取、保持和再认。为了将学生的概念失稳状态维持在可控范围内,教师首先要创设安全的学习环境,让学生无论是对老师、同伴还是学习材料都足够信任,安心投入学习活动。其次,教师要悦纳学生的前概念,不能进行对与错的价值判断。前概念是学生在以往的学习或生活中提炼而成的,必然是能够解释某些问题(即使效率较低)才被学生纳入自己的知识网络,对他有一定意义。教师需要做的就是通过前概念来预测学生的行为并改进教学,而不是进行价值判断,以免破坏学生的自信心和安全感。最后,教师需要为学生提供帮助,让学生获得经验和策略上的支持,提高接受认知干扰的可能性,进而实现概念的转化。

(三)概念解构阶段

学生意识到自己的前概念不适用于新的问题情境,只是真实学习过程的开端。新概念替代旧概念并不是一个非常容易的过程,学生在课堂中学习的知识往往是高度概括化和抽象化的结果,对于缺乏学科训练的学生来说,从生活概念直接提升到科学概念,这种概念水平的跨越是非常困难的。前概念就像学生知识宝塔中的一根塔柱,与塔体(其他概念)紧密地连接在一起,共同成功抵挡过无数狂风的侵袭(解决问题)。除非学生能够强烈地意识到这根塔柱(前概念)已经不够坚固,否则他们将不会尝试去修补甚至替换它。因此,教师接下来的一个重要任务便是帮助学生进行概念解构,为新概念的学习和理解奠定基础。教师可以通过引导学生与情境对话(调取概念)、与他人对话(分析概念)、与自己对话(反思概念),帮助学生搭建思维的脚手架,引导学生对自己的前概念进行解构,通过追根究底、层层剖析,暴露出前概念的局限性,让学生主动地去修正甚至替换前概念。最为理想的情况,当然是学生围绕核心问题和关键概念,不断寻找证据来"攻击"对方观点的"瑕疵",并且努力捍卫自己的观点。在这种你来我往的倾听、质疑、提问、回答中,学生的概念认知越发清晰、客观,学生的旧概念不再"坚固",新概念的建构成为可能。

但是,学生对核心问题的把控能力以及将想法语言化的能力往往是非常有限的,偏离主题的对话时有发生。这时候,教师可以通过追问、反问等提问方式参与对话,让对话的焦点重新回到核心问题的探讨。只有当个体被提问、质疑,他才试图去解释;只有当学习者超越观察、记忆的阶段,他才真正开始学习。但是这个过程往往是充满对抗性和竞争性的,为了让学生不回避对抗和竞争的过程,教师要为学生营造安全、平等、信任的学习环境,让学生愿意将自己的概念漏洞暴露出来,为实现概念的重构奠定基础。

(四)意义建构阶段

教学中知识不是由教师向学生单向传递,学生需要充分认识到自己与知识之间的关系,作为学习活动的主体,能够基于自身经验主动地对知识(客体)进行意义建构,满足自己的发展需要。学习者只有在为学习制造出一层意义时才能占有知识。这种意义建构不是其他人所能够代替完成的,也不是一蹴而就的,需要学习者尽可能地维持概念的稳定状态,直至新概念能够与已有的知识网络相互融合。需要注意的是,新概念和旧概念可能会在很长一段时间里共同存在,甚至在经历一段时间的发展后回到原点。生活概念或经验概念作为一种建立在直觉或经验基础上的概念,往往是不正确的,或者说是非科学的。但是当学生从学校毕业后,科学概念被用到的机会越来越少,并且随着时间逐渐被淡忘,最后留下的只有原先的生活概念。

毋庸置疑,对于学生来说,他是自己概念系统唯一的意义建构者。但是,这并不意味着意义建构的过程与其他人毫无关系,教师可以通过设计丰富的学习活动、提供多样的学习工具、及时提问与解惑等多种方式来刺激学生的多重感官体验,辅助学生进行概念的比较与理解,甚至参与学生重构意义关联的过程。在教师的帮助下,学生更加容易形成对概念的整体感知,实现概念的意义重构。教师可以通过设计核心问题和探究活动,促使学生关注并解决概念之间的矛盾,帮助学生将科学概念与生活概念进行比较,修正只是根据直觉或者经验得出的非科学的认识,形成对概念的科学的意义建构。

(五)重构概念网络阶段

概念网络不是简单的学科概念解释,或者测试题的概念解答。个体的概念网络既包含生活概念,也包含科学概念;既包含概念形成后的稳定状态,也包含建构概念的过程;既包含概念的内涵解读,也包含概念的组织、管理和具体情境应用。以核心概念为枢纽,形成单个概念的意义网络,无数个这样的单个概念意义网络再次进行相互关联,进而形成个体的整个概念网络。

概念网络是一个复杂且精细的系统,重构概念网络主要分为两个阶段。第一阶段,学习者通过变式练习对新形成的连接进行强化。新情境能够帮助学生澄清知识、创造、完善概念图式。该阶段,教师需要为学生提供丰富的任务情境,给予学生对知识进行应用和迁移的机会。在不断的练习中,学生通过多次正向强化和错误规避逐渐形成单个概念的意义网络。第二阶段,学习者通过参加综合实践活动对概念网络进行反思、修正,打通新概念与已有概念的连接通道,形成不同概念网络之间的连接。将概念从特定的学习情境迁移到复杂而多变的生活情境,对于儿童甚至是成年学习者来说是一件非常具有挑战性的工作,这是对多个概念进行同步提取、组合、应用、调节等活动的高度综合。在综合实践活动中,学生不仅能够实现对概念的应用与迁移,还能够在真实的情境中对概念进行反思,对原有的概念系统进行审视、分析与调整,将科学概念与情境进行意义连接,扩大知识组块,重构概念网络。

真实的课堂教学过程是一个非常复杂的系统,具有很强的不确定性。教师在组织课堂深度教学时,在理论认识上可以尽可能忠实于这个过程,但是在实践过程中还是取决于要开展什么样的教学、面对的学习者是谁、自身受教育程度如何等因素,要根据实际情况合理地进行课堂创生。

第二章

本原物理教学的阐述

第一节 揭示本原物理内涵

本原物理是"溯物本,寻理原"。万物得其本者生,百事得其道者成。物理教学必须回归教学规律,还原物理规律因何而来。

一 本原物理回归"学为中心"

本原在哲学上有两层含义。一是指事物的根本与基础。二是指万物的最初根源,即客观存在的物质世界的来源和存在的根据,是起点,是过程,也是规律和法则。从教学本源上来说,学是本原性的存在,教是条件性的存在。无论是从个体发展还是人类整体发展来说,学都先于教而存在,教服务于学。物理教学要体现回归学为中心(学生中心和学习中心)、回归学科本质、凸显学科价值、回归物理学科育人的本原。

(一)内涵界定

(1)追溯知识本源,明晰学科逻辑。"学为中心"强调对物理概念、规律和理论的深入理解,追寻它们的起源和本质。不仅要求知道是什么,还要知道为什么。在教学过程中,要引导学生追溯物理知识的源头,理解物理概念、规律的起源、演变和内涵。通过明晰学科逻辑,更好地把握物理学的整体结构和内在联系,形成系统性的物理学知识理解方式。

(2)强化实践探究,升级学科思维。"学为中心"强调物理课程的实践性,凸显物理实验的育人功能,教学活动中更加注重实验、实践活动等探究性学习方式,引导学生进行深度学习,深入思考物理现象背后的本质和规律,探究不同知识点之间的联系和区别,运用所学知识解决实际问题,培养学生的批判性思维、创新能力。

(3)体现思想方法,形成物理观念。"学为中心"强调深入挖掘物理学的思想方法,更好地理解物理学的本质和内在规律,培养学生的科学素养和探究精神。

帮助学生理解物理观念的内涵和意义,促使他们在实际问题中运用这些观念进行分析和解决。

(4)回归学为中心,实现学科育人。"学为中心"强调把学生放在中心地位,以学生的发展为中心;在教与学的关系上,以学为中心,把教作为手段、学作为目的,给学生多一点自主学习的权力,激励学生的学习积极性。帮助学生从物理学视角认识自然、解决相关实际问题,塑造科学态度、弘扬科学精神、涵养人文精神,凸显学科价值,实现学科育人。

(二)回归学为中心逆向设计

1.理念转变,从教师本位到学生本位

"学为中心"的"学",其第一层含义是学生。指向"学为中心"的逆向教学设计首要突出的是对学生主体的关注,确定预期结果—确定合适的评价证据—设计学习体验和教学,这三个阶段都是围绕学生的需要、表现和成果设计的,改变了过去"教师本位"的教学设计模式。

2.评价优先,从"对学习结果的评价"到"促进学习的评价"

"学为中心"的"学",其第二层含义是学习。教学评价前置,教师要在明确教学目标后寻找评价证据,思考在教学活动中学生能学到什么、能做到什么,一般采用表现性评价任务引导教学,注重知识和技能、原理和态度的迁移。在学习任务的影响下所设计的教学活动也多采用讨论、实践、互评的方式开展,将一般的听讲、阅读等被动的学习方式转化为实践性、体验性强的主动学习方式。由此可见,在评价优先的逆向教学设计模式中,各教学环节综合为一体,顺序不再是固定的,学习变得更灵活、主动。

3.活动重构,从"教—学—评"单向传输到"评—学—教"相互融合

"学为中心"的逆向教学设计以终为始,依据评价证据设计能够达成目标的教学活动,通过预设教学目标达成时学生应该有什么样的表现,来关注学生学习结果的生成,并通过评价手段动态调整教学方法与策略。可见,评价前置的逆向教学设计打破了"教—学—评"单向传输的教学顺序,将评价前置并融于整个教学过程之中,使其成为连接教与学的纽带,让教学在推进过程中不断接受教学评价的诊断与监督,实现"教学—评价—教学"的螺旋式上升和"评—学—教"的相互融合。

二 促发深度学习的本原物理逆向教学设计框架

本原物理教学促发深度学习要求在教学设计的每个环节都融入深度学习的理念与原理。为了将深度学习原理转换成对学习目标、学习内容、学习评价、学习活动等环节的具体规划,依托深度学习理论,运用系统方法,采取逆向设计理念,前置评价,坚持评学教一体化深度融合,构建了促发深度学习的本原物理教学设计框架(如图2-1)。通过教学设计实施呈现出"一个中心、两个基本点、四个原则"的本原物理教学特征(如图2-2)。一个中心:学为中心即以学生的学习为中心。两个基本点:实施深度学习和体现物理学科本质。四个原则:学习目标层次化、学习内容结构化、学习评价持续化、学习活动多样化。

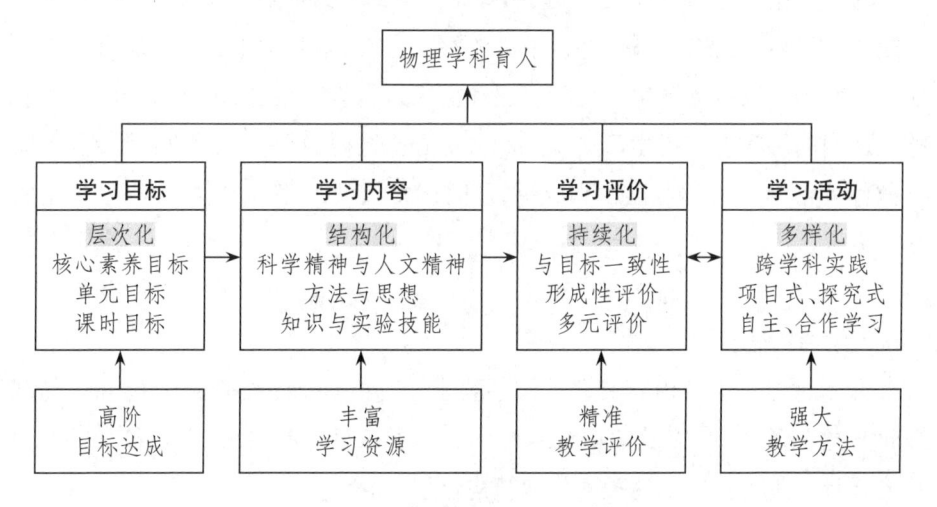

图2-1 本原物理教学设计框架

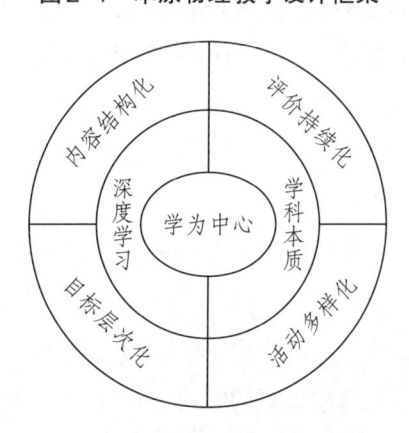

图2-2 本原物理教学特征

1.学习目标

深度学习的目标属性与核心素养的发展紧密相连，使得本原物理教学的学习目标必须全面关注学生的核心素养发展。这既包括学生对学科知识的理解和掌握，也包括高阶思维能力、协作与表达能力、学会学习的能力和持续的学习毅力。为实现这一目标，教师应确保将核心素养目标融入每一节课的每个学习任务和具体活动中。在设计具体目标时，教师需要妥善处理核心素养目标、学科素养目标、课程目标、单元目标、课时目标、活动目标之间的逻辑关系，确保每节课的教学都是实现核心素养目标的阶梯。这样，核心素养这一终极目标才能得以实现。

通过层次化的物理学习目标，引导学生思维不断进阶，深入理解物理现象和规律，提出新的物理问题，并探索新的解决方案，培养学生的高级思维和创新能力。教师可以根据学生的实际情况和需求进行教学设计，确保每个学生都能够在适当的层次上获得学习成就感和自信心。同时，这种层次化的目标也有助于教师评估学生的学习进度和成果，及时调整教学策略，以更好地满足学生的学习需求。

2.学习内容

深度学习对学习内容有着特定的要求，它强调知识之间的关联、知识与现实世界之间的关联，以及知识的结构化。为了满足这些要求，本原教学的学习内容设计必须关注知识的关联化和结构化呈现。

深度学习要求呈现给学生的学习内容必须是经过教师精心设计、具有一定教学意图的结构化教学材料。这种结构化的学习内容不仅要求内容组织具有逻辑性，还要求在具体施教过程中实现"内容—任务—情境—问题"的四位一体。这意味着学习内容应该与实际任务、具体情境和待解决问题紧密结合，形成一个有机的整体。

结构化处理可以将零散的知识点整合成有机的知识网络，将物理思想和方法进行系统化的梳理和提炼，将科学精神、人文精神与物理知识相融合，形成有机的教育体系。在本原学习的过程中，概念、核心概念、大概念等资源的结构化处理是关键环节。通过对这些资源的整合和提炼，可以形成清晰的知识框架和逻辑结构，有助于学习者深入理解物理学的本质和规律。

3.学习评价

本原物理教学评价强调评学教一致性,倡导形成性评价并支持多元主体参与的评价:评价标准要依据深度学习的目标来制定,评价内容除了强调掌握核心学科知识目标,还要关注学生高阶思维、人际交往能力和个人学习能力等的提升情况。最能提升学习效果的评价方式是即时反馈,也就是形成性评价。在实施形成性评价的过程中,除了要做到即时反馈评价结果,还要注重评价之后的反思改进;反馈意见要尽量做到具体详细、有指导性、多肯定鼓励,以通过评价更好地激发学生学习的动机和欲望。支持多元主体参与评价,即评价形式可以是教师评价、学生自评、同伴互评、专家评价、家长评价等。通过多元主体参与的评价,学生可以更好地反思自己,由此监控和调整自己的态度、认知和行为。在此过程中,学生逐渐发展其自我效能感和元认知能力。

评价的目标与教学目标一致,确保评价的内容能够真实反映学生的学习情况和成果。评价内容与教学内容一致,涵盖学生在学习过程中所涉及的知识、技能和能力。确保评价能够准确衡量学生的学习成果。评价方法与学习活动一致,以充分展示学生的学习表现和成果。不同的教学方法可能需要采用不同的评价方法。

持续性评价是评学教一致的关键。课堂学习进程中,围绕学生达到什么水平,离目标有多远,教师需要发挥"质量监测员"的作用,根据目标设计真实的评价任务,使用各种方法收集学生达成学习目标的证据,从而了解教与学的效度,为下一步的教和学提供调整和改进的依据。

4.学习活动

本原物理教学的学习活动设计应关注学生的学习方式和学习过程,以实现核心素养的总目标。需要熟悉学生对核心学科知识的掌握情况,并注重高阶思维能力的养成。为了达到深度学习的要求,学习活动设计应以"真实的、有意义的问题"为导向,给予学生充分的自主、合作、探究、体验学习的机会。在自主学习过程中,学生可以形成对知识的初步理解,并培养独立思考和元认知能力。通过合作学习,学生可以共享观点,加深对知识的理解,并发展团队协作、沟通表达和问题解决等核心能力。在探究和体验学习过程中,学生可以将直接经验转化为间接经验,不仅了解、理解和应用知识,还能体验知识的形成过程和原理,从而形成深度理解和长时记忆,并发展批判思维和创新思维。

在学习活动设计过程中,注重构建多样化学习活动,强调项目式学习、探究式学习方式,以学科的"大概念"为基础,发挥横向跨越学科边界和纵向深化学科理解的双重优势。引导学生在真实、综合的情境中思考并培养其实际能力,实现学习素养的重新构建。关注活动过程和成果,尤其注重在"做中学、用中学、创中学",养成学生的自主和合作学习能力,以及发现问题和解决问题的能力。

通过一段时间的研究和实践,逐步形成本原物理教学策略(如图2-3)。从物理概念和规律、物理实验、物理学史、物理思维、物理思想、扩展现实等为代表的物理视角入手,通过与教学系统各要素的深度融合而为教学赋能:本原物理需要更具高阶性、挑战性、创新性的核心素养目标,此目标恰与深度学习的本质具有内在一致性;为学习者创造更为丰富、多样、灵活、便捷、自适应的学习资源,并创新学习方式,拓展学习空间;开展自主、协作、交互、情境、体验、探究等形式多样的学习活动,促进学生的主动参与和高度投入,并发展高阶思维、强化应用迁移;提出及时、精准、高效、动态、过程、个性化的学习评价,能促使学生主动反思并加大学习投入。回归物理视角的教学系统各要素,可以从过程、目标、结果等多维度为学生学习增效,从而促发深度学习。

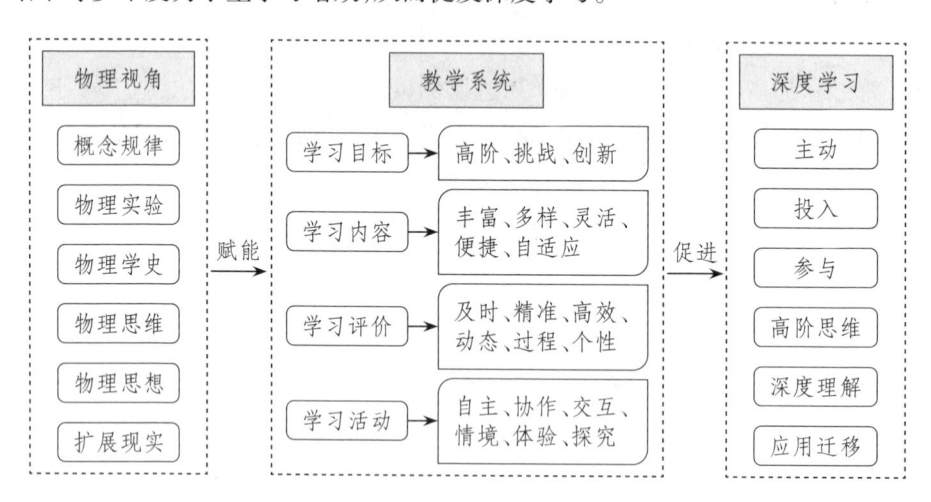

图2-3 本原物理教学策略模型

三 本原物理教学的导向

1.围绕学生的学习,持续激发学生的学习动机

学习动机是激发和维持学生的学习行为,且指向一定学习目标的内部状态,为学习参与和认知投入提供了基础。通过提高学生的学习参与程度和学习投入质量,学习动机可以帮助学生取得更高的学习成效。可见,学习动机是一切学习发生的前提,而教学的主要任务就是最大限度地激发和维持学生的学习动机。教师在教学中要整合应用以下动机激发策略,确保学生在学习过程中持续具有较强的学习动机,从而为本原物理教学促发深度学习的发生提供基础保证。

从教学设计的视角,持续激发学生的学习动机的方法包括四种连续的教学策略:①注意,即教师在教学过程中要通过一定的策略和方法,引起学生的注意;②关联,即通过增加教学内容与学生已有知识、经验、需求、真实世界的关联性,持续激发学生的学习动机;③信心,即通过告知学生学习的评价标准、使学生体验成功、提供及时反馈并告知学生成功是他自己努力的结果,让学生建立自信心;④满足感,即给学生提供学以致用的机会并提供积极的反馈,让学生在实际问题解决的过程中感到满足,从而持续激发学生的学习动机。

从学习任务的视角,保持学生参与学习的动机,需要既告诉学生学习任务的重要性和对其的价值,同时又让学生在参与学习任务时能取得成功。

从学习环境设计的视角,设计具有真实性、探究性、协作性、技术性的学习环境可以激发学生的学习动机和认知投入。

2.基于单元设计,实现教学目标向学习目标转化

从教学目标转向关注学生的学习目标,能指导教师有效选择教学素材、教学方法和设计活动,做到关注学生的学习过程和素养的培养。梳理课程标准,明确单元教学目标的结构性。解读单元目标,确定学习目标,这既是学生的目标,又是教师教学思路的载体。

为素养而教的本原物理,需要我们将助力学生高阶思维的形成贯穿于整个教学过程。在学生知道、领会的基础上将应用、分析、综合与评价等作为教学目标,通过设计分领域、多层次、复合式的教学方法,提高学生的认知水平、批判质疑意识和创新能力。注重激发学生对学习材料、信息进行主体内化的能力,让

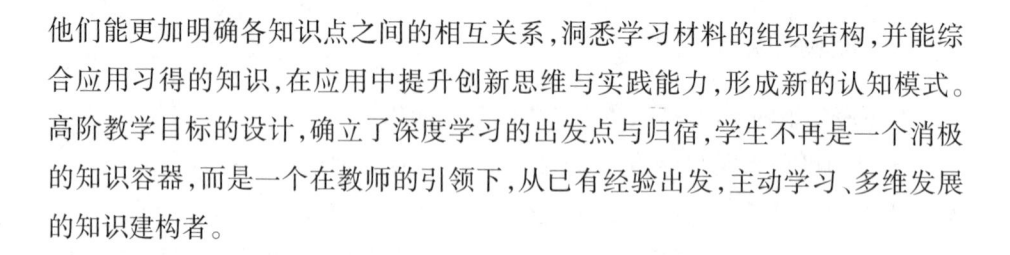

他们能更加明确各知识点之间的相互关系,洞悉学习材料的组织结构,并能综合应用习得的知识,在应用中提升创新思维与实践能力,形成新的认知模式。高阶教学目标的设计,确立了深度学习的出发点与归宿,学生不再是一个消极的知识容器,而是一个在教师的引领下,从已有经验出发,主动学习、多维发展的知识建构者。

3.遵循物理学科逻辑与学习逻辑,重构揭示知识本质的学习内容

学科知识之间是存在关联的,其复杂的内在结构和发展脉络未必契合学生的认知水平,因而不加处理的原始呈现不利于学生的深度学习。合理地选择、重组、改造和活化知识是促进深度学习发生的关键。首先,应当根据学习目标剖析学习内容,在兼顾学科知识整体结构的同时,选择与学生的"最近发展区"和"新的最近发展区"相符的内容。而后,需要挖掘出前后、左右、上下知识之间,以及知识与学科之间的联结点,并基于这些联结点设计具有挑战性的教学主题。最后,应当采用多模式、多类比、多角度、多案例的形式对知识序列进行组合和呈现,从而重构出能够触及知识本质的学习内容。

挖掘教材资源,重组改造学材,以问题解决为线索,提供深度学习的适切内容。深度学习强调对知识本质的理解和对所学内容的批判性利用,追求有效的学习迁移和真实问题的解决。教师要从学生的已有经验出发,洞察学习材料的学科本质,挖掘教学材料的深层资源,彰显学习材料的挑战性,为学生深度学习提供可能。教学不应局限于一个固化的课本知识领域,当学生对学习材料初步理解与领会后,要在更进一步的深化与拓展中深化学生的认知,培养创新精神和实践能力,这就使问题驱动与变式教学显得尤为重要。学习者在变式的问题解决中,深化对教学内容本质属性的认识。

4.综合运用系统化评价,驱动任务式问题解决

在学生最近发展区内设置一些富有挑战性的学习任务,引导学生完成从分析到综合的主体化探索过程,运用评价手段,为学生深度学习和问题解决能力培养提供可持续性支持。在学习进程中,学习者带着清晰的任务指向,并在任务完成的过程中不断接受关于诊断、改进和激励的信息,是本原物理促发深度学习的可持续性进行的重要支持。本原物理的发生,需要教师秉持评价主体多元、评价方式多样、评价时间多频的原则,对学习活动进行及时性、多向度与综

合化的评价,为学习者主体的深度学习提供方向调整、方法改进与情感支持。

第一,注重形成性评价,持续观察、记录和跟踪研究学习者的学习进程,对学生在学习过程中的行为探索、思维生长以及伴随着学习主体的情绪、意志、兴趣等表现及时做出评价,从而在肯定中强化学生学习的倾向性,并引导学生有序调整自身的学习进度与节奏,使学生获得价值感,增强后续学习的自主性和自信心。形成性评价就是要使学生从被动接受评价转变为评价的主体和积极参与者。

第二,坚持发展性评价。教学评价不是为了分类与甄别,而是促进学习者的进步与提高。发展性评价着眼于学生的学习进步和可持续性发展,致力于教师教学方法的优化与改进,以增强学生学习的积极性,有效提高学习的效率与质量。

第三,实施多元评价。学习者个体在学习过程中所呈现的能力水平因人而异,不同的学习者在不同的学习内容处理中都有个性化优势与不足。学生在意义建构的学习活动中,其学习力或者说是解决问题的能力不是单一维度结果的反映,而是多维度、多层次的综合反映。因此,教师对学生学习的评价也要多方面、多层级地展开。深度学习中的多元评价就是要实现评价主体多元化、内容多维化、方法多样化,以此更为有效地培养学生乐学善学、勤于反思的学习品质,真正促进学生核心素养的养成。

第二节　实现学科育人功能

立德树人是教育改革的根本任务，必须落实到学科教学中。"学科教学既是立德树人的重要载体，也是立德树人的主要途径；立德树人是学科教学的根本任务，也是学科教学改革的方向和境界。"[1]因此，深化基础教育改革，提高教育质量，关键在于提升学科育人价值。

一　学科育人价值的内涵和特征

学科育人是一种教育理念，它强调在学科教学过程中不仅要传授知识，还要关注学生的全面发展，包括心智能力、情感态度、思想品德和社会责任等方面。这种理念认为，学科教学与育人是不可分割的，学科知识的教学应该与学生的个性发展和价值观形成相结合。

学科育人的理论逻辑基于学科与育人的本然统一。学科不仅是知识的载体，也是学生发展个性和价值观的途径。学科教学应该成为学生心智成长和情感发展的过程，而不仅仅是技能的获得。这种教学方式强调学生的主动参与和深度理解，通过学科学习来实现学生的全面发展。

学生是学科育人价值的直接体现者，学校要从学生的发展需要出发，关注学生的生活世界和生命成长，在自我、他人与社会的互动中促成学生的发展。[2]同时，学科教学作为"育人"的资源与手段，是服务于"育人"这一根本目的的。教育的对象具有生命个体的特征，教育的逻辑起点是人的生命，教育应该关怀生命，促进学生的终身发展。因此，人发展的需求是学科育人价值发挥的出发点和落脚点。[3]

---

[1] 成尚荣.用好统编教材实现学科育人价值[J].课程·教材·教法，2018(8):4-10.
[2] 郝志军.人学视野中的课程建设[J].教育理论与实践，2006(10):49-52.
[3] 哈斯朝勒,郝志军.学科育人价值的特性及其实现[J].教育理论与实践，2020(7):14-17.

(一)学科育人价值的内涵

学科包含两层含义。一是从学术的视角进行分类,指某个科学领域或一门科学分支,如生物学、物理学、教育学等;二是以教学为主体,课程内容主要以学科知识为主要来源,既是科学体系的反映,也是学校教学的体现。学校教学的学科主要是指学科课程,由一定数量的不同学科组成,其具体表现为教学的基本科目,各门学科具有一定的逻辑性和系统性。因此,教学科目的学科即学科课程,是依据一定的培养目标在义务教育阶段开设的教学科目,是按照不同学段学生特点进行选择后的知识,通常以语文、数学为基干,由外语、物理、化学、历史、地理、政治、音乐、体育、美术等学科组成。学科育人价值是学科育人功能或作用的体现,是学科满足人的发展需求或学科功能在培养人、发展人方面的作用发挥程度。在学校教学中,学科教学以"育人"为主要目标来促进学生的发展。因此,本书所指的学科育人价值是指以学科教育作为教学主体的价值体现。首先,它是促进以学生发展需求为本的,只有以主体需要和育人价值这两个方面作为主要方向,才能真正实现课程改革的育人目标。其次,它不仅仅是一个抽象的概念,还是一种有指向的实践活动,除了对学科知识的传授以外,还需要注重学生的未来发展,使学生能够适应未来的社会生活。

在实施学科育人时,教师需要深入思考教育的本原问题,明确教育的目标是培养什么样的人以及如何培养人。教师应恪守教育初心,增强教育的责任心和自觉性,通过学科教学努力培养学生的文化判断力和社会责任感。同时,教师需要不断评估和取舍学科内容和施教方式,以适应社会发展和形势变化,完成时代赋予的学科育人的历史使命。

(二)学科育人价值的基本特征

1.显性价值与隐性价值的统一

学科的显性价值直接体现在其目的和知识内容中,是学科性质的直接展现,凸显了该学科与其他学科相区别的本质属性。作为对特定领域知识的探索,学科内部已构建起成熟且独特的基础知识体系,涵盖知识、技能及方法,这些内容在课堂教学中的传授构成了学科的显性价值。相对而言,隐性价值并非直接显现,而是蕴含于知识背后的理念与价值因素之中,例如学科知识、技能、方法所蕴含的思想性和价值性,它们以"润物无声"的方式,将学科内容转化为学生的思想、观念、情感、态度及思维方式,对学生的主体意识及内化过程产生潜移默化的影响。只有将显性价值与隐性价值相结合,才能全面体现学科的育人价值。

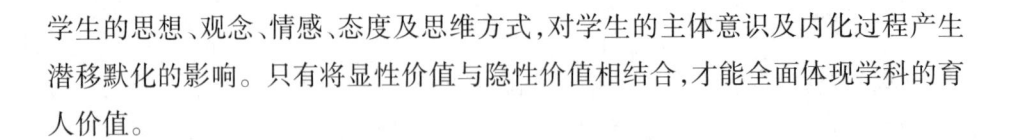

2.综合价值与独特价值的统一

各学科的育人价值既有共同之处,又有各自独特的价值。综合价值反映了一个学科具有与其他学科共有的属性,而学科的独特价值反映出学科在育人价值方面具有不可替代的作用和意义。首先,学科的综合价值是让学生在掌握基础性知识的前提下,承担培养人的功能,满足学生未来生活的需要。其次,学校的每一门学科在育人过程中都有不同的符号系统、文化意义空间以及生命表现方式,具有自身的特殊性。第一,不同学科具有独特的性质、概念、思路及育人价值。例如,语文、数学、外语三门学科的指导纲要,都专门研究了自身学科独特的育人价值问题。第二,每门学科都有不同的思维方式,需要从不同的视角来解读,它对一门学科的研究行为起着决定性作用。第三,不同的学科会对学生的发展产生不同的影响。如果不区分学科的综合价值与独特价值,就会导致价值分析的泛化。因此,两者共同构成了学生生命整体的发展,是完整的人的教育价值的实现。

3.个人价值与社会价值的统一

学科教育既满足了个人发展的需要,同时也满足了社会的需要,是个人价值与社会价值的体现。学科教育的个人价值主要指向学生个体精神发展的全部,具有多样性,而社会价值体现在主体与社会发展的关系上。首先,两者是紧密相连的,个人价值取向反映了社会价值的理想性,社会价值体现在个人满足社会发展需要的关系中;其次,两者是不断变化的,学习者的个体需要不只是个人问题,任何个体的价值取向都受制于社会价值取向,社会价值的发展也需要个体价值的认同。由此来看,将符合历史进步要求的社会价值内化为个体自身的价值,并把个体自身发展的要求和成果外化为社会价值,使两者有机结合起来,就是教育的中心任务。[①]因此,学科育人要以学生发展的需求为出发点,使社会价值导向通过个人价值的认同得到实现,同时,学科育人价值的内涵随着个人价值和社会价值的发展而不断丰富。

---

① 黄济.教育哲学通论[M].太原:山西教育出版社,1998:422.

4.即时价值与长效价值的统一

在学校教学中,学科教学是为了促进学生发展,使学生认识世界,获得学科的知识。即时价值是指在学科的学习中为一时实际之需,仅限于对知识层面的学习,是短期存在的,具有时效性的特征;而长效价值是通过学科的学习促进学生智力的发展、思维品质的培养、道德和人格的形成,它是依据学生的生命发展需要而获得的价值,能对学生的思想和言行产生终身的影响,从而改变学生的世界观、人生观和价值观。因此,学科具有即时价值和长效价值的特征,两者的统一无论是对个体一生的发展还是民族素质的提高,都具有普遍、深刻和长远的价值。

(三)学科育人价值的体现

在学校教育中,各科教学都应该关注学生的发展,促进学生全面发展,这是学科育人价值的集中体现。学科本身是处于发展中的,其育人价值也会随之变化,学科的育人价值对学生具有发展性,可延长至终身,成为学生生命全程重要的组成部分。从学生生命成长和自由发展的角度审视育人价值,主要强调了促进人的全面发展,使学习者在学校教育和教学的过程中,发展自身的知识、技能与情感、态度、价值观,从而更好地适应未来社会的学习和生活。

1.有德性的发展

有德性的发展以德为核心,以树人为根本。树人需要育心,只有育心,才能实现知行统一,形成学科育人的价值系统。因此,应将思想道德渗透于学科教学的过程中,从而丰富人的精神世界和健全人的品格养成,这是教育教学的客观规律,也是学科育人价值的基本体现。首先,应将立德树人的根本任务分解为具体的、系统的教育目标,转化为可操作、可持续、行之有效的教学任务。其次,应基于学生的成长需要,从学生的身心特点和思想实际出发,培养其正确的价值观念,养成其良好的社会行为,使其正确认识社会价值规范。

2.系统性发展

学科育人价值的发挥不仅是一个综合的、长期的过程,也是各学科相互配合、相互促进、协同培养的过程。由于在教学中传授和学习的科学知识本身具有内在的逻辑关系,因此,教学可以保证学生获得系统的知识、对客观世界规律的认识以及对知识的理解和运用,并以学科育人价值的内涵为基础贯穿于学科教学的各阶段、各环节以及各方面,使学科教学有序、系统地进行。

3.多样性发展

学科育人价值的多样性特征是由学生的多样性决定的,学生个体需求的差异性决定了学科育人价值的多样性。学生是学科育人价值的主体,其发展需求具有丰富性。特别是学生的兴趣爱好、目的追求、家庭背景及成长阶段不同,决定了学生的个体需求的差异性,同时也决定了学科育人价值的多样性。

4.持续性发展

持续性是指人历时性的发展指标,体现了学科教育与个体生命关系中时间维度的变化。学校应当把学科的育人价值观聚焦到每一个学生的终身学习与发展中,关注每一个学生的健康、主动发展,从而使教育成为促进个人成长的力量,成为个人生命历程中的有机构成。由此来看,学科育人价值的持续性特征对学生未来社会生活和终身发展有着重要的作用。

二 物理学科独特的育人价值

物理学作为自然科学之基,其进步不仅驱动了全球物质文明的飞跃,更蕴含了深厚的人文意蕴。具体而言,物理学贡献了以下人文价值:它构建了一幅科学的宇宙图景,重塑了人类的思维方式,其蕴含的科学精神构成了现代人文精神的基石,并且物理学本身还富有审美意蕴。基于此,物理学科独特的育人价值可概括为认知价值、发展价值、精神价值和审美价值四个方面。[1]

1.认知价值

中学物理课程精心挑选经典物理学的核心概念与基本规律,并整合现代物理学的前沿观点,既保持了课程的基础性,又体现了时代性,旨在满足青少年科学素养的发展需求。这些内容助力学生构建科学的物理世界观,通过概念理解自然界的本质及其运作机制,明确人类在宇宙中的定位,引导人们遵循科学规

---

[1] 马亚鹏.论物理学科的育人价值[J].物理教师,2021(1):70-73.

律生活。如今,"科学性"已成为人类普遍遵循的价值准则,这正是物理学认知价值的核心体现。例如,古人曾视天体运动为神圣,遵循"天人感应"观念,认为彗星预示战争或灾难。而牛顿的三大定律与万有引力定律概括了天地间物体运动的规律,打破了天体的神秘面纱,使其成为遵循物理定律的普通物体,从而打破了宗教神学的束缚。这表明,物理知识不仅能解释自然现象,预测未知事件,还具有破除迷信、挑战教条与权威的力量。更进一步,从科学理论的具体表述中,我们还能逆向推导出重要的价值观念,以"劝诱或告诫人们不要去相信或去做"[①],如熟知热力学定律的人自然不会相信有人真的可以制造出永动机。认知价值体现在帮助学生认知物理世界,摒弃迷信与教条。

2. 发展价值

物理学科对学生发展的独特贡献体现在科学方法和科学思维教育上。科学方法和科学思维是获取物理知识的重要手段,也是理解、应用物理知识的重要手段。物理学的发展总是从提出一个有待解决的问题开始的,问题的来源是多方面的,可以来源于生活实践,也可以是从已有理论中推演出来的还未曾解决的新问题,还可以是发现了已有理论解释不了的新的现象或事实。当人们面对新问题时,往往会尝试运用自己的知识和思维提出一些假设,试着用这个假设去解释问题。至于假设是否合理,必须用实验来检验,于是人们又需要设计实验、进行实验操作、采集并处理实验数据,将实验结果与原有的假设相对照,舍弃错的假设,得出正确的结论,这些结论还应该解释或预测一些物理现象。最后,需要将上述的工作以口头或书面的方式同其他人进行交流。正是通过问题、假设、实验、解释、交流等活动的不断循环,才促进了科学的发展。因此,物理学科课程引入科学探究,就是要通过物理知识的探索、发现与应用过程,实施科学方法教育,使学生形成唯有通过物理教育才能获得的科学思维方式,心智得以训练,思维得以发展。发展价值体现在使学生掌握科学方法,训练其科学思维。

3. 精神价值

科学精神的内容极其丰富,这里择要做一简单介绍。求真是科学的第一要务,因而需要实事求是的精神态度,具体到物理学研究中,就是要尊重客观事

---

① 李醒民.关于科学与价值的几个问题[J].中国社会科学,1990(5):43-60.

实,从实验的方法、数据的采集到数据处理,都应该做到实事求是,不能捏造、篡改实验数据,更不能剽窃他人的研究成果。科学精神也是一种理性的精神,相信自然界是有秩序并且这种秩序是人的理性可以认识的,是一切优秀科学家的坚定信念。科学是在被质疑中发展的,科学界没有权威,一个结论合理不合理,正确不正确,都需要接受实践的检验,质疑、批判、不迷信权威是科学最可贵的精神气质。科学研究要造福于人类,凡是有损人类利益和伦理的科学研究都是不道德的,会受到公众的谴责。科学精神也是一种献身精神,伽利略为了捍卫哥白尼的日心说和自己的学说,不惜被宗教法庭判为终身监禁,但他的这种献身精神终于使人类冲破了愚昧与无知,走向了智慧与光明。尽管科学精神是科学共同体成员内部的精神气质,但由科学所塑造的这些可贵的精神品质也理应成为科学昌明时代社会公众具有的重要的人文教养,而这种教养唯有经历全面的科学教育才能得以丰富、完善,进而养成科学态度与责任,激励创新创造。因此,精神价值体现在培育科学精神,激励创新创造。

4.审美价值

物理学中蕴含着丰富的审美因素,概而言之,主要包括"简单美、对称美、统一美、和谐美、结构美和发现美等"[1]。科学家对物理美的论述不胜枚举,科学界以美引真的故事亦层出不穷,这里不再一一赘述。需要特别指出的是,对物理美的鉴赏并非科学家的专利,师生在教学过程中也可能获得一定的审美体验。第一,在物理学习中激发的审美体验有助于学生直觉思维能力的培养,良好的直觉思维又具有促进科学创新的价值。第二,对物理美的鉴赏有助于增进审美情趣,陶冶美好心灵,提升人生境界和品位。只不过这种审美价值并不像科学知识、科学方法和科学精神的价值那么明显,在实践中也并未引起足够的重视。从美学的角度,"美在意象",终究是一个情景交融的感性世界。因此,教师可以从三个方面挖掘物理学科的审美价值:一是展示物理现象之美,二是经历物理过程之美,三是欣赏物理结构之美。可见,对物理美的体验与物理知识的学习是相统一的,也就是说,物理美是只有懂得了其中的奥秘的人在鉴赏物理现象、过程和结构时才得以显现的一种独特的美。综上所述,审美价值体现在增进审美情趣,陶冶美好心灵。

---

[1] 马亚鹏.物理教育的人文本质[J].基础教育,2013(4):28-33.

第三节 发展学科核心素养

一 本原教学视域下的学科核心素养解读

本原教学的终极检验标准在于学生学科素养的展现。其根本追求,在于使学习成果既结构化又体现为学科素养,从而实现学习的可视化。为此,本原教学致力于从单纯的知识传授转向文化实践,从师生间的互动学习迈向学生个体的生命实践,以此促进学生的学科素养发展,并产生一系列具有表现性、可观测性及结构化的学习成效。在教学价值观层面,本原教学秉持为意义、理解和生成而教的理念;理解构成教学的基石,意义的增值是教学的终极目标,而生成则是推动学生发展的核心途径。其核心教学价值观,即在于促进学生的学科素养发展。

学科素养,作为学生在特定课程或学科领域内展现出的稳定心理与行为特征,涵盖了通过学习应掌握的基本知识、核心思想、关键能力及学科经验的总和。它要求学生构建一定的学科知识结构,形成必要的学科思维方式,确立基本的学科思想,并具备运用知识、思想及方法解决实际问题的能力,同时积累系统的学科经验。

为深刻体现教学价值及目标达成的"深度",本原教学特别注重在四个关键方面推动学生学科核心素养的提升。学科的育人价值,在于通过知识传授与师生互动,培养学生成为理性、有文化、社会化及具备精神追求的人。这与我国新修订的普通高中及义务教育阶段课程标准所强调的各学科核心素养相呼应,共同聚焦于学生学科学习后应具备的必备品格与关键能力。[1]

---

[1] 郭元祥.论学科育人的逻辑起点、内在条件与实践诉求[J].教育研究,2020(4):4-15.

(一)学科知识的结构化

零散的知识形不成能力,零散的知识难以让学生建立起学科思想。知识理解与习得,是教学最基本的目的,也是实现教学价值的基础,更是学科育人的基础。学科素养不是空洞的观念和纯粹的行为表现,而是以知识为基础的。知识理解是教学的根本基础,知识是学生学科素养发展的种子。

学科知识是学科结构的要素,包括基本事实、基本概念及其与理论之间相互关联的形式。学生的学科核心素养的根基是结构化的基础知识,点状的、零散的知识是难以形成学科核心素养的,学科知识的结构化是形成学科核心素养的条件。在本原教学过程中,应引导学生正确地理解知识,获得知识的科学本质和科学属性,为基础知识向学科思想、学科能力的转化奠定坚实的基础。

学生知识学习的不断进阶,新知识的不断增加,必然引起学生知识结构的重建。知识学习的进阶是通过新旧知识的链接、重组而实现的。已有知识何以成为新知识理解的基础,新旧知识之间如何转换,都是关系到新知识的学习和新知识结构的建立的问题。在学科教学过程中,学生学科知识的结构化是一个持续的过程。

(二)学科思想的体系化

知识的本质是观念,是思想。具体的学科知识是反映学科思想的载体。知识学习不是对知识的符号化占有,而是理解并建立知识所表达的学科思想。学科思想,是对学科事物或学科事物的某些方面或问题的概括性的、总结性的、综合性的、规律性的认识(看法、见解),是人们在对学科事物感性认识基础上进行分析、概括、抽象、整合和辩证等思维活动后的产物。[1]学科思想是知识的灵魂,是知识意义系统的重要成分。

知识是思想的载体,学科思想是隐含在具体知识之中的。学科思想的教学,是本原教学所追求的基本目标,是从知识学习走向学科素养发展的灵魂。学科思想是隐含在符号知识背后的内容。"知识之后"是什么?明确地说,是学科思想、学科方法论,是价值观,是文化等更深层的东西。本原教学追求学科思想的明确化。这也是一再强调层进式教学的根本原因。从符号接受,到符号解

---

[1] 陈娜,郭元祥.学科课程思想的内涵、特征及其对教学的观照[J].课程·教材·教法,2017(8):11-16.

码、思想建立,再到意义建构,是一个逐层深化的学习过程。学科思想的明确化,不是仅仅靠学生之间的小组合作学习所能实现的。学科思想的教学,是本原教学的应有之义,唯有"问题导向"、高阶思维的发展,才能实现对学科思想的挖掘和明确化。

(三)学科能力的表现化

本原教学注重处理好知识学习与能力发展之间的关系,使知识学习的过程同时成为学生学科能力发展的过程。学科能力是指学生在具体的学科知识学习过程中,基于知识转化,学生在问题解决过程中呈现出来的比较稳定的心理特征和行为特征。[1]学科能力是应用已有知识在问题解决过程中所表现出来的能力状态,因而学科能力是表现性的,即学科能力表现。在学生的学科核心素养中,能力表现是关键,因此,学科能力在学科素养中就是学生的学科关键能力。

本原教学把学科思想、学科能力作为教学价值、育人功能和教学目标达到的深层次的维度。学科观察、学科想象、学科思维是各学科教学中的关键性的基础能力。本原教学强调以反思性思维、批判性思维和创造性思维为基础,引导学生经历高阶思维的过程,促进知识向能力的转化。

(四)学科经验的连续化

学科经验是学生在学科学习中的体验,是解决实际问题的经历、过程和结果,是学生的学科实践学习所达成的学科素养。学科经验是以结构化的学科知识为基础,应用学科思想分析解决问题所形成的体验。学科经验既是问题解决取向的学科素养,又是表现性素养,是问题解决过程中所表现出来的学科素养。通过应用已有知识,经历问题解决的过程,才能形成有价值的学科经验。区别于日常生活经验,学科经验是以知识应用为前提的问题解决经验,是具有认知性、情感性、审美性、操作性等特征的经验,是知识与人相遇的实践性表达。因此,学科经验基于知识理解和应用、问题探究与解决,是具有科学实践、文化实践、社会实践、生命实践、技术实践特质的结晶。

不同于日常经验,学科经验是系统的、连贯的、结构性的经验。零散的经验

---

[1] 郭元祥,马友平.学科能力表现:意义、要素与类型[J].教育发展研究,2012(Z2),29-34.

构不成素养,学科经验的生成过程是开放的,是面向真实问题、复杂情境和生活背景的。真正的学科经验是生动的,也是富有理性的。学科经验具有整体性,是认知性的,也是实践性的,是基于理性认知的实践体验。学科经验内在地包含学科知识、学科思维、学科方法,是在问题解决过程中体现出来的表现性的学科素养。

二 本原物理视域下物理核心素养的理解

物理核心素养包括"物理观念""科学思维""科学探究""科学态度与责任"4个方面。物理核心素养同时为学术性物理素养或生活性物理素养的进一步发展奠定了基础。这意味着物理核心素养需要体现双重的基础性,即为学生未来进一步发展不同倾向的物理素养奠定基础。因此,物理核心素养需要关注当下的阶段性和未来发展的可能性,需要关注物理学科教育价值的全面性。物理核心素养的4个方面体现了关注和重视发展人的"自主发展"(个人素养)、"社会参与"(社会素养)和"文化修养"(文化素养),即个人、社会、学科(知识),这三者相互作用,相互促进,符合国际核心素养构建的总体趋势。"物理观念"基于物理学科核心概念的角度对不同学段的学习主体进行了界定,既是物理核心素养的基础,也是阶段性学习的目标;"科学思维"是科学学科所必备的核心素养,既是现阶段学习需要不断培养的核心素养,也是将来进一步发展所必需的核心技能;"科学探究"主要是为进一步的学习和发展奠定基础,使个人通过学习和掌握科学探究的基本要素,解决实际生活中遇到的问题,具备问题解决能力、创新意识、合作与反思等高阶思维能力;"科学态度与责任"主要基于科学研究的角度来阐述个人对于科学的正确态度和肩负的责任。四者紧密联系,不可分割,从不同角度对物理学科的核心素养进行了阐述。[①]

(一)物理核心素养与三维目标的关联性

从"双基"到三维目标到核心素养,通常被表述为发展与超越的进程。但要看到,"双基"与三维目标的关系、三维目标与核心素养的关系,不是等距的,也不是等值的。前者是转折性的,彼此冲突;后者是递进式的,两者有着高度的内

---

① 艾静,熊建文.物理核心素养的解析与重构[J].物理教师,2018(7):2-7.

部一致性。核心素养对三维目标的发展和超越,主要表现在课程改革进一步"深化"方面,"超越"并非"超出",核心素养并非因此就可以替代三维目标。现在,似乎存在这样的认识,认为有了核心素养就可以淡化甚至不用再谈三维目标了,这显然是个误解。

　　三维目标作为新的课程理念,主张课程回归真正的知识,回归真实的知识学习。对三维目标的质疑,主要基于旧的知识观,即知识是客观的、对象化的。一切知识都是人的知识,没有人也就无所谓知识。知识一经产生,就很难逃脱客观化的命运,这是人类保存、传播知识的策略。但,知识的主语终究是人。教育与学习,就是要促进知识"返乡",赋予知识本当有的"人称性质"(佐藤学),进而使学习进入知识发生状态。这就是三维目标作为课程观的本质所在。三维目标是一个整体,三个维度的表述只是分析性的,任何一个维度都包含着其他两个维度。从分析者的观感看,知识与技能维度,与对象化的、单向度的"双基"不同,呈现为三维目标的"固体"状态,蕴含着其他两个维度"引而不发,跃如也"的势能;过程与方法维度,呈现为三维目标的"液体"状态,表现为学生知识学习时思考与行动状态;情感、态度和价值观维度,呈现为三维目标的"气体"状态,表现为弥漫在学生学习行为中的身体—心理、感性—理性交融的精神元素。

　　我们无法将"素养"客观化、对象化。"素养"是知识与技能(当然不止于此)的内化状态与水平,有着鲜明的具身性和整体性。这与三维目标的价值追求高度一致。从课程改革的工作推进来看,核心素养是三维目标的深化、具体化。从概念外延看,三维目标宽于核心素养,因为除了核心素养,还有更多的非核心素养。从概念内涵看,核心素养倾向于"内在",即教育内容内在于人的状态与水平;三维目标倾向于"内化",即教育内容内化的机制。两者共同对学习行为以及受教育者素质给予结构性、整体性阐释。面对有人提出的"有了核心素养是否就不提三维目标"的疑问,就好回答了:要形成核心素养,离不开三维目标;另一方面,因为"素养"的内在性,当它朝向未来学习时就能焕发出三维目标的势能,走向更加丰饶的核心素养。

　　物理核心素养将知识与技能、过程与方法、情感态度与价值观的三维目标整合在一起,对学生的发展提出了更高的要求,即从全角度阐述了物理课程的学习对学生培养的要求,体现为对学生综合品质的要求。常规的三维目标是所有课程共同的标准,其内涵更宽泛,而针对学科所提出的物理核心素养结合物

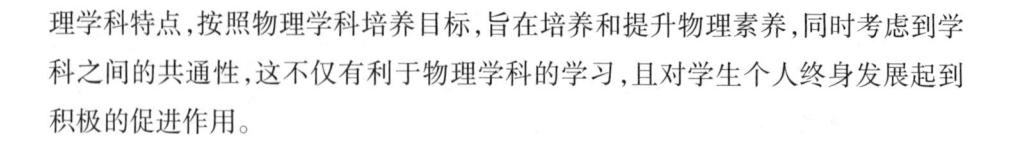

理学科特点,按照物理学科培养目标,旨在培养和提升物理素养,同时考虑到学科之间的共通性,这不仅有利于物理学科的学习,且对学生个人终身发展起到积极的促进作用。

(二)物理核心素养的育人价值

核心素养是个体应对或解决未来社会生活中复杂的、不确定的现实问题的过程中表现出来的综合性品质,是个体适应未来社会需求、实现个性发展的必要基础。在这个意义上,核心素养是对教育总体目标的具体化。一方面,通过对不同核心素养的内涵、构成、表现特征和发展过程的系统阐述,核心素养模型可以将原本抽象概括的教育总体目标转化成一个系统的、与基础教育阶段学生发展水平密切结合的理论体系。另一方面,核心素养在内涵上又是个体在具体学科以及跨学科的知识和技能、思维模式和探究方式、态度或价值观的整合,对各个核心素养内涵和表现特征的界定,实际上是对基础教育各个学科的育人目标提出超越学科知识和技能的要求。因此,构建和形成系统的核心素养模型,是连接我国基础教育总体目标和学科教育目标的关键环节,为审视各学科本质观和育人价值,建立和完善以学生素养发展为主线的教育目标体系提供了理论基础。同时,这一目标体系的建立,也是制定课程标准、课程设计和管理、教学、评价以及教师专业发展的重要基础和依据,为真正贯彻落实"立德树人"根本任务提供保障。

物理核心素养的育人价值在于其全面性和深远性,它不仅涵盖了物理学的基础知识和技能,还包含了科学思维、科学探究能力和科学态度与责任等更为宽泛的素养。这些素养共同构成了学生适应个人终身发展和社会发展所需的关键能力与必备品格。其内涵及相关要素,贯穿于课程目标、课程内容、学业质量、课程实施等部分,旨在引导教师将核心素养的培育落到实处,引导学生学会学习、学会合作、学会生活。

首先,物理核心素养通过提供丰富的物理知识和实验技能,使学生能够深刻理解自然界的物质结构和运动规律,从而形成正确的物理观念。这种观念不仅局限于物理学本身,还能扩展到其他科学领域和日常生活中,帮助学生建立科学的世界观。

其次,科学思维的培养是物理核心素养的重要组成部分。它要求学生学会运用观察、实验、推理和论证等科学方法,提出问题、形成假设并进行验证。这种思维能力的培养有助于学生在面对复杂问题时,能够进行逻辑严密的思考和判断,提高解决问题的能力。

再次,科学探究能力的培养是物理核心素养的另一核心要素。通过参与科学实验和探究活动,学生能够体验科学发现的过程,学会提出问题、设计方案、收集数据、分析结果,并最终得出结论。这种探究过程不仅增强了学生的实践能力,也激发了他们的创新意识和探索精神。

然后,科学态度与责任的培养是物理核心素养的灵魂。它要求学生在科学探究中保持严谨认真的态度,尊重事实和证据,同时也要意识到科学技术对社会和环境可能产生的影响,从而培养起对社会负责的责任感。

最后,物理核心素养的培养还体现了物理学科的独特育人功能,它通过物理学的视角和方法,帮助学生理解自然现象,解决实际问题,体验科学探究的过程,从而培养学生的科学精神和创新能力。这种教育不仅有助于学生的个人成长,也为社会培养了具有科学素养的公民。

物理核心素养兼顾了知识、个人、社会三个主体,以个人发展为中心,以"立德树人"为基本原则和价值导向,将对个人的培养作为物理学科教学的终极目标。其"立德树人"的根本任务体现在物理核心素养各要素的方方面面,体现了物理学科的本质和育人价值。物理核心素养的育人价值在于其对学生全面发展的促进作用,它通过培养学生的物理观念、科学思维、科学探究能力和科学态度与责任,使学生能够在科学、技术和社会的快速发展中,具备必要的关键能力和品格,为他们的终身学习和未来的社会生活奠定坚实的基础。

第四节 建立学科核心思想

几乎所有的人类知识都以特定的语言符号形式被记录。书本知识的形式是符号表征，它作为思想的外壳存在。在符号表征之下所隐藏的，才是真正的知识内容。本原教学的价值追求在于，通过引导学生学习学科知识，帮助他们建立起该学科特有的思想体系。学科是"主体为了教育或发展的需要，通过自身认知结构与客体结构的互动而形成的一种既有利于知识的传授又有利于知识创新的组织体系"。从学科的内部构成来看，学科基础知识与基本概念体系，学科思维方式与行为方式，学科情感、态度与价值观是其主要构成要素。学科思想表现了学科的精神实质，它内隐于学科知识体系之内，统摄学科方法，凸显学科价值，流动于教师教和学生学的过程之中，促进本原教学的达成。

一、学科思想的内涵与特征

从前述关于知识的三维结构来看，学科思想是学科知识的意义系统，是学科知识的内核，是系统地、概括地反映规律性的认识。建立学科思想，是深度教学的核心价值追求。学科思想的建立不是仅仅通过符号接受而能够达成的。[1]

(一)学科思想的内涵

从形式上看，学科是由基本事实、基本概念和基本命题组成的体系，但从内容上看，学科的核心是学科思想。学科思想是指在特定学科领域内形成的一套概念体系、理论框架和方法论原则，它反映了该学科独特的认知方式和解决问题的思路。学科思想内涵丰富，它既包括对学科基本规律和原理的深刻理解，也涵盖了科学探究的基本原则和态度，如批判性思维、创新意识和严谨的逻辑推理能力。这种思想体系不仅指导着学科知识的产生和发展，还影响着学习者

---

[1] 陈娜，郭元祥.学科课程思想的内涵、特征及其对教学的观照[J].课程·教材·教法，2017(8):11-16.

如何认识世界、解释现象和进行决策。学科思想是学科的灵魂,它超越了具体知识点的记忆,指向了更高层次的思维能力和价值观的培养,旨在通过教育活动使学生能够将学科的思维方式应用到其他领域,实现知识的迁移和创新。学科思想是学科知识、技能、态度和价值观的综合体现,是学科育人价值的核心所在。

学科思想是学科方法的上位概念,它是对学科方法的本质的抽象与概括,包含着深厚的文化底蕴与人文情怀。在具体的运用过程中,学科思想对学科方法进行着顶层的统摄和思想文化的指引。而对于发展学生认知能力与问题解决能力的物理学科来说,学科思想更强调问题解决的策略、准则。

(二)学科思想的特征

1.学科思想具有继承性与生长性

学科思想植根于学科经验的土壤之中。学科经验里蕴含的策略与方法性知识,能催生出个体的思维模式,这种模式经由学科实践的反复检验、增补与提炼,最终演化为学科思想。显然,任何学科思想或思维方式都不是无源之水,它们各自拥有独特的形成与发展历程,而这些历史经验正是我们探究学科思想演变轨迹的重要参考。学科思想展现出一种内在的逻辑连贯性,每种思想既是对先前研究成果的继承,也与后续的学科经验紧密相连,无缝对接,以多种形式实现融合与衔接。这种连续性为学生的学习进程注入了持续前进的动力,引领他们不断迈向学习的新高度。在此过程中,学科思想始终贯穿于学习者的活动,指导并调控着学习进程。随着时空的推移,学习者在不同阶段对学科思想的理解与认知逐渐积淀,不仅丰富了当前的学科经验,也为未来学科思想的深化与学科实践的创新奠定了坚实基础。

2.学科思想具有隐蔽性与无形性

学科思想隐藏于学科知识体系内,它能够拓展和衍生学科知识体系,联通和活化学科知识结构,促进学科知识的创生与发展。符号表征、逻辑形式、意义系统是教育领域内剖析学科知识的三个维度。学科知识通常以特定的符号表征形式呈现,这种知识是零散的事实,具有高度的概括性与抽象性。学科知识背后隐含的逻辑形式和意义表示知识获取的过程、方式以及知识所蕴含的使人求真、立善、审美的力量,体现了知识发展的脉络和知识附带的情感、态度、价值观,是为学科思想赋形的线、面。也就是说,学科思想不是明显地、成形地存在于学科知识体系内,而是无形地隐匿于学科知识的浅层表征和深层逻辑形式、意义的相互联系之中。反过来说,学科思想的生发过程记载了学科知识产生、变化、发展的境脉,那么,它就是学科内不同知识点之间建立联系以及将这些点状的知识联结成线状知识、面状知识,最终形成系统课程知识体系的主要线索。教师对学科思想的把握会在不同程度上影响他们的知识观、学习观、教学资源观和学生观,进而影响其对学科知识理解的深度、广度,对教材、师生关系的处理和其自身在课堂中的具体行为。

二 物理思想的教育意义与价值

物理学科思想是一套深刻影响我们理解自然界的方式和方法的体系,它以追求普适性原则为核心,强调通过精确和量化的手段来揭示物质和能量的基本规律。这种思想体系依赖于实验验证,将实验结果作为理论发展的基石,同时,它构建在抽象概念之上,如力、能量和场,这些概念帮助我们把握物理现象的本质。物理学家通过逻辑推理和对因果关系的追求,建立了一套套模型和理论,以简化和提炼复杂现象中的关键要素。物理学科思想展现了跨学科的整合性,不断推动科学的进步,同时也体现了科学态度和方法,如怀疑精神、批判性思维和对证据的尊重。此外,物理学的应用性和技术导向性使其在推动技术创新和解决实际问题中发挥了重要作用。总而言之,物理学科思想的特征体现在其对自然界深刻的洞察力、严谨的实验方法、抽象的概念框架、逻辑推理的严密性、跨学科的融合能力以及对科学精神的坚持上,这些共同构成了物理学解释自然现象和推动科技发展的强大基础。

物理学崇尚理性、重视逻辑,是人类文明的重要产物之一,其本质是一种以"物理思想"为内核的科学文化。所谓物理思想,是人们对物理知识与物理方法进一步概括而形成的关于物理学本质的深层认识。它贯穿整个物理学科体系,对人类认识客观世界具有重要的意义。物理思想具有概括程度高、可迁移性强等优势,因而比物理知识与物理方法更具普适性与开创性,是指导人们改造客观世界的总指针。虽然物理思想有时会"违反"我们目前习以为常的知识,却可能为开创现有理论的新局面甚至创建新的理论提供思路。作为量子力学奠基人之一的狄拉克就高度重视物理思想在物理研究中的作用,并在《论量子力学》一书中留下过"看来这里需要全新的物理思想"的妙语。这句话被另一位物理学大师费曼奉为从事物理研究的圭臬。可以说,学生的物理学习只有深入到物理思想层面,才可谓真正"品尝"到了物理学的"滋味"。只有形成了一定的物理思想,学生对物理学的认识才可能提升到一个新的境界,真正步入物理学的殿堂之中。反之,如果学生只是记住了大量的物理知识,记忆了众多的物理方法,而没有形成相应的物理思想,是一件十分可悲的事情。因为他们只能徘徊于"术"与"法"的层面,无法领略"道"的博大精深,至多是一种"失去灵魂的卓越"。

我国物理思想教育的相关研究,走过了一条曲折而艰辛、漫长而坚定的道路。1984年,王文清在《试论物理思想的培养》一文中将物理思想解读为"唯物辩证法与物理实际相结合的产物",指出"物理思想是物理哲学",强调要"在培养学生的物理思想上狠下功夫",从而帮助他们适应现代科技知识的急剧增长,并呼吁教学大纲要反映物理思想的教育,还进一步拟定了从初中到研究生各阶段的物理思想教育目标。可以说,该文在一定程度上完成了对物理思想教育的顶层布局。

1996年,赵中顺、王晓东在《物理思想的价值——浅谈科学素质的培养》一文中指出,"物理思想的训练在科学素质的培养中有其不可替代的作用",并将物理思想界定为"在学习物理学的过程中通过各种体察所升华出来的科学思维方法"。该文从科学、经济两个层面论述了物理思想的价值,认为物理思想是"建立正确认识论的基础"。该文已经难能可贵地意识到物理思想与认识论的关系,但尚未明确思想和思维的区别。

至此,物理思想教育引起了人们的广泛关注,并被写入21世纪初颁布的《普通高中物理课程标准(实验)》的三维目标中,要求学生学习物理学的基础知识,了解物理学的基本观点和思想。同时,关于物理思想的研究也逐渐从高等教育领域扩展至中学物理教学层面,广大一线物理教师根据自己的教育教学经验,围绕教学实践探讨了物理思想在习题解答方面的应用。但这些研究大都集中于具体操作层面,缺乏学理层面的思考。

2017年,邢红军等人在《论物理思想的教育价值及其启示》一文中从理论层面厘清了物理思想的内涵与外延,将物理思想界定为"在物理学发展过程中由物理学共同体对物理知识、物理方法进一步概括而形成的关于物理学本质的深层认识",指出了物理思想与科学方法及物理观念的区别,并从物理思想的特征出发,总结出对称、守恒、等效、可逆、假说、比较等十个重要的物理思想,使物理思想研究上升到了一个崭新的阶段。

三　物理思想在教学中的实践路径

在教学实践中落实物理思想,教师需要将物理学科的核心理念和方法论融入到课程设计和教学活动中,从而帮助学生深刻理解和掌握物理学的精髓。这要求教师从强调基本概念和原理入手,通过设计丰富的实验和探究活动,让学生在实际操作中体验科学发现的过程,培养他们的观察、实验和分析能力。同时,教师应使用真实世界的例子来联系物理理论与日常生活,增强学生对物理知识实用性的认识。

在教学过程中,教师应鼓励学生运用科学思维,如逻辑推理、批判性思维和创造性思维,以培养他们对现有理论的质疑和探索新理论的能力。跨学科教学的策略能够展示物理学与其他学科的联系,促进知识的整合与应用。数学作为物理学的重要工具,其在描述和解释物理现象中的作用不容忽视,因此,教师应强调数学技能在物理问题解决中的应用。

为了进一步激发学生的创新意识,教师应鼓励学生提出创新想法,并在教学中融入物理学史,让学生了解物理思想的历史发展和科学知识的进步。通过反思和元认知活动的引导,学生可以更加深入地理解物理概念,并学会如何将这些概念应用于问题解决。现代技术的辅助,如模拟软件和在线资源,可以为学生提供更加直观和互动的学习体验。

教师的持续专业发展对于保持教学内容和方法的现代性和有效性至关重要,它确保教师能够将最新的物理研究成果和教学策略带入课堂。最后,通过合理的评估和反馈机制,教师可以及时了解学生对物理思想的掌握程度,并据此调整教学方法,以促进学生的深入理解和应用能力的提升。通过这些综合性的教学实践,物理思想得以在学生心中生根发芽,培养出具有科学素养和创新能力的新一代。

第五节 提升学科关键能力

一、物理学科能力及其研究基础

物理学科能力是指学生顺利进行物理学科的认识活动和问题解决活动所必需的、稳定的心理调节机制。其内涵是系统化、结构化的物理学科知识技能及核心活动经验图式（稳定的学科经验结构）对学习行为的定向调节和执行调节。物理学科能力是一种综合性的能力，包括多个方面或多个维度，其中科学思维、解释论证、实验探究等是不同解构视角中的共性要素。这些维度有的是基础性的子能力（如观察、记忆、概括等），有些是较高级的子能力（如迁移、整合、创新等）。物理学科能力既有一定程度的迁移性，又与对物理学科具体内容的认识紧密关联。故物理学科能力的测评需在具体的物理问题情境中进行。物理学科能力是学生在物理学领域内理解和应用物理概念、原理和方法的能力，它不仅包括对物理知识的掌握，还涉及到使用这些知识来分析、解决问题的能力。

物理核心素养是学生通过物理学习形成的必备品格和关键能力。其中的"能力"作为当代教育研究的术语，在学缘上带有深刻的心理学印痕，欧洲大陆较广泛认可的对能力的定义源于德国著名心理学家弗朗茨·维纳特："个体自身具备的或通过学习掌握的、可用以成功且负责任地解决问题的知识、技巧、态度、意志和社交手段。"在教育心理学领域，研究发现能力这种心理特质总是与具体的活动、相关的情境紧密交织在一起。故以林崇德先生为代表的我国学者对能力与各学科学习的融合——学科能力，进行了长期的研究探索。物理核心素养中的关键能力的提出，是建立在国内外关于物理学科能力的研究基础上的。

林崇德先生指出，学科能力是教师和学生通过教学活动使得学科知识概化的能力，"是学科教育与智力发展的结晶"。学科能力的构成包括：(1)学生掌握某学科的一般能力;(2)学生在学习某学科时的智力活动及其有关的智力与能力的成分;(3)学生学习某学科的学习能力、学习策略与学习方法。这意味着学科能力既以学科知识为载体,又要超越具体知识形成稳固的心理特质。所以学科能力具有四个特点:(1)系统性;(2)以学科知识为中介;(3)可外显化;(4)稳定性。然而,在关注学科能力的一般特性的同时,需要注意到不同学科的学科能力的思维构造,存在明显的认知特殊性。这也就要求我们必须围绕各学科的本体特质,对其学科能力的内在思维构造进行具体化的建模和有针对性的探测。在基础教育阶段,物理课程有着独特的育人价值,物理学科能力是学生的物理观念、科学思维、探究能力和创新精神的统一体,是物理核心素养的重要组成部分。

近年来,随着教育改革的深入,物理学科能力的研究逐渐成为热点,是在核心素养的背景下,物理学科能力的研究更加注重关键能力的提升。经过梳理,物理学科能力的研究主要集中在以下几个方面:

物理学科能力的构成:研究者们提出了不同的物理学科能力理论模型,包括观察实验能力、思维能力、分析问题和解决问题的能力、自学能力和创造性思维能力等。郭玉英等人将物理学科关键能力划分为学习理解能力、应用实践能力和迁移创新能力三个维度,每个维度又包含若干个一级指标。

物理学科能力的表现框架:基于理论研讨和实证测评,研究者们确定了物理学科能力表现的框架,包括三个维度和九个一级指标。通过大样本跨年级测评,划分了学生物理学科能力表现的七级水平,为学生物理核心素养的发展现状提供了诊断性描述。

物理学科能力的测评与培养策略:研究者们探讨了基于物理学科关键能力的测评方法和教学改进策略。例如,通过牛顿运动定律的教学,开展了基于物理学科关键能力测评的教学改进,以促进学生科学思维能力的发展。

跨学科实践教学:随着新课程标准的实施,跨学科实践成为物理教学的一个重要组成部分。研究者们探讨了物理跨学科实践教学中的问题和策略,如物理与化学、生物等学科的融合教学,以及如何在教学中实现跨学科知识的整合。

物理学科能力与核心素养的关系:物理学科能力被视为物理核心素养的重要组成部分,研究者们探讨了如何通过物理学科能力的培养来提升学生的物理核心素养,包括物理观念、科学思维、科学探究、科学态度和责任等方面。

总体来看,物理学科能力的研究正逐渐从单一的知识掌握转向综合素质的培养,特别是在核心素养的背景下,更加注重学生的创新能力、批判性思维和跨学科应用能力的培养。这些研究为物理教育的改革和实践提供了理论支持和实践指导。

二 物理学科能力表现

依据郭玉英等人的观点,物理学科能力的培养有助于学生形成核心素养,因为这些能力是学生在物理学习过程中逐步发展起来的,它们是学生面对物理问题时的行为表现的基础。物理学科能力表现框架由学习理解、应用实践、迁移创新三个能力维度构成,这些能力维度既相对独立又相互影响,涵盖了学生当下学习生活和应对未来社会挑战的基本内容。通过物理学科能力的培养,学生能够更好地理解和应用物理知识,形成科学的世界观,培养创新精神和实践能力,这些都是核心素养的重要组成部分。

学习理解是指学生顺利进行物理知识的输入和加工活动的能力。具体表现为完成回忆和提取、辨识和确认、概括和关联、说明和论证等物理学习理解活动。

应用实践是指学生能够应用物理学科核心知识和科学思维分析和解释物理现象、解决实际问题的能力。具体表现为完成分析和解释与物理有关的实际情景问题、进行预测与推论、选择并设计问题解决方案等应用实践活动。

迁移创新是指学生能利用物理核心知识和科学方法等,解决陌生和不确定性问题以及发现新知识和新方法的能力。具体表现为进行复杂推理、系统探究、发散思维、想象、创意设计、批判思考、在新颖物理情境下建构新模型等基于学科的创造性活动。

依据林崇德的观点,动态性是学科能力结构的精髓。这种动态性主要表现在主客体的交互作用、结构的发展性以及学科教学活动中。聚焦物理学科能力建构,以科学方法为中心的物理学知识—能力结构就充分体现了物理学科能力的要求,涵盖了"物理知识建构"与"物理知识应用"的动态过程。因此,以科学方法为中心的物理学知识—能力结构作为物理学科能力建构的基础,通过进一步深化与提炼,就能顺理成章地得到物理学科能力。

1.观察实验能力

观察实验能力是基于实验事实并结合以往物理学科能力理论而建构的。物理观察是指人们通过感觉器官或借助实验仪器,有计划、有目的地感知客观现象,从而获得物理事实的活动,包括自然观察与实验观察。前者是在自然发生的状态下,对各种事物、物理现象或过程等进行观察,后者是在人为设计的实验条件下,对自然事物、物理现象或过程进行观察。物理实验是人们根据研究与学习的目的,利用物理仪器和设备,人为地控制或模拟物理现象,排除各种偶然、次要因素的干扰,抓住主要因素,在有利的条件下重复地去研究物理现象及其规律的活动。

观察实验能力的要求是:能够有目的地进行观察,分辨观察对象的主要特征,认识观察对象所发生的变化过程以及变化的条件;能够明确实验目的,理解实验原理和方法,学会正确使用仪器进行观察和测量,控制实验条件和排除实验故障,分析处理实验数据并得出正确结论;了解误差和有效数字的概念,独立地写出实验报告。

2.科学方法运用能力

科学方法运用能力依据方法论问题并分析以往物理学科能力理论而形成。科学方法运用能力的要求是:学生通过对物理方法与思维方法的不断了解、积累与熟练,形成一种借助物理方法与思维方法获取物理知识的心理定式,通晓物理知识的来龙去脉,把握物理知识的本质,并通过物理方法与思维方法,在头脑中把物理知识编织成一个层次清晰、逻辑严密的结构或网络,从而可以不断接受、容纳新的信息,不断完善自己的知识结构。科学方法运用能力还能够提高学生对问题的敏感性,使他们在解决实际物理问题时,在头脑中迅速涌现各种各样的认知策略,在处理前一个步骤时就能预想下一步思路,无须搜肠刮肚地回忆做过的题型。即使进行创造性活动,也能够凭直觉而非经验去探索正确的解决途径。

之所以采用科学方法运用能力而非传统的物理思维能力的表述,是因为根据科学方法的分类,科学方法包括物理方法与思维方法。在这个意义上,科学方法运用能力就包含了物理思维能力,而且其内涵比物理思维能力更为广泛。从物理学知识—能力结构中不难发现,在物理知识的获得与应用过程中,科学方法与实验事实、物理知识、数学、延伸与应用都有着密切的关系,在物理学科能力的形成与发展过程中发挥着重要的作用。

3.物理推理运算能力

物理推理运算能力是指:学生理解物理公式和图像的物理意义,能够运用数学进行推理运算,从而得出物理结论;能够运用物理图像表达和处理物理问题,既重视定量计算,也重视定性和半定量分析。

从物理学的学科结构看,实验事实是基础,物理学理论是主干,而数学则起着表述形式的作用。事实上,肇始于伽利略、奠基于牛顿的物理学乃至整个自然科学,正是由于找到了实验、科学方法和数学相结合的正确途径,才得以发展成为推动人类社会前进的伟大生产力。要使物理学的学科结构能够包含物理学的丰富内容,特别是反映物理学的特点和本质特征,反映物理学的基本概念、原理和基本方法之间的关系,并使物理学的表述上升到定量层面,就必须有数学的参与,仅凭单纯的物理知识所形成的逻辑结构是难以胜任的。因此,物理推理运算能力的构成要素必须包括数学。

对于数学与物理学的关系,杨振宁曾用长在一棵根茎上的"双叶"加以形容。一片叶子是物理学,另一片叶子是数学,二者生长在同一根茎上,这充分说明了数学与物理学的同源关系。

4.物理知识建构能力

物理知识建构能力是物理知识影响并借鉴相关物理学科能力理论而得到的。物理知识建构能力是指:学生能够顺利地进行物理知识的输入和输出。物理知识的输入表现为学生能够顺利完成记忆、提取、辨识、确认、概括、关联、说明和论证等物理学习理解活动。物理知识的输出表现为学生能够应用物理知识、科学方法以及数学,分析和解释物理现象,能够进行预测与推论、选择并设计问题解决方案、解决实际问题等应用实践活动。

把物理知识建构作为物理学科能力要素的理由在于,物理知识既是物理学科能力的基础,又是物理学科能力的组成部分。这是因为,物理学科能力只有在掌握与运用物理知识的过程中才能得以发展。同时,物理学科能力的高低又反过来制约着物理知识掌握过程(包括获取、理解、领会、巩固、运用)的速度、深浅与成效。物理知识的掌握过程,特别是物理知识的运用过程,往往是以物理学科能力的增长为终点的。当学生具备了一定的物理学科能力,就能够为进一步的学习创造条件。因此,必须寓物理学科能力培养于物理知识传授之中,而物理知识的传授又必须着眼于培养学生的物理学科能力。

5.物理迁移创新能力

物理迁移创新能力是在延伸与应用、内涵的丰富和发展的基础上提出的。它在本质上是实验事实、方法论问题、数学、物理知识四部分相互作用的结果,指学生能够主动运用物理实验、物理知识、科学方法、数学以及活动经验进行直觉想象、发散思维、批判思考、物理建模等,能在新颖的物理情境下进行物理创造性活动。

物理迁移创新不同于物理知识建构,它是指学生能够解决陌生的和不确定的现实问题。例如,人从高处向下跳,当脚接触到地面时,膝盖会自然弯曲,请设置物理量,定量地解释人的小腿作用于躯干上的力有多大。显然,这样的问题与通常的物理习题有所不同,解决这样的问题就有助于培养学生的物理创新思维,发展学生的物理学科核心素养。

物理迁移创新还包括发现新的物理现象、物理知识、物理方法乃至物理实验等。创新不一定是翻天覆地的变革,只要是在原有的基础上向前迈出一小步,体现创新的思想与方法,就是一种创新。例如,有研究者曾在物理教学中发现一种新的耦合摆:在一根细线下悬挂一个弹簧,弹簧下挂一个钩码,在钩码上添加合适的螺丝,耦合摆就制作成功了。当线长合适时,会发生一个有趣的现象:钩码与弹簧先在竖直方向上振动4次,其竖直方向上的振幅逐渐变小,然后停下来,再开始左右摆动4次,随后又上下振动、左右摆动……其能量在上下振动和左右摆动之间自动转换,直至全部消耗殆尽。显然,这样一种发现就是物理迁移创新能力的表现。

三 物理学科能力的评价

1.引导学生关联整合所学知识,建构相应的物理观念

测评结果显示,大多数学生对知识的认知比较零散、孤立,呈现出碎片化倾向。教师应围绕物理学科的物质观念、运动和相互作用观念、能量观念,引导学生建构知识之间的内在联系,打破各个重要概念间的孤立情况,促进学生围绕核心概念的知识整合与发展。

2.让学生在科学实践活动中发展物理学科能力

物理学科能力不是在"告知"和"机械训练"中发展出来的,而是在应用物理观念分析实际问题,进行预测、解释、推论等实践活动的过程中逐渐养成的。这提示教师要转变课堂教学观念,尝试能促进学生参与实践的新课堂形式。以科学解释为例,在具体教学实践中,教师应多创设真实的问题情境,让学生应用所学物理模型、概念和规律进行解释实践,培养其科学推理的严谨性、连贯性以及表述的准确性。在此基础上,基于证据对现有解释进行评估和质疑,提出新模型,尝试更好地解释。在课堂中参与探究、建模、解释和论证等科学实践活动,不仅能有效促进应用实践和创新迁移能力的发展,还有助于学生的科学态度与责任的培养。学生的情感态度与物理学科能力相关性最为显著,应使学生产生学习物理的内驱力,养成探索自然世界的兴趣。教师应根据学生的发展水平循序渐进,从最基础的问题逐渐深化,在有挑战性的探究活动中,适当提供"脚手架",提升学生的自我效能感,引导学生在自己突破问题的成就感中成长。

3.以系统评价促进学生能力发展

设计良好的评价,有助于诊断能力发展现状,引导并促进物理学科能力的发展。促进学生物理学科能力发展的评价首先要实现精准评价,即在设计过程中需明确评价目标、选择合适的情境和知识载体、控制干扰因素。依据物理学科能力表现框架,预设具备了某一能力能完成的任务类型和相应的表现,通过测评结果分析诊断学生的能力达到了哪一发展水平,能力发展是否均衡,存在哪些问题,从而有针对性地调整教学的设计和实施,进行课堂教学改进。了解能力发展现状的手段有很多,除了采用大规模测试之外,对于教师而言,对学生的访谈和观察是了解能力发展现状的最直接、最有效的手段。除了了解学生能力发展现状外,还应该具体了解影响学生能力发展的其他因素,从整体上判断学生物理核心素养的发展状况。[①]

[①] 郭玉英,张玉峰,姚建欣.物理学科能力及其表现研究[J].教育学报,2016(4):57-63.

第三章

本原物理教学的学习观

第一节 学习的本质与发展

一、学习的属性

学习是人的成长方式,是学生作为人的生长过程的目的性的现实活动。知识学习是学生学习的重要方面,真正的学习是追求知识对于自身的生长意义及其价值实现的过程。从此意义上讲,学习即发展,学生的变化过程和变化状态体现了学习的层次和深度。苏联教育家赞科夫之所以强调"教学即发展",强调要让学生真正进入学习过程,正是看到了学习作为发展的活动特性和过程属性。学习是通过认知活动、情感活动、意志活动等心理过程,理解外部世界的本质及其规律,并建立自我与外部世界关系的过程。在这一过程中,学习者通过知识理解、社会认知、文化反思、环境参与等活动获得自我内在精神的发育和发展而实现学习的成长意义,学习者的个性化和社会化,是学习导向发展的两个根本宗旨。

(一)学习的边界属性

近年来,国际上兴起了"无边界学习"的新理念。"无边界"的本质是要求超越封闭的学习、单一的符号学习,实现学习的丰富性。"无边界学习"确认了学习的丰富内涵和多维的意义向度。学习不只是认知性的,更是实践性的;学习不只是为了掌握书本知识,更是追求通过知识引起学习者内在素养的变化;学习不只是在传统的课堂环境中发生的活动,而是在多元的环境中发生的活动。正如深度学习所追求的那样:学习需要追寻知识的广度、知识的深度和知识的关联度,需要引发学习者的高阶思维,建立知识与情感、知识与文化、知识与想象、知识与经验的丰富关联性,引起知识作为精神种子在学生心灵中的意义生长。[1]无边界学习的积极意义就在于回归了学习的社会本质和价值丰富性,重

---

[1] 郭元祥.论深度教学:源起、基础与理念[J].教育研究与实验,2017(3):1-11.

视特定环境的多样性和丰富性及其发展价值,凸显了学习的实践属性和过程属性。人们日常理解的学习,是学生课前自学和预习、上课听课做笔记、下课训练做作业等活动。其实这仅仅涉及了学习的诸多内容的一个方面,即符号知识的学习,是接受性的学习,显然是一种狭隘的学习理解。当前中小学教学中最突出的问题便是实践学习的普遍缺失,学习意义向度的迷失,以及对教学过程的刻板化、流程化、技艺化的设定和框定。

学习的边界不是一个反映学习空间和环境的物理概念,也不是一个指向学习内容的学科界限概念。对于人的发展而言,特别是在当下追求发展学生的学科核心素养和关键能力,培养学生的文化自信的背景下,尤其需要克服狭隘的、封闭的学习观的局限性。长期以来,人们总是谈及学习,就是指向知识的学习特别是学科知识的学习,甚至指向点状的知识学习;或者将学习仅仅理解为一种认知过程,把学习仅仅看作是认知学习;或者在空间上把学习仅仅看作是在规范的课堂空间所开展的活动,即课堂学习,甚至至今人们依然认同"课堂教学是主渠道"如此狭隘的观点并将其视为教育规律。至于简单的学习程序翻转和粗暴的教与学的时间分配,更是窄化了学习的边界,矮化了学习的发展价值,从而导致学习方式的变革丧失了其发展性的意义达成。狭隘的学习观看重的仅仅是正式学习或格式化学习,忽视了非正式或非格式化学习,画地为牢,将学习仅仅看作是以符号知识训练为主的活动,其内在根源是忽视了学习的实践属性、过程属性、社会属性和文化属性,割裂了知识与社会、与生活、与文化、与情境的丰富关联性。跨越学习的边界,实现学习的丰富性和广阔性,是引导学生深度学习的根本条件。

(二)学习的实践属性

学习过程是一种特殊的认识过程,更是一种实践过程,这是由学习的实践属性、过程属性及其对人的生成价值所决定的。从人的全面发展的角度看,实践是人的成长与发展的重要基石。作为有目的地培养人的活动,教育必须处理好认识与实践的关系,理性而有价值地寻求认识与实践的交融点。[1]学习作为个体基于对符号知识和经验知识的理解,探究外部世界并建立与客观世界之间关系的活动,本身就是一种特殊的实践样式。忽视了学习的实践属性,就极易导致学习的发展性意义的丧失,知识授受主义和应试教育倾向的根本错误便在于此。

---

[1] 郭元祥.论实践教育[J].课程·教材·教法,2012(1):17-22.

实践属性是学习的基本属性。在哲学领域中,对实践的常见定义为"实践是人类有目的能动地改造客观世界的物质性活动",这种认识将"实践"理解为"做""动手""行动",或理解为一种工具性、策略性活动。这种对实践的理解仅仅停留于对实践外在和物化层面的认识,而忽视了实践内在和精神层面的含义。将实践理解为纯粹的物质活动势必导致实践与人的脱离,实践成为外在于人的活动,仅仅是人生存发展的工具和手段,消解了实践的价值维度和终极关怀,忽视了实践的生存论意义。马克思主义认为,实践是主观见之于客观的活动。从马克思主义的实践观出发,我们需要从人与自然、人与社会、人与自我的关系的角度来理解实践,实践内在包含着"主体—客体"与"主体—主体"的双重关系,是工具性与价值性的统一,是主体客体化和客体主体化的统一。实践范畴揭示了社会活动主体与客观自然世界、社会世界和精神世界的内在关系和价值取向。实践属性是指人的活动和生存方式具有实践的三大本质规定性:一是确立人作为活动的主体地位;二是主客体通过统一达成内在关联性,形成人与客观世界的"关系世界";三是主客体统一所体现的合价值性目标,即活动具有满足主体内在需要的内源性意义。

学习作为满足人的成长需要的活动,本质上满足了实践属性的特质,因为学习本身指向的就是人的成长,是主体的人的发展过程,是目的性、主体性的活动。日本学者佐藤学提出学习是"以交往与对话为特征的活动"[①],他将学习界定为一种"对话性实践",即学习者与客观世界的对话、学习者与他人的对话、学习者与自身的对话,学习就是一种"构筑世界""构筑伙伴""构筑自身"的实践。

二　学习是个体精神发育的过程

学习活动本身内在地包含着学生与自然世界、学生与社会世界、学生与自我世界的三重关系,因此,学习是一种三位一体的特殊实践。

首先,从学生与学习内容的关系来看,学习是认知性、文化性实践。在学习活动中,个体与学习内容之间不断进行着客体主体化、主体客体化的实践活动,作为客体的知识实现了人化,不断向人生成,逐渐获得人的本质属性,成为个人化的知识;作为主体的人通过思维、认知、体验等活动,实现对知识的改造,吸收知识的价值和意义,重新建构包括其需要、能力、知识结构、思维模式等等在内

---

① 佐藤学.学习的快乐——走向对话[M].钟启泉,译.北京:教育科学出版社,2004:20.

的心智结构,实现人的本质力量的确证与增加。正是从此意义上说,知识学习的过程,是通过知识实现学生与世界对话的过程,是学生与人类文化的对话,是学生与社会的对话,并最终走向与自我生命的对话。

其次,从学生与他人的关系来看,学习是交往性、社会性实践。学生在学习活动中通过交流、沟通创造了师生关系、生生关系,师生关系、生生关系既是学习关系,又是"伙伴"关系。从学生与自我的关系来看,学习是伦理性、存在性实践。在学习过程中,学习是一种以自身为对象的特殊实践,是一种人性自我建构的实践活动。在自我建构的实践活动中,学生既是学习活动的主体又是客体,通过主客体的相互作用而不断改造自己、发展自己、完善自己,对自身已有的心智结构进行审视与反思,积极推进已有心智结构按所需要的方向发生相应的变化,实现预期目的对象化、现实化。[1]由此可见,学生在学习这种特殊的实践中既改造了外部世界,也改造了自身内部世界,在这个过程中不断地发扬外部世界和自身主观世界的自在性,实现对客观世界和自身的超越。

作为个体精神发育过程的学习,不是一种表面、表层的对符号的认知加工活动,而是与主体的社会活动和精神活动密切关联的。学习的实践属性决定了学习必定是丰富的、多层次的活动。认知是学习活动的起点,如果把起点当作学习活动的全部,必定陷入单一的符号学习的泥潭。从学习的角度看,表层学习、应试训练的局限就在于其将学习活动及其过程线性化、单向度化,从而导致对学习者精神发育的漠视。深度教学强调突破知识占有性和接受性学习的狭隘边界,丰富学习的层次和境界,实现无边界学习。

长期以来,人们总是将学习理解为一种认知过程,且将实践理解为"动手做""操作"或"行动",在学习与实践的关系上,把实践看成是学习的一种方式或方法,这种对学习、实践及其相互关系的理解失之偏颇,从而导致学习方式的变革丧失了其发展性的意义达成,其内在根源是忽视了学习的实践属性和发展性意义。在学习过程中,知识是构筑学生与外部客观世界、学生与自我精神世界关系的桥梁和素材,是实现人的生成与发展的条件,而不是目的,发展才是目的。如果只能让学生获得"关于世界的知识"而不能让其真正进入世界,构成与客观世界的社会关系,学生丧失了与外部世界的关联性,只有对象性的接受,学习便失去了对学生成长的意义。

---

[1] 鲁洁.教育:人之自我建构的实践活动[J].教育研究,1998(9):13-18.

第二节 学习的过程与意义

从过程上看,学习的过程是以认知活动为基础的理解过程,是以情感活动为基础的情感发展过程,是以意志活动为基础的意志过程,是以文化构成为基础的文化实践过程。学习不是对知识的简单加工,不是单一的知识训练活动,而是复杂的、深层次的、多向度的意义建构活动。深化课程改革,培养学生的学科核心素养和关键能力,必须切实转变学习观,跨越封闭的学习边界,提升学习的境界,引导学习变革真实有效地发生。

一 学习的基本过程

学习过程是一种复杂的心理活动过程,涉及认知、情感、意志、动机等复杂的心理因素和心理活动。加涅就把学习基本阶段分为动机阶段、掌握阶段、巩固阶段、应用阶段等。学习过程涉及的因素是十分广泛的。

(一)学习过程是完整的心理活动过程

毫无疑问,认知过程是学习活动的基础,没有认知便没有学习,但学习过程不等于认知过程。人们习惯于把知识的加工过程等同于学习过程,其实是对学习与认知关系的误解和狭隘化。当前我国中小学课堂教学所体现的学习过程观,其实是单一的认知过程,忽视了学习过程的丰富特质。真实发生的学习过程既包括认知过程,也包括情感过程和意志过程。

学生完整的学习过程是建立在必要的学习准备状态基础之上的,认知过程是人的心理活动过程,是包括感觉、知觉、记忆、思维和想象在内的理解外部世界以及人自身精神世界的心理过程。感知活动是认知过程的基础,感知的统整,即统觉。统觉是完整的感知,是观察的基础,即所谓感性认识。感性认识是对事物表象、形式、局部的认识。可以说,观察活动的缺失定会导致学习过程的完整性缺失。对外部世界有目的的、系统的观察,是认知过程的起点和开端。

无论是哪一门课程的学习,观察都是基本的学习过程,观察能力是最基础的学习能力。

(二)思维过程是认知过程的高级阶段

思维过程是认知过程的核心阶段,创造性思维则是思维的最高表现形式。从学生认知的全过程来看,从对知识的符号表征,到形象表征,再到概念学习和意义掌握,是以思维为核心的理解过程。深度教学要求引导学生在知识理解和掌握的过程中,经历完整的思维过程,强调"高阶思维",尤其是批判性思维、创新性思维。但从认知过程的整体来看,学习的过程是建立在脑活动基础之上的综合活动过程,按照布卢姆的认知模型,认知过程大概分为了解、理解、应用、分析、综合、评价六个阶段。这六阶段是学生完整的学习的认知过程,但想象、思维、问题解决是核心,需要通过学生的"自我报告""结构性面谈"和"错误分析"等方式来诊断学生认知结构的合理性及其状态。学生是否进行了深度学习,还取决于学习时间、任务难度、学习能力等因素。而这些因素并不是认知过程因素所决定的。从感觉知觉,到想象思维的全过程,便是理解的过程。因此,严格意义上的学习过程,是以理解的过程为基础的,深度教学的第一法则就是理解,学习是从符号理解,到现象理解,再到概念理解、本质理解,最后上升为意义理解。

(三)被漠视的情意过程

情感过程和意志过程是参与学习活动的非认知因素发生作用的心理过程。情感因素比如动机、兴趣、态度、需要等,意志因素比如努力、意志力、毅力等因素,并不直接参与对知识的认知加工过程,但影响着学习过程。布卢姆提出了学习的三种准备状态:"认知准备状态""情感准备状态"和"教学质量准备状态"。其中"情感准备状态"也是影响学习质量的重要因素。在布卢姆的掌握学习理论中,"学习时间"是影响掌握学习质量的重要指标,把学生在学习动机和学习态度支持下愿意投入的学习时间,称为"毅力"。而"毅力"是指克服困难积极参与活动的持续能力,是在价值确认基础之上提出活动目标、制订活动计划、克服困难执行计划的意志过程。

深度教学要求学生一方面有完整的认知过程和认知因素的投入,另一方面,需要有丰富的感情过程和意志过程的参与,这是学习的丰富性和深刻性的本质诉求。

二 学习与人的生成

人的本质就是一种"意义性"的存在,人是寻求意义的生物,人不仅寻求事物的意义,也寻求自身的意义。一方面,人类寻求一切事物的意义。人与事物之间,是通过意义而发生联系的,事物只有具有了意义才会和人产生联系,发挥事物对人的作用,而事物的意义不会自然地显现出来,必须通过人对事物意义的追求才能产生。另一方面,人类在不断地寻求自身的意义。各种动物在世界上存在着,但它们的存在只是生物学的存在,是在不断地适应环境的过程中求得生命的保全和存活。唯人有所不同,人不仅存在着,而且不断寻求着自身存在的意义,创造着自身存在的意义。人总是在不断地追问"我为何而生?""我的行为有什么意义?"等意义性和价值性的问题,在不断的追问、反思中,人为了自身意义的实现而开展各种实践活动,获得存在的意义。

第一,人的生成是学习的实践意义。人的本质是一种"意义性"的存在,人的"意义性"本质彰显的过程伴随着人的各种"意义性"实践活动,人的"意义性"活动就是人类追求意义、创造意义的过程。无论是人的物质活动还是人的思维活动,都是人类追求意义和创造意义的活动。实践中的人是追求意义的个体,本身就是精神与物质的统一体,是一种意义性的存在,是具有自我认知、自我实现、自我超越的本性的存在。现实中从事实践活动的人,是意义产生的根源与生长点。

第二,学习是个体追寻与创造意义的实践活动。实践既不是单纯的物质性过程,也不是单纯的精神活动,它是物质精神结合在一起的追求意义、创造意义的活动。学习具有实践属性,核心意义在于学习本身就是个体追寻与创造意义的实践活动。

学习是个体追寻与创造意义的实践活动,一方面表现为个体对知识意义的追寻。个体的知识学习始于符号,始于对符号的感知、认识、理解、接受与传递,然而,在个体知识学习的过程中,符号仅仅是个体学习的基础,个体的知识学习不能止于符号,而必须超越符号,获得符号背后的意义,意义创生是知识学习的必然追求。站在教育学的立场上认识知识，知识不仅仅是作为人类认识成果的事实性存在，更是一种价值的存在与意义的存在。将意义从知识中抽离出来，使知识成为毫无意义的符号，知识脱离了意义，就失去了知识最本质、最核心的要素，学生的学习也就变成了毫无意义的机械记忆与静态传递。脱离了意义的知识学习缺乏个体对知识意义的个性化认识，是共性的；缺乏个体对知识价值的理解，是事实性的；缺乏个体对自身生命的关怀，是物性的。个体的知识学习在很大程度上就是通过符号对意义世界进行的探索，学生学习的过程实质上是对符号所表达的意义的理解与把握的过程，这种对符号所表达的意义的理解和把握既包括符号所指称的含义，亦包括知识与人的发展之间的一种价值关系。

另一方面，学习是个体追寻与创造意义的实践活动，表现为学生在学习过程中对人生意义的创造。在学习活动中，学习主体（实践主体）通过对象化的活动将自身的本质力量作用于特定的客体或者活动，特定的客体或活动又反过来作用于实践主体，使主体实现自我理解、自我确证、自我实现以及自我超越，进而获得精神的充盈、生命活力的激发、自我素质的提升、主体性的自由创造以及人生境界的陶冶。通过学习，学生逐渐学会思考各种社会现象，反思生活，体验和感悟人生意义，形成一定的态度与价值观、人生观，从而使心灵世界得到拓展和丰富。学习是指向生命成长的实践活动，因而，思维方式、价值观念、生活方式乃至学生整个精神的发育，才是终极目的。

三 学习的意义向度

我国古代教育家们提出的教育主张大多聚焦于学习、学习的意义、学习方式等层面。其中，"学而时习之""学不可以已""学然后知不足"触及学习的实践属性及其意义向度。意义并非实践，却内含于实践，推动与引导着实践。学习实践属性的根本意义通过学习者主体性的确立、意义感的获得和自我认识的提升而得以体现。表层学习最大的问题就是忽视了学习的意义向度，仅仅停留于把知识作为学习内容的对象化学习层次。深度教学之"深"不是知识本身的难与深，而是知识的意义达成之深，是与知识相遇所引起的人的发展程度之深广。[1]

---

[1] 郭元祥,伍远岳.学习的实践属性及其意义向度[J].教育研究,2016(2):102-109.

(一)主体性和自主发展者:学习的意义向度

主体性原则是马克思主义哲学的基本原则,也是当前教育理论和实践中的热门话题。彰显主体性也是时代赋予教育的重要使命,在个体的学习活动中,学生是有着鲜活生命个性的个体,有强烈的主观能动性和积极的主动性、创造性,他们个性的彰显、生命活力的激发、创造力的发展都需要以其主体性的彰显为基础。学习实践属性的意义首先表现为彰显学生主体性、发展学生主体性。

在具有实践属性的学习中,学生的主体性就体现于学生与教师、学习内容的关系中。一方面,学生的主体性体现于个体与教师的关系性实践中,学生是自由的个体,在教师的引导下自主开展学习活动,自主思考与追问人生的意义,教师不能代替学生的学习行为,也不能代替学生进行意义的追寻与创造。另一方面,学生的主体性体现于学生个体与学习内容的关系上,学生是主动、积极、探索性地去把握学习内容,根据自己的生活经验和人生履历建构学习内容的意义,按照自我的目的和倾向去把握客体及其价值。在这个过程中,学生是主动的发现者,而不是被动的接受者,学生是积极的探索者,而不是消极的应付者。

学习实践属性的意义表现为个体主体性的确立,具体地说,学生个体主体性的确立主要体现为学生主体意识的形成、主体能力的发展和主体人格的养成。学生的主体意识是学生主动学习、寻求主动发展的意识,是学生作为认识和实践活动的主体对于自身的主体地位、主体能力和主体价值的一种自觉意识,是主体自主性、能动性和创造性的观念表现。个体主体意识的强弱,直接影响着个体的主体行为与主体能力,影响着个体在学习过程中对自身主体地位的确立和对人生意义的追寻。通过主体能力的发展,学生能够有效地处理其在学习过程中的各种关系,利用各种外部条件积极地实现自我教育、自我管理和自我完善,增强其主体性。主体人格是个体主体性发展的非理性力量,对个体主体性的确立发挥着推动、激发和催化的作用。因此,教师引导的学生学习,应该是基于知识理解且具有实践取向的社会学习、文化学习和生命学习。

(二)意义感与价值关怀:学习的意义旨趣

人无法忍受无意义的生活,人对人生意义的追求就成为了人永恒的追求。前文已述,学习的实践属性所指的实践不仅是一种工具性实践,更是一种价值性实践、意义性实践,因此,学习实践属性的意义还表现为个体意义感的获得。

意义和价值是两个相互关联的概念,价值是指客体满足主体需要的属性,是对客体属性的判断,而意义则是主体对客体的价值判断,是主体对生活、对活动以及对人的存在的终极关怀。意义深藏于人们的生活事件、生活世界和生活实践之中。没有拷问,没有沉思,没有觉醒,意义就会迷失。意义是主体对自我的评判,是主体对自我生活事件、生活实践、生活世界的合目的性、合价值性的评判。意义感,是主体对生活实践的意义性的意识活动,是建立在主体自我意识、自我反思和自我觉醒的基础之上的。对意义的理解和确认,是人开展生活实践的重要基石。学习的根本意义在于促进学生生命的生长,而不是指向考试、分数等功利性的目标,学生只有对学习活动、学习内容、学习过程具有了意义感,他的学习投入才可能是丰富的,并成为一个热情的学习投入者和导向成功的学习者。

在学习中,学生通过个体有意义的实践,通过体验、探究、交往,从生活事件、生活世界和生活实践中获得意义感。个体在学习中的意义感是学生在学习过程中对学习内容及学习活动本身的价值认同,是对自我作为主体的力量的价值澄明,是对个体自身存在的价值确认。个体在学习中获得的意义感主要在学生的生命、心灵和精神上得到体现,学习帮助学生认识到学习对个体成长发展的价值和对自身精神生活丰富的意义,让学生的生命得以涵养、心灵得以净化、精神得以陶冶。在学习中,学生不仅仅进行知识学习,更是通过知识理解思考人生问题,不断地追问与反思自我人生的意义。可以说,学生学习的过程就是师生一起探求知识意义与人生意义的过程,个体在学习过程中意义感的获得是学习实践属性彰显的重要标志。

(三)自我觉醒:学习作为反思性实践

自我觉悟意味着深刻内省,是个体在认识自我的基础上对自我的认知和判断,萌发自我意识,进而确立人的自我,实现自我的觉醒。法国人文主义思想家蒙田曾说"世界上最重要的事情就是认识自我",认识自我是自我觉醒的前提条件,提升自我的觉悟是哲学探究的最高目标,也是人类个体生活的最高追求,只有在认识自我的基础上提升自我觉悟,个体才能真正地实现自我。学生自我觉悟的提升是在一定的知识基础上,在与客体、他人、自我之间的互动与交往的实践过程中实现的。

学习不是一种外向性表层活动,而是一种内在精神指向的活动。学生作为学习的主体,通过反思、内省等活动,成为自觉的主体。个体是在实践过程中认识自我的,也是在实践过程中提升自我觉悟的。个体的学习活动是一个主观与客观相互作用的过程,是学生个体通过知识中介与客观世界相互作用的实践活动,是学生开展的理智和感性的交往性实践,在这个过程中,学生增进对自我的理解,进而提升自我觉悟。在学习过程中,学习者不仅关注客体,更关注自身,从对学习内容的理解性实践中提升自我觉悟,在交往性实践中提升自我觉悟,在反思性实践中提升自我觉悟,进而实现自我、增强自我意识,体验到自我的发展。具有实践属性的学习过程就是学生参与、体验、反思的过程,是"有我"的实践,而非"无我"的实践。学生作为学习的主体带着自我已有的认识发展新的认识,以自己的人生经历体验并生成新的情感,以自己的思维建构新的意义,改进自己的思维方式、生活态度和处事方式,同时在这个过程中增强自我认识、自我觉悟、自我变化,最终实现自我、超越自我。

仅仅依赖单一的符号知识学习和训练,难以建立起学生与自然、学生与社会、学生与自我的内在联系,形不成实质性的社会关系,是不能引导学生理解社会并参与社会、理解生活并体验生活、反思自我并发展自我的。单一的知识学习提供给学生的仅仅是客观的自然世界和社会世界描述的符号世界。离开对生活、对社会的真切参与,何以消解学生内心自我的孤独感、对外部世界的迷茫感、对社会生活的陌生感和对现实世界的厌恶感?何以真切地增强学生对社会的责任感、对生活的热情和对世界的关怀?具有实践属性的学习,是学生建立起自身与客观世界之间社会关系的纽带。主体通过与外部世界的能动作用建立社会关系,形成"物—我"关系、"我—你"关系和自我关系,使主体不再孤独地生存于他所存在的世界之中,排除主体自我内心世界的孤独感、对外部世界的迷茫感、对人世间生活的陌生感以及对现实世界的厌恶感,从而真正"进入世界"。单一的符号知识的接受性学习,只能让人的灵魂在一个虚幻的符号世界里飘荡,不能真正认识自己,更不能真正理解并建立起主体与社会的关系。脱离实践的主体生命,难以在社会关系中找到自己、认知自己、发现自己并反思自己,形成自我感和意义感,更不可能真正建立、分享和实践人应有的核心价值观。

第三节 学习的境界与层次

个人精神成长过程中的学习,并非仅仅是对符号的浅显认知与处理,而是深深植根于个体的社会活动与精神生活之中。学习的实践性本质意味着它必然是一个多维度、内容丰富的活动。认知构成了学习旅程的起始点,但若将此起点视为学习的全部,则会导致学习陷入纯粹的符号记忆之中,变得单一而片面。从学习的视角审视,那些仅停留于表面层次的学习和应试训练,其局限性在于它们将学习过程简化为线性和单向的,从而忽视了对学习者精神成长的全面促进。深度教学则倡导超越单纯知识获取和被动接受的传统框架,致力于拓展学习的深度与广度,达到一种无界限的学习状态。

一、学习的境界

笔者认为,学习本质上是主体以理解为基础,通过与自然世界、社会世界和精神世界对话而获得自我发展的活动。理解是对话的唯一前提,没有理解就没有真正的对话。学习也是主体通过理解和对话,进入和体验自然世界、社会世界和精神世界的活动,体验和表达是主体"进入世界"的基本方式。学习更是通过"进入世界",寻求"可能生活"并实现人生意义的过程,反思是主体追寻人生意义的基本方式。郭元祥认为学习的三重境界是:理解与精神的对话、体验与感悟的表达、交往与经验的意义。这三重境界是深度教学需要达成的学习境界。[①]

(一)理解与精神的对话

人们通常认为认知是学习的基础,其实,认知不是学习的基础,而是学习的起点,认知的目的是理解,理解是一种更高层次的认知。什么是理解?这是个

[①] 郭元祥.论学习观的变革:学习的边界、境界与层次[J].教育研究与实验,2018(1):1-11.

很难用一句话说清楚的问题。在心理学上,理解往往是指一种具体的认知过程。在教育过程中,理解往往具有"学会""弄懂""掌握"等表示认知结果的含义。在人际交往中,理解等同于人对人在情感上的沟通和认同。在解释学中,"理解"一词的含义也有一个变化的过程:从人对神话、典经、文学作品的解读和破译(局部解释学和一般解释学),到人对"存在"(即所谓"在")和人类的存在及其生活史的解释(认识论解释学),然后再转向人对人生的解释(本体论解释学和批判解释学),从把理解作为一种方法论问题转到把理解作为人自身的本体论,即人的存在方式问题。

海德格尔把"理解"看成是人的生存、存在的基本方式,而不是人的认识方式。伽达默尔继承了海德格尔关于理解的基本思想,并进一步认为,理解遍及人和世界的一切关系,理解的过程发生在人类生活的一切方面,"理解的能力是人的一项基本限定,有了它,人才能与他人一起生活"。解释哲学把理解作为人的一种存在方式,无疑对我们把握学习的本质具有重要意义。

理解对人生和生活具有普遍的意义,理解不是一般意义上的具体的认知活动或认知活动的一个阶段,而是人存在的方式。人理解着,人就存在着、生活着,理解弥漫在人的一切活动之中:解释、思想、情绪、行动、语言等等。因而,我们不能仅仅把理解视为精神主体的活动,而要看作是人的独特的生活方式和人生的过程,在这个过程中,理解、应用、解释融为一体,推进着人的生活。"理解是人的存在方式","理解是人生的起点",也是人生活固有的特性。教育具有理解性,儿童在教育活动和其他活动中,同样需要理解,没有理解儿童就难以生活。儿童心理学的实验研究表明,儿童在处理与外界的人和事物的关系时,就有了理解,理解贯穿儿童发展的全过程。在教育过程中,儿童通过对教材所提供的范例的理解,来形成自己对人生和生活的看法,并以此为基础建构自己的生活方式。在儿童的日常生活和教育生活中,理解的目的不是为了掌握与获得某种实用的知识,理解就是儿童生存、发展的基本方式,按照生命哲学和本体论解释学和批判解释学的理解,"理解"对人生具有本体论的意义和生命意义,它与人生和生命存在融为一体。

关于理解,理解对学生的生活来说,具有普遍的意义和价值。生活是伴随认知的动态的活动过程,这一动态过程贯穿着学生对现实生活和对可能生活的理解。从此意义上说,理解生活或人生的真谛,是教育的基本要求,离开了对学生理解的关注,一切知识、信息、观念都采取灌输、给予、死记硬背、标准化规定的解释等方式,学生的生活就丧失了"理解"这种基本生存形式。那么,教育怎么可能充满对学生的人文关怀?

对话是人与人之间交往的基本方式。学习需要主体与自然世界、社会世界和精神世界的对话,这是一种生命对话。所谓生命对话,是指用生命对待生命,用生命体验对待生命体验,以唤醒生命意识,觉醒生命观念。通俗地说,生命对话就是以心换心、用心育心。对话是人与人之间平等交流的活动,对话的基本前提是主体间的理解。不平等、不民主、不尊重,不可能有真正意义上的对话,只可能是训话。没有理解也不可能产生对话,缺乏理解的对话双方,在交流过程中,往往会产生无尽的误解和冲突;若双方都自说自话,目中无人,也难以通过对话来产生人对人的理解的。对话的内容,即话题,是主体间关注的问题。因此,从本质上看,对话是人对人的理解过程,是人对人的尊重过程,是人对人的精神引导和相互启发的过程。

对话不是简单的交流,而是平等的沟通。教学情境中的"对话"不同于日常生活中人们之间的对话。在教学情境中,"对话"不是简单的"我问你答",或是单纯的"同意或反对",而是具有独立人格的主体在平等与互动基础上的沟通与交流。"对话"是构成师生复合的主体关系的基本形式。教师虽在年龄上长于学生,在学识上暂时优于学生,在人生阅历和经验上比学生丰富,但两者在人格、地位上是平等的。对话不应成为一个人控制另一个人的手段,对话不应是一方对另一方的压制、约束、控制,对话双方应是平等关系,是要建构一种"共生""共存"的平等和谐关系。师生在教学过程中的"对话"是信息沟通的活动,是观念交流的活动,是以主题、问题或话题为中介的交流活动。平等是对话的基础,因而对话不是训话,不是讲话,也不是告诉。师生对话是教学过程中有效的真诚沟通和启发式交流。

对话不是单纯的言说,而是多维的互动。对话是一种教学精神,一种教学理念。对话是教师和学生之间基于教学内容的心灵的交流,精神的契合,它包括知识内容的传授、生命内涵的领悟、意志行为的规范、性格品质的形成。因此,对话并不仅仅局限于言语的交流,它可以是一个眼神、一个手势、一个微笑,每个动作和神情都代表着不同的情感、不同的思想,是师生之间知识的汇聚、思维的碰撞、思想的交锋、情感的融合,是在交流过程中自然而然达成的"共识",而不是计划好的、讲好的,或有某种意志的。对话不单是一种言语行为,更是一种内在的精神活动。教学过程中师生的对话有表层对话和深层对话之别。对话的外部表达形式是言语交流,即表层对话,而深层对话则与理解、反思、批判和建构等活动相关。对话的目的在于启迪智慧、提升观念、深化理解,因此,有发展意义的对话活动应是深刻的、多维的师生互动活动。

对话不是机械的接受,而是生成的理解。对话不是一味地接受他人的思想观点,而否定自己的;也不是强迫他人同意自己的观点,或是努力地去说服、辩解,希望他人的思想和自己的一致。对话是一种双向的交流,交流双方在各自经验的基础上,不断向对方展示自己,在他者中发现自我,在自我中发现他者,这个认识的融合过程也是对他者观点的体验和体认、对彼此差异的认可的过程。在教学中,师生对话不是让学生机械地背诵、积累符号知识,而是使学生形成对知识的批判认识;也不是学生对教师所讲的全盘吸收,而是学生对知识的整合、权衡和认可,从而转化为个人精神整体的一部分。每个学生对生命意义的理解和觉悟,不是靠知识的传授和习得达成的,而是靠生命领悟实现的。

(二)体验与感悟的表达

体验是建立在理解基础之上,以客观对象为中介,通过亲身经历或移情,获得对人生的新的理解的过程。其基本的活动方式是在经历或亲历基础上的理解。体验的结果是体会,体会是一种具有结果性质的理解。杜威认为,经验就是儿童的体验,所以他说,人在经验之中,通过经验,进行经验的改造,而教育作为建构儿童人生、具有生长意义的活动,就是对儿童经验的不断改造或改组。儿童的体会是从活动中来,从做中来,从而他把"从做中学"奉为至上的教学信念和法则。体验有认知的成分,但不是一种单一的认知活动,而是一种理解活动。理解是儿童的生活方式或生活形式,为什么有"理解",还需要有"体验"?这与理解的前提有关。

人在通过把握客观事物来反求诸己的过程中,都有某种理解的"前结构"或"前理解"。海德格尔认为,任何理解的先决条件都由三个方面的存在状态构成:一是"先有"。人必定存在于一个文化之中,历史与文化先占有了我们,而不是我们先占有了历史和文化,这种存在上的"先有"使我们有可能理解自己和文化。二是"先见"。"先见"是指我们思考任何问题所要利用的语言、观念及语言的方式。"先见"会带给我们先入为主的理解。三是"先知"。"先知"是指我们在理解前已有的观念、前提和假设。在理解之前,人必须有已知的东西,作为理解的参照系。理解的"前结构"是理解所必需的,但正是由于"先有""先见"和"先知",导致了理解中的某些"偏见"。尽管"偏见"可能是合理的,但理解可能由于"偏见"而成为一种"误解"。这就要求人在理解的过程中,需要有消除历史与现实之间、存在与可能之间的紧张关系,达到真正的理解的过程。伽达默尔称这一过程为"视界融合"。体验就有着视界融合的意义。

儿童的理解更容易受到"前理解"的影响。在儿童那里,"前理解"不仅仅来源于自身的知识和经验,更多地来源于成人和其他外在的力量。在教育过程中,课程和教材,以及学校教育者确立的教育观念、政治观念、道德观念、人生价值观念,逻辑地预设了儿童的理解,而这些逻辑预设都容易导致儿童对人生的"误解",或者儿童的人生成为被给予的人生,而不是自我建构的人生。标准化、统一化、同步化的教育和教学,给定了所有儿童一致的解释,从而使得儿童在教育中缺失了真正的理解。克服这一弊端的有效途径就是增强儿童在理解过程中的体验,从而,体验便成为一种具有发展意义和理解性的生活形式。

从教育学的角度看,体验是指学生在学习过程中对教材内容内化后,在特定的教育情境中的内心反省、内在反应或内在感受。体验是学生在教育过程中认知、情感和意志综合作用的结果,涉及对自然事物、社会现象和人自身的评价和观点。体验活动既可通过身体力行来进行,也可通过心理移情来进行:把自己置身于某种特定的情境,或设想自己处于某种状态而产生特有的体会。

感悟是在认知、理解、体验的基础上的自我觉醒,是人对生活意义的内在追问。从此意义上说,感悟是学生在生活情景中对自在生活的观照,是学生在认知、理解和体验基础上对可能生活的觉醒。离开了感悟,学生便会不自觉地成为片面生活的奴仆。感悟是一种综合性的学习活动,它包含着认知、理解和体验。从心理学的角度看,感悟既有感性认识的成分,又有理性认识的成分,还有直觉思维的成分;既有理智的成分,又有情感的成分;既是认识的过程,又是实践的过程。感悟的核心是人的自我意识的觉醒。人在生活过程中,"生活世界"为人的感悟提供了对象,认知为感悟提供了工具。而理解、体验则是感悟的必经阶段。感悟作为一种生活形式,强调作为生活的主体的人在生活过程中发挥主体性。感悟是人的自我意识的内在活动,它从来就不可能是被给予的。"悟"是人的生存的一种境界,只有发挥了主体性的人,才能在处理与自然事物、社会事务的关系的过程中有所"悟"。没有主体性的人,是不可能有感悟的。感悟的结果是意义,尤其是人的生活的意义。"悟"的结果是"道",这"道"不是某种具体的技术和策略,而是人生的目的,是人的生存方式。从岩石缝中挺拔而生的松树,人们感悟出的是坚强和刚毅,从玫瑰花中感悟出的是爱慕之情,从滴水穿石中感悟出的是持之以恒,从《农夫和蛇》中感悟出的是对险恶之徒的识别与提防。感悟总是指向事物对人生和生活的意义,没有感悟,人怎么可能自我确立自己的人生观念,更新生活方式,调整自己的人生坐标?

我们的中小学教学最容易忽略的往往就是学生的感悟及其多层次、多形式的表达,或者以告诉的方式教给学生应该感悟到的结果,或者根本不顾学生自己的感悟。对感悟及其表达的忽视,便是对学生精神发育和精神生活的忽视。

(三)交往与经验的意义

交往也是人的一种基本生活形式。交往的实质是人与人之间借助于言语和非言语行动进行的情感的沟通、心灵的对话和人格的相互影响。印度伟大的诗人泰戈尔用诗阐述了交往的本质,即"心灵与心灵相见"。

为什么学生的学习需要交往?因为学生是在人际关系和社会关系中成长、生活的,人的生活、人生是在社会关系和人与人的关系中展开的,即所谓的"人在世界中""人在他人中"。按照马克思主义的理解,人的本质可归结为一切社会关系的总和。处于社会关系中的人,就是在这种复杂的关系中存在、发展,人生的意义就在对社会关系的把握过程之中。每个人都有个性,要理解个性,理解差异,只有通过交往。再者,心理学研究表明,交往是儿童社会化和个性化的必要途径。儿童只有通过与他人交流信息、沟通情感、互通思想,才能更好地理解自我、形成自我。交往是儿童生存和发展的必要活动。

在教育史上,不少教育家特别重视儿童的交往需要,并视其为儿童的一种生活方式。杜威认为,儿童具有"语言社交"的本能,并强调儿童的"社交冲动"是一个巨大的教育资源,他为了利用这一教育资源,试图把实验学校办成"小规模的合作化社会"。在杜威的教育理论和实验体系中,毫无疑问,"交往"是儿童生长或生活的一种重要形式。当然,杜威所强调的"交往"中还包括"合作"。"合作"作为一种生活方式被视为促进学生生长的必要条件。20世纪70年代以来,美国教育界兴起了合作学习理论。合作学习理论认为,课堂是学生人际互动的主要场所,建立合作交往互助的关系,是实现学生群体合作目标的基本手段。而在社会学习理论那里,人际交往技能的学习变得更加重要。这些改革从教育的角度说明交往对儿童生活、生存和发展的意义。因此,可以肯定地说,交往是儿童生活的一种基本方式。交往的人生意义或生活意义是十分重要的。在日常生活和教育生活中,儿童交往有其特性。儿童交往的目的不具有功利性和工具性,其根本意义在于促进发展,形成个性,即人化。儿童交往的对象主要是两大类:成人和同伴。儿童在与成人的交往中,交往双方的平等意义远甚于儿童与同伴交往的平等意义。在学校教育中,儿童的交往活动主要是师生交往和生生交往。儿童交往的背景则应具有教育性和发展性,从这个意义上看,儿童生活的物质空间和心理空间影响着儿童的交往。

交往既是一种学习方式更是一种生活方式。教育过程中的师生交往、生生交往并不应该由教师来决定,交往是学生内在的心理需要或精神需要,因而,交往应渗透在学生生活的每一过程、每一行为。可以说,没有交往就没有理解,没有交往就没有体验和感悟,甚至可以说,没有交往,学生就没有完整的生活。当然,交往不是机械的、重复的、浅层次的小组合作,真正有效的交往是建立在问题解决、复杂情境、多层次互动的基础之上的。深度教学追求有价值的交往。

严格意义上的教学活动,都需要谨慎面对学生的经验问题。只重视间接经验传递的教育,忽视甚至轻视人的生活经验和体验的教育,都不是深度教学。经验,是人在社会生活和社会实践中与客观世界交互作用的结果,是人对客观世界的体验。作为一种结果,经验是指人所经历过的事情,即体验的结果。作为一种过程,经验是指人与外界交互作用的过程,即体验的过程。经验是人生成长不可或缺的要素。在人的精神成长过程中,经验可分为两种:一种是教育性经验,另一种是非教育性经验。教育性经验是指对人生具有启发意义的积极经验或体验,反之即为非教育性经验。人总是在生活过程中不断地通过吸取教训,积累经验,促进经验改进来取得进步的。

经验的教育价值,体现在人的生命成长的全过程之中。对于人的生命成长而言,经验的教育价值是十分重要的。第一,经验是人的生命成长的重要资源和人生财富。经验是人生重要的履历性资源,是人生不可复制的财富。没有经验的生命是苍白的生命。美国课程理论家平纳和格鲁梅特就认为,课程是学生的"生活经验",是个体"履历经验"的重组,是学生生活世界独有的东西。他们主张不要从设计、教材、学程等角度来谈论课程,而要从学生过去经验和未来精神解放的角度来讨论课程。平纳认为,要获得个体的自由和解放,学校教育绝对不能局限于系统化的书本知识,而要考虑个体作为"具体的活生生的存在"的"生活经验",因为"人的生活的深刻性只有在独立个体的生活领域中去寻找",而不能从个体以外去探求。教学如果忽视了学生的生活经验和人生体验,教育活动就丧失了生命的感化力。第二，经验是人的生命观念和生命智慧的基础。人的生命观念不是从天上掉下来的，而是在生命实践中产生的，是从生命体验和生活经验中升华而来的。生命智慧源于人的生活实践，源于对生活经验的概括、总结和提升。所谓"吃一堑，长一智"，就是指人的生活经验的教育作用。生活经验为人的生命智慧生成提供了一种有价值的实践参照和生活基础。教学需要引导学生反思生活经验，提炼生活经验。可以说，一个幸福的、有成就的人生，必定是人生体验深刻、人生经验丰富的人生。从此意义上说，教学的基本途径便是生活经验和生命体验的升华。教学必须促进学生生活经验和生命体验的改造或重组，克服单一的思想说教和观念灌输的局限性。

但经验的改造或改组是有条件的。第一个条件，就是经验的系统化。零散的经验构不成智慧。对人的生命成长而言，系统、连贯的经验才能影响人的生活方式、思维方式和价值观念。杜威认为，连贯性是有效经验以及经验对人发挥教育作用的前提。连贯的经验才具有一致性，才能引起人的思考。零散的、肤浅的、表层的经验，不利于生命智慧的生成和成熟。人，是生活世界中的人。作为生活世界中的人的经验，其实是主体与自然世界、社会世界和精神世界发生关联的结果。经验的连贯性和系统性，要求生活主体在社会关系中生成和发展，自觉地参与到社会生活之中，认识和处理自我与自然环境的关系、自我与他人或社会的关系，以及自我与自我内在精神世界的关系。系统的连贯的经验总是表达人处理各种关系的比较稳定的行为方式和价值观念。在教育过程中，应当引导学生积极走近自然、参与社会、反思自我，成为个体生活的主体、社会活动的主体；丰富他们的人生体验和生活经验，使他们在经验中获得对自然、对社会、对自我的整体认识；引导他们在经验中学习、在经验中成长。第二个条件，就是经验的交互作用。真正的经验是主体与客观世界交互作用的结果，如果主体仅仅受制于环境影响，而不是积极地作用于环境，其获得的经验则往往是被动的经验。具有教育意义的经验，总是能够引起主体反思的经验，从而促使主体自觉地获得人生启迪，重塑自我。经验的交互性，本质上是要求主体能够基于经验反思，对经验加以理性化、观念化，并形成比较稳定的行为方式。

二 学习的层次

学习的边界不是一个物理空间和认知空间的判断,而是一个广域意义的概念。严格来说,任何学科的教学在知识内容上都是有基本范围和界限的,教学活动也是一个有涯的过程,都有时间和空间的局限,但知识的意义达成是无界的。狭隘的学习和教学往往局限于知识符号层面,是一种"点状"学习或教学,而不是意义的广域性学习,不是"网状"学习和立体的多维学习。从深度教学的视野看,无边界学习注重引导学生通过对符号知识的理解,实现知识学习,达成学生成长的五个层次。

(一)科学认知

知识所表达的事物或事务的内在规律,是客观事物内在规律在人脑中的反映,学习的首要基础便是通过符号知识学习来理解事物或事务的本质及其规律,形成对客观事物的科学认知和正确理解。学习的出发点不是学习符号知识,而是通过知识来认识和理解事物的本质,理解事物的内在关系及其规律,理解并建立关于事物和事务的基本思想,形成正确的认识和理解事物的思维方式。深度学习和深度教学之所以注重引导学生在知识的广度、知识的深度、知识的关联度上来理解事物,根本的目的就是要超越表层的符号理解,由符号学习导向科学学习和思想建立。

从科学认知的角度看,学习过程是以理解为基础的学科思想建立的过程,是一个基于理解引发探究的过程。当前我国中小学的教学改革往往把重点放在由谁来发动学习、由谁来引导理解、用什么样的程序来进行符号理解,这种改革仅仅是对学习过程的工具性改变,而难以真正实现学习的发展性价值。从深度教学的角度来说,点状的教学、表层的符号学习之错就在于将学习过程以知识点为根本画地为牢,使得学习过程丧失了理解的深刻性和价值的丰富性。

知识是以符号的形式记录或存在的,符号是知识的外衣或外壳,思想才是知识的内容。从知识的内在构成来看,知识之后是什么?显而易见,是符号所掩盖的思想、思维方式、价值观和思想意识。科学认知是揭示、理解和掌握科学原理、科学思想、科学方法的学习层次,是对符号隐藏的思想和方法的内化过程。知识教学超越符号表征及其现象,必然将走向思想的建立、思维方式的确立、思想意识的形成,以及核心素养的转化。

从内容上看,知识的本质是思想、文化和思想意识。科学认知的核心是理解事物和社会事务的本质及其规律,建立学科思想。所谓学科思想,是对学科事物或学科事物的某些方面或问题的概括性的、总结性的、综合性的、规律性的认识(看法、见解),是人们在对学科事物感性认识基础上进行分析、概括、抽象、整合和辩证等思维活动后的产物。学科思想在各领域中对深化认识和改进实践具有世界观和方法论层面的价值和意义。从学习过程的角度说,学科思想是一系列的学科信息输入人的大脑后,经历一个通过采集、整理、汇总、分析、判断等细节得出一个成形结论的复杂过程,形成的一种可以用来指导人的行为的认识体系。理论上来看,学科思想的形成离不开学科知识。学生学习学科知识的同时,形成了关于认识学科研究对象的学科思想。但是,知识和学科思想之间的关系不是线性的,也就是说,并非知识学得越多,获得的学科思想就会越多。学科思想与学科概念、观点、理念、方法有所联系,也有所不同。概念是事物本质的反映,是对一类事物进行的客观概括表征。概念也是一种思维形式,是人类思维的最基本单位。观点不仅指观察事物时所处的立场或出发点,也可以指对具体事物或问题的看法。理念也是思考活动的产物,已经初步获得理性和实践的支持,但是仍然不够丰满、充实,有待进一步验证、充实、完善和发展。方法指为获得某事物或达到某目的而采取的手段与行为方式。

当然,学科思想的建立是离不开学科逻辑、学科独特的思维方式的。如数学学科中数学思想大多既是思想的具体内容,也是思维方式。历史学科的基本思维方式是反省性思维,是对历史和文化的尊重与觉醒。学科思想对于学科教学而言,是具有陶冶情操、启迪心智、孕育灵魂的教育价值的。

(二)技术体验

知识作为人类的认识成果,总是指向人类不同领域的实践问题的,知识所凝结的思想和方法为人们解决问题提供了有力的支持。从此意义上说,任何知识都内在地包含着技术的成分。技术本身又是关于分析和解决问题的概括性、规律性、普遍性、系统性的总结性观念和系统性的方法与方法论,技术与思想是一对孪生子。思想是对技术本身的哲学思考和理性概括,思想的丰富性和深刻性体现了技术的理性化程度,技术创新本质上是思维方式和思想的创新。因此,知识学习必须在科学认识和理解的基础上,导向技术实践,即问题解决的过程与方法体验。

技术体验,也称为技术学习、应用学习,是学习向更高一级层次学习转化的必经阶段。从科学认知,到技术体验,是知识学习的两个层次。当然这种技术学习并不是指任何知识的学习都要与工具性的技术相关联,而是在应用思想和方法的基础上学会分析解决实际问题。正是因为分析解决问题的需要,知识学习需要从科学认知和理解走向对问题情境的沉浸,导向对知识所凝结的思想和方法的体验与应用。

学习不是一个从符号到符号的过程,而是一个从符号到思想,再到问题情境和问题探究,以及问题解决的过程。问题解决不仅仅依赖于理性思维,也依赖于特定技术环境、主客体相互作用的过程,依赖于手段、工具和环境,也就是依赖于活动。技术体验是由符号学习走向应用、走向问题解决的重要阶段,其本质是应用学习,尤其是指在开放情境中借助一定的手段和条件解决复杂问题的应用学习。在课程标准中,应用学习的基本标准是表现性标准,是关于课程学习过程中学生学业表现的规范,是对学生应用学习方式和学习过程的形象刻画。应用学习的基本目标是发展问题解决能力、动作技能,积累具体科学领域的活动经验,特别是学生在学科经验和学科能力上所能、所应发生的具体变化。表现性标准是学生经历丰富、完整和规范的过程性履历、方法性履历之后所能、所应产生的学习结果。

(三)社会参与

无论是科学知识、社会知识还是人文知识,都具有社会属性,都与人类丰富而复杂的社会现象、社会关系、社会结构、社会运行相关联。知识学习的基本功能之一便是发展学生的社会性素养并促进学生社会化成长,从符号学习走向社会学习。当然社会学习不是简单地参与社会,而是理解社会关系、认识社会现象、体认社会活动,为承担社会责任奠定基础。因此,知识的学习需要时刻伴随着社会理解与社会探究。

学习不是个体自我蜕变的自私活动,只有通过知识学习,理解社会并进入社会,建立自我与社会的关系,学生社会化成长才能够实现。深度教学强调知识学习的深刻关联性,其关键便是建立知识学习与社会成长的关系。因此,学生的核心素养在本质上是进入社会、参与社会的必备品格和关键能力。社会参与不是指教学活动简单地参与到真实的社会情境中去,而是基于多维度建立起知识学习与社会的关联性,通过知识理解建立起主体与社会的联系,构成人与社会的关系,即"我—你"关系,从而使学生思考社会问题,建立社会责任感,发展学生的社会意识、分析解决社会问题的能力,以及各种社会活动能力。

社会参与是学习必须达到的层次,是以科学认知和应用学习为基础,建立自我与社会关系,理解社会结构,探讨社会问题,建立社会责任感的学习,其本质是社会学习。社会学习的最高境界是社会参与,而社会参与是以社会认知为基础,以社会探究、社会服务和社会实践为主体对符号知识的拓展学习。尽管社会学习与社会现实和社会实际具有千丝万缕的联系,但不能机械地把社会学习理解为在真实的社会情境中学习。社会学习的基础依然是知识的社会属性决定的,知识的产生、知识的内容、知识的价值具有强烈的社会依存性。深度教学强调知识学习的充分关联性,尤其是知识与社会背景、社会现象、社会问题、社会生活的内在关联性,这也是教学回归生活世界的根本。

社会学习的根本目的是发展学生进入社会、进入生活、参与社会的意识、责任和能力,直至改造社会的必备品格和关键能力。尽管不同学科、不同知识的社会学习具有不同的途径和方式,但从知识的社会属性和教育的社会属性上看,任何课堂、任何知识、任何教学,都需要把学生的社会性成长作为根本的目标。社会生存能力,社会实践能力,参与社会生活的情感、态度和价值观是学习走向发展的必要条件。

(四)文化觉醒

知识是在实践的基础上产生又经过实践检验的对客观实际的反映。一方面,知识不仅是文化的一种符号,而且是文化的重要载体。符号仅仅是知识的表现形式,它所承载的才是文化内涵,即人们对客观事物和社会事务的本质与属性、人与事物的关系及规律、人的情感与观念、思想与思维的理解,任何知识都承载着特定的文化意义和文化精神。理解、把握并建立学生自我对知识所承载的文化内涵和文化意义的理解,才是真正完整的知识学习。另一方面,知识具有强烈的文化依存性。无论是自然科学的知识还是社会科学或人文科学的知识,都是特定的社会背景、文化背景、历史背景及其特定的思维方式的产物。知识都依存于特定的文化背景。知识学习本质上是文化学习。

文化学习的核心价值是内化知识所凝结的文化涵养。所谓文化涵养,即知识对人的品性的文化滋养。知识是一种"文化资本"的形式,深度教学之"深度"所强调的就是知识的意义系统,是知识的意义系统在学生精神世界中的意义增值。文化的本质是"以文化人",知识习得并不是指对知识的符号习得,而指向的是知识的文化属性,是对知识的文化属性的内化。例如,每个数学定理在数学发展史上都是具有"文化地标"意义的,数学知识的学习不仅是理解并建立数学思想,更重要的是理解和内化数学的文化意义。从文化理解,到文化精神的内化,再到文化觉醒和文化自信,是知识学习走向意义的必由之路。

知识的文化学习需要教学过程具有文化敏感性和文化包容性,在知识学习的过程中高度关切和忠诚表达知识所内蕴的文化背景、文化属性、文化精神、文化价值。具有文化敏感性和文化包容性的课堂教学绝不是把知识仅仅作为一种事实或结论告诉或传递给学生,而是对具体知识做深入的文化分析,向学生表达出或引导学生探究知识的文化属性、文化思想、文化精神和文化思维方式,体现出知识的文化影响力。文化学习的根本标志是超越表层的符号理解,走向文化体认、文化反思和文化觉醒,从而建立文化自觉和文化自信。这对于当前深化课程教学改革具有重要的现实意义。

(五)生命体悟

从教育的角度说,学习是一个人精神发育和成熟的过程,而知识则是学生精神发育的种子。作为一种发展的中介,知识是促进学生成长的基因。如果说科学认知是指向事物和事务的,那么生命体悟则是指向内在自我的。任何知识都具有完善人的理智感、道德感和美感的价值,都有助于学生对自我的认识、对自我的调控、对自我的反思。因此,学习的根本宗旨是导向学生的自我发展。学习的意义感和自我感,是检验学习的发展性的内在标准。生命学习的过程是以知识为基础,实现生命认知与理解、生命尊重与关爱、生命伦理与道德、生命智慧与能力、生命成全与幸福的发展过程。把知识与学生的生命成长、生命体验完全剥离开来,就根本不是教学和学习,而是典型的灌输。生命学习是知识学习的最高境界,是学习和教学的根本意义。所谓"让课堂充满生命活力",根本就不是一种教学技术的思考,也不是教学方法的考虑,而是对学习的意义关怀。

拥有幸福的人生的人,必定是生命主体的自我意识强烈的人。苏格拉底说不经过思考的生活是不值得过的,讲的就是生命的自我感。我国古代思想家曾子说"吾日三省吾身",涉及的也是生命的自我感。糊涂人生、迷失方向、人不自知,都是缺乏生命自我感的表现。培养学生的生命自我感,是教学在教育过程上的一种重要理念。自我,是个非常复杂的问题,近代以来的主体哲学思考的核心问题就是"我"的问题。当一个人总是去追问和思考自己作为生命是怎样存在的问题,就表明他已经开始关注自我了,开始有自我感了。自我感,即主体经过对自我存在和精神世界的认识和理解所获得的体验。所谓生命自我感,是指生命主体对生命存在、生命活动的认识与理解所获得的体验。具有强烈的生命主体意识,能够充分认识自我,时刻意识到自己言行的得失正误,能够时刻找到自己的位置,等等,是生命自我感的基本表征。当主体不能注视自己的时候,自我其实是已经被自我对象化了,生命主体没有与自我同一。人作为生命主体,总是习惯于注视"他人"或"他在",而不习惯于注视自我。生命自我感,强调的就是生命主体对自我生命的关注。生命自我感的形成是以生命主体的理性思维、生命价值意识、生命实践活动为基础的,从根本上看,取决于生命主体的生命自省、生命自觉、生命自悟三种内在精神活动。

一是生命自省。生命自我感,是主体在与外部世界交互作用的关系活动中产生的,是生命主体在与自然世界、社会世界、精神世界发生关系的过程中,对自我生命的认识和理解所产生的体验。离开了"物—我"关系、"我—你"关系和自我关系,就无所谓生命自我感了。生命自我感的形成和建立,客观地要求生命主体开展自我对生命的生存状态、生命的活动过程和人生的境遇加以深刻的反省性思考。自我对生命的反省性思考,即生命自省。生命主体通过自我反省,能够在复杂的关系世界中认识自我、发现自我,并在对生命活动的认知基础上,产生各种生命体验。生命主体需要自省的不是外界对象或事物,而是生命本体的状态。生命自省的价值在于引导生命主体在复杂的生活世界中发现自我。没有生命自省,就没有生命体验。生命自省有助于生命主体对自我存在意义的确认。生命自省是人内在的、生存的基本过程。

二是生命自觉。一个人该怎样去生存?一个人的生活该怎样过?一个人的人生该怎样度过?一个人该怎样寻求生命的幸福?也许每个人都有自己的答案。但得出答案有一个共同的前提,那就是生命自觉。生命自觉是生命主体在自我认知的基础上,遵循生命法律、生命伦理和生命道德,对自我生命行为做自我调控、自我规约、自我律戒。生命自我感强调生命体验,强调尊重生命权利和生命价值,但并非要求生命主体无视外界事物的存在而唯"我"独尊。个体生命的权利、成就和幸福并不以牺牲他人为代价。生命自我感并非"唯我",生命自觉是维护生命自我感的重要保证,是维护生命行为合理性的条件。如果说生命自省是以生命的意义标准和价值标准为依据的,那么,生命自觉则是以生命法律、生命伦理、生命道德为依据的。

三是生命自悟。从个体生命成长的角度看,生命法律、生命伦理、生命道德是外在于生命主体的,是约束生命行为的准则。一个人的人生是否幸福,是否有成就,是否完整,最终还是取决于个体生命的自我觉悟。悟,即领悟、体悟,悟的结果是道,为事之道、为人之道、生存之道、生命之道、人生之道。从生命体验到生命悟道,是生命自我感的基本规律。自我感作为一种体验,包括理智感体验、审美感体验和道德感体验,只有经过自悟这一过程,才能升华为人生之道。培育生命自我感,是教学的第一法则。

第四章

本原物理教学的教学观

第一节 体现物理学科本质

物理学科本质是什么?专家和一线教师言之泛泛,见仁见智,观点各不相同。这与课程标准中没有对此做出论述不无关系。

一 物理学科本质

物理学研究自然界物质的基本结构、相互作用和运动规律。普通高中物理课程标准提出的基本理论第一条就是注重体现物理学科本质,培养学生物理学科核心素养,可见物理学科本质的重要性。物理学科的本质可以概括为对自然界基本规律的研究与理解。物理学是一门以实验为基础,同时高度依赖理论推导和数学模型的科学。物理学的核心目标是探索和揭示物质的基本结构、性质、变化规律以及与能量的关系,通过精确的实验数据和理论计算来验证和预测物理现象。物理学注重实验与理论相结合,实验是验证物理理论、发现新现象和规律的重要手段,而理论则用于解释和预测实验现象,推动物理学的发展。在探索过程中,物理学家们致力于寻找简洁而深刻的物理定律,以尽可能少的假设和原理来解释尽可能多的自然现象,并追求理论的统一。此外,物理学还强调精确与量化,注重精确测量和量化分析,以及普遍性与客观性,即揭示的自然规律应具有普遍性和不依赖于观察者主观意识的客观性。最后,物理学的研究成果不断推动着现代技术的发展,是许多技术领域创新的基石。因此,物理学的本质特征体现在其基础性和内容的丰富多样性上。[1]

1. 基于物理学科本质,体现物理学本身的价值。物理学科为学生提供了关于自然界的基本认识和规律,这些知识是学生进一步学习和理解其他自然科学乃至社会科学的基础。物理学科在发展过程中形成了一整套独特而卓有成效的思想方法体系,如模型构造法、变量控制法等,这些方法不仅适用于物理学本身,也对其他学科的研究具有借鉴意义。

---

[1] 郭玉英,张玉峰,姚建欣.物理学科能力及其表现研究[J].教育学报,2016(4):57-63.

2.基于物理学科本质,提炼学科核心素养。物理学科本质,体现物理学的育人价值并无可替代。物理学科核心素养是学科育人价值的集中体现。物理学科的本质在于揭示自然界物质的基本结构、相互作用和运动规律,以及这些规律如何影响我们的世界。它是一门以实验为基础、以数学为语言的科学,通过观察和推理来构建理论模型,进而解释和预测自然现象。物理学的核心内容包括物质观念、运动与相互作用观念、能量观念等,这些都是从物理学视角形成的关于物质世界的基本认识。基于学科本质提炼学科核心素养,有助于培养学生的科学素养、思维能力、实践能力和创新精神,促进学生的全面发展。可以为物理教育改革提供明确的方向和目标,推动物理教育向更加注重学生能力培养和素质提升的方向发展。可以培养出更加适应社会发展需求的人才,为国家的科技进步和社会发展做出贡献。

3.基于物理学科本质,制定学业质量标准。学业质量标准是衡量学生物理学科核心素养达成程度的重要依据。它基于物理学科的本质和核心素养要求,对学生在不同学习阶段应达到的知识水平、能力要求和价值观念进行了明确规定。物理学科本质,是制定学业质量标准的根本依据,因此,学业质量标准依据学科核心素养及其水平划分主要维度,结合课程内容对学生学业成就表现进行总体的刻画。

通过上述,可以看出物理学科本质与核心素养、学业质量标准、育人价值是不可割裂的整体。同时可以鲜明地看到,物理学科本质具有基础性地位。认识和理解物理学科本质,便于理解学科核心素养的本质内涵,便于理解学业质量评价标准,就能够发挥物理学科独特的育人功能。育人价值则是物理学科教育的最终目标。通过物理学科的学习,学生不仅能够获得知识和技能的提升,更重要的是能够形成正确的世界观、人生观和价值观,具备适应未来社会发展和个人终身发展的必备品格和关键能力。

二 物理学科本质的内涵解读

在确定物理学科本质的基础上,需要进一步厘清物理学科本质中各个要素的内涵,从而为物理学科本质教育的开展奠定基础。

(一)物理知识本质

知识是人类在长期实践探索中对客观现实认知与经验的总结,涵盖直观知识与理论性知识。直观知识关注的是事物的表面特征或外在关系,在心理层面通过感知与直观形象来体现;而理论性知识则深入事物的内在本质或内在联系,在心理层面借助概念与原理来展现。以物理学为例,作为一门严谨的理论学科,它以物理概念为基础,物理定律为核心,构建了涵盖经典与现代物理学及其各分支的严密逻辑框架。

怎样在物理教育教学中进行物理知识本质教育?这就要求教师在物理教育教学中,把握物理知识的实质,揭示物理知识的真谛。例如,在电动势教学中,虽然教材的定义为"电动势等于非静电力将单位正电荷从电源的负极搬运到正极所做的功",但是学生对于非静电力的产生原因及"搬运"正电荷的方式并不清楚,这在一定程度上影响了学生对电动势的学习与掌握。教师通过对电动势概念进行高端备课,以伏打电池为例,揭示了电动势的形成机理:在内电路中,带正电荷的铜板与带负电荷的锌板之间形成了"板电场"$E_{板}$,同时,锌板附近带正电荷的"薄膜"锌离子层与铜板附近带负电荷的"薄膜"电子层形成了"膜电场"$E_{膜}$,由于2个电场的方向相反,于是就形成了等效电场$E_{非}$,$E_{非}=E_{膜}-E_{板}$,由于$E_{非}$不是静电场,故带电离子在$E_{非}$中受到的力属于非静电力。可见,只有深入到微观机制去备课与教学,才能真正触及到物理知识的本质。

(二)物理方法本质

物理学拥有一套相对完备的系统化知识体系及方法论体系。物理方法是在人们探索并改造客观世界的实践中提炼出的行为模式,是理解并改造自然的有效手段,对物理知识的构建起着关键作用,例如物理教学中常采用的比值定义法、变量控制法等。

尽管物理方法与物理知识共同构成了物理学的整体,但严格意义上讲,它们各具特色。物理知识紧密关联客观物质世界,是对其的描述与映射;而物理方法则关乎人类探索物质世界的路径与手段,具有高度抽象性。同时,物理方法拥有其独特的表达形式,常常潜藏于物理知识之后,指导着知识的获取与应用。

物理方法彰显了物理学的本质特征。它并非具体的物理知识,不具备量化含义。每种可表述的、以文字传达的物理方法,都代表了一个范畴或领域。因此,物理方法的教学不能简单地通过传授具体知识的方式进行,也不应孤立地讲解方法本身。它需通过物理概念的构建、实验的操作、规律的探索以及问题的解决等过程,让学生逐步体验、领悟并掌握。物理方法应逐步向学生渗透,因为这一过程更多地依赖于学生的领悟与理解。

以比值定义法的教学为例。中学物理教学中,许多物理量的定义都是采用比值定义法,例如速度、加速度、密度、压强等。比值定义法的运用包括4个步骤,分别是:(1)选取比较的对象;(2)选取比较的标准;(3)研究比较的意义;(4)得到比较的结论。只有按照以上步骤展开比值定义法的教学,才能称为是进行了物理方法的本质教育。除此之外,教师还要告诉学生,比值定义法中位于分子的物理量是优势变量,而位于分母的物理量是非优势变量,二者地位不对等。所以,在速度概念教学中,出现同等时间比位移和同等位移比时间的两种教学方式,其根本原因在于教师不明白比值定义法的物理本质。

(三)物理思想本质

物理思想的发展历程,是从物理学家的"个性化科学探索"逐渐演变为物理学界的"公共科学认知",这一过程中,物理学家的直觉、思考、探索历程及个人体验构成了物理思想形成的关键要素。物理思想,作为独立的知识体系,能够拓宽物理学的深度与广度,引领其不断进步与完善。

为了让学生深入理解物理思想的精髓,需从其特征入手,总结其主要内涵,包括如下物理思想:对称思想、守恒思想、不可逆思想、等效思想、假说思想、比较思想、转化思想、相干思想、量子化思想、相对性思想。

在物理教学实践中如何融入物理思想教育?以守恒与转化思想为例,中学物理中能量的定义强调其作为物体做功能力的量度。然而,诺贝尔物理学奖得主莱尔曼对此提出了不同看法,他认为能量的定义应基于热力学第一与第二定律,并考虑热作为一种能量形式。他指出,能量转化具有不可逆性,且能量在转化中总量保持不变,但做功能力会递减。因此,更准确的能量定义应包含物体做功与传热的能力。这表明,要使学生真正理解能量的本质,除准确定义外,还需深入理解其背后的守恒与转化思想。

(四)物理观念本质

物理观念主要涉及物质观、时空观、能量观及相互作用观。物质观经历了从不连续到连续,再到更高层次的统一;时空观则关注物质存在的基本形式——时间与空间;能量观代表物理学的基本属性,即能量是衡量物体做功与传热能力的标准;相互作用观则强调物质间作用的相互性。

物理观念是物理思想的高度凝练,但并非所有物理思想都能升华为物理观念,只有那些代表物理学最根本的认识,才能被称为物理观念。因此,物理观念相较于物理思想,揭示了更深层次的物理本质。以牛顿力学与相对论为例,牛顿力学认为时间与空间独立,而爱因斯坦则通过洛伦兹变换揭示了它们与物质运动的联系,进而提出了狭义相对论,这体现了物理观念对物理学发展的深远影响。值得注意的是,洛伦兹虽早于爱因斯坦研究时空现象,并提出洛伦兹变换,但由于未能突破经典时空观的局限,故未能率先提出相对论。

(五)物理实验本质

1.实验是重要的科学方法

实验在近代物理学发展中扮演着举足轻重的角色。实验与逻辑推理的结合,开启了物理学的新纪元。物理学作为理论与实验紧密结合的科学,实验是其不可或缺的一部分。无论是验证假说、探究物理量关系,还是检验理论正确性,实验都是必不可少的。物理实验不仅促进了物理学的发展,更成为了科学研究的重要方法。在伽利略开创的实验、物理思维与数学演绎相结合的科学方法指引下,经典物理学逐渐从自然哲学中独立出来。

物理实验是人类利用物理仪器和设备,在控制条件下,排除干扰因素,重复研究物理现象及其规律的活动。

2.物理实验具有科学探究的本质意义

物理实验及所采用的科学思维方法,体现了科学探究的本质特征,是人类认识世界的有力工具。物理实验开创了人类科学探索自然奥秘的先河,如天电的引入、磁生电的探索、光电效应的研究等,不仅发现了自然规律,推动了生产方式变革,改善了人类生活,还增强了人类的科学探究意识和能力。

物理实验的探究过程、方法及成果,特别是所形成的探究意识,丰富了人类的物质生活和精神生活。探究为人类发展提供了不竭动力。物理实验是手脑并用的科学活动,要求学生理解实验原理、观察实验现象、操作实验仪器并处理实验数据,从而不断提升物理实验能力。在实验教学中,应视实验为操作与思维相结合的活动,因为实验操作离不开思维的指导,而思维也具有动作属性。因此,操作与思维只是动作的不同表现形式,知(思维)与行(操作)是统一的。

根据皮亚杰的理论,人的认识既包括物质性的操作(使用物理工具在实物上进行),也包括精神性的思维(使用符号工具在头脑中进行)。因此,在物理实验教学中,应同时关注实验的操作过程与思维成分,重视操作与思维的辩证关系,以避免实验活动与物理实验的本质相悖。

(六)数学本质

从物理学的学科本质来分析,一般认为,实验是物理学的基础,理论是物理学的主干,而数学则是物理学的语言和工具。这是因为,要使物理学的学科结构能够反映出自身的基本概念、原理和基本方法之间的关系,并使物理学的表述上升到定量层面,仅凭单纯的语言文字是难以胜任的,必须有数学的参与才能完成对物理学理论的真正描述。[①]因此,数学是物理学的一部分,物理学科本质的构成要素应该包括数学。

杨振宁在《美与物理学》中,给出了物理学领域,如图4-1所示,该图对理解物理学科本质与数学的关系具有重要启示。杨振宁指出,19世纪后半叶的许多实验工作引出了普朗克的唯象理论;经过爱因斯坦和玻尔的研究,又有了一些重要发展,但这些都还是唯象理论;最后通过量子力学的产生,物理学研究才步入理论架构的范畴。

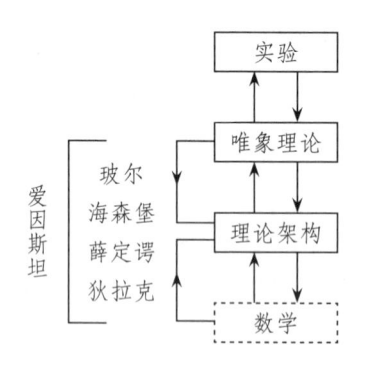

图4-1 几位20世纪物理学家的研究领域

---

① 邢红军,董鑫鑫,石尧.论物理学科本质及其对物理教育的启示[J].物理实验,2022(4):57-63.

杨振宁给出的物理学领域图中,虽然把数学也列在其中,并且置于最基础的位置,但却以虚线标明,以示其与实验、唯象理论和理论架构的区别与联系。杨振宁曾经用长在根茎上的"双叶"来形容数学与物理学之间的关系。一片叶子是物理学,另一片叶子是数学,两者生长在共同的根茎上,重叠的地方则是二者之根,二者之源。这充分说明了数学与物理学的同源关系。

(七)科学精神本质

科学精神的核心体现在对真理的不懈探求,对创新的崇尚,以及对事实的尊重上。它鼓励人们持续追寻真理,勇于质疑并创新,坚持在真理面前人人平等的原则,通过质疑不断推动物理学知识体系的进步。科学精神既尊重物理学已有的成果,也倡导理性的质疑,不承认任何权威与教条,相信物理学的发展永不停歇,并激励人们发现并创造新的物理学知识。科学精神的本质在于,所有物理学假设和结论都需经过实验的验证才能获得认可,实验被视为验证真理的最高标准。此外,科学精神特别强调对事实的尊重,反对任何形式的虚假和篡改数据。

在基础教育阶段,《中国学生发展核心素养》将科学精神定义为学生在学习、掌握和运用科学知识与技能过程中所形成的价值观念、思维方式和行为特征,这包括理性思维、批判质疑与勇于探究3个要素。

理性思维是科学精神的内在基础和动力。包括:崇尚真知,能理解科学原理和基本方法;有实证意识和严谨求实的态度;逻辑清晰,能运用科学的思维方式认识事物并解决问题;等等。

批判质疑是科学精神的核心,构成了科学精神的内核。包括:具有问题意识;能够进行独立思考与判断;能从多角度、辩证性地分析问题,并能做出相对最优的决策。

勇于探究是科学精神的外在表现,是科学精神发展的评价依据。包括:敢于克服困难,具有坚定不移的探索精神;不断尝试,积极探索高效的问题解决方法;等等。

(八)人文精神的内涵

尽管物理学属于自然科学范畴,但其本质中仍蕴含着丰富的人文精神。这是因为物理学作为客观存在的知识体系,其最终目的在于服务人类的生存与发展。

科学精神与人文精神都是人类文明的重要成果,它们相辅相成,共同体现了人类对真善美的追求。科学精神注重求真务实,关注为人处世的外部表现;而人文精神则关注人的内心世界,是人生观、价值观和世界观的集中反映。人文精神包含人类对理想和信念的不懈追求,对美好品德的颂扬以及对普遍价值的向往。科学精神与人文精神如同并行的双翼,千百年来在人类的文化遗产中和谐共存,科学精神为人文精神的实现提供了保障,而人文精神则为科学精神指明了正确的方向。

爱因斯坦是一位深具人文情怀的物理学家。二战后,他深刻认识到核战争对人类生存与发展的威胁,因此不遗余力地为"反对核战争"而奔走呼号。在他去世前一周,他仍致力于人类和平与预防核危险的事业,郑重签署了《罗素—爱因斯坦宣言》,呼吁防止核战争。在爱因斯坦反对核武器滥用的十年间,他不断发出政治伦理的呼吁,建议消除和管控核武器,有效地减缓了核军备竞赛,使人类得以摆脱"核威胁"和"核讹诈"的阴影。

朗道同样是一位杰出的物理学家,但他的行为却展现出了典型的学阀作风。1932年,朗道带着振兴苏联理论物理学的愿景和计划,出任乌克兰物理技术所理论部主任。朗道的学生皮亚季戈尔斯基担任力学项目负责人,出于对国家发展利益的考虑,在雷达项目上对朗道的追随者科列兹提供了不利证词,结果遭受了朗道长达20年的学术打压。朗道的这种学阀作风和处事方式,使得其学派内的学生不得不完全服从他的安排和要求,这充分暴露了他缺乏人文精神的人格特质。[1]

---

[1] 邢红军,董鑫鑫,石尧.论物理学科本质及其对物理教育的启示[J].物理实验,2022(4):57-63.

第二节 强化学科技能教学

物理学是一门以实验为基础的自然科学,物理实验可以总结出物理规律,也可以对物理理论进行验证,以实验为基础,是物理学的最基本的特征。实验是科学发展的基础,是检验科学理论的唯一标准。物理实验是工作者在人为控制条件下,运用仪器、设备,使物理现象反复再现,从而有目地进行观测研究的一种方法。

一 提高物理实验课程的教学品质

提高实验教学质量的主要途径在于优化演示实验、分组实验及课外实验的执行效果。演示实验需紧密围绕教学目标,精心规划实验步骤,挑选与学生日常生活贴近的实验工具,旨在攻克教学难点,点燃学生的学习热情。分组实验则应以实验目标为指引,科学构建实验方案,强调操作规范,并促进实验过程中的展示与讨论,以此培育学生的科学思维能力。至于课外实验,应着重加强家庭与学校之间的合作,营造良好的学习氛围,并增强小组间协作的意识。

(一)如何提升演示实验的质量

演示实验是为了揭示研究问题的发生和发展,启发和引导学生进行观察和思考,以教师为主要操作者的表演示范实验。它的目的主要是把要研究的物理现象展示在学生的眼前,引导学生观察思考;配合讲授或穿插学生讨论,使学生认识物理概念和规律;或者通过演示的引导和示范作用,为学生独立进行实验操作创造条件。演示实验在中学物理实验教学中占有很大的比重,而且是一种深受学生欢迎的实验形式。它是教师施展教学艺术的独特手段,能够化枯燥为生动,化抽象为具体。演示实验的内容和方法有很大的灵活性:同一课题,教师可以用现成的设备,也可以用自制教具进行演示;同一个演示仪器,教师可用于引入课题,也可用于巩固。

1.明晰目标:设计演示实验的出发点

教学目标是教学活动设计的基石,涵盖知识掌握、技能培养、过程体验、方法运用以及心智发展和价值观塑造等多个维度。演示实验作为物理教学的关键环节,其设计应紧密围绕这些目标,通过精心策划的实验主题、内容、节奏及器材选择,确保实验既能传授知识,又适应学生的认知水平,从而增强实验与学习的关联性。明确教学目标是提升演示实验成效的先决条件。

2.精设环节:把准实验展示的节奏点

演示实验在教学中的位置及其内部流程均需根据教学目标精心安排。不同的实验在不同的教学环节展示,其效果差别很大。例如,旨在激发学生兴趣的实验宜置于课程开头,而具有问题引导、解释说明、探究发现、验证理论及体验性质的实验则更适合在教学过程中穿插。合理预设实验环节,能有效促进学生知识体系的构建,教师应准确把握实验展示的节奏。

实例说明:在演示大气压存在的实验中,教师利用阴阳壶与纯净水桶,通过水的颜色变化及燃烧酒精后桶的形变,创造出既惊讶又引人入胜的效果,非常适合作为课程的引入,能极大地激发学生的学习兴趣。

3.贴近生活:精选实验器材的着重点

选用贴近学生生活的实验器材,不仅便于教师获取与制作,还能有效降低教具开发成本,同时增加实验的吸引力。学生对日常生活中熟悉的物品转化为实验器材感到新奇,甚至可能自己动手尝试。因此,生活化是选择实验器材时的重要考量。

实例说明:教师利用洗衣机排水管、矿泉水瓶、简易水泵及红色水等简单材料,模拟电流流动,不仅材料易得、装置易制,而且实验效果直观,生动展示了电流的形成机制及串联、并联电路中电流的特性,有效促进了学生对电学概念的理解。

4.解析现象:重点难点突破的落脚点

解析实验现象,指的是教师对展示性实验进行详细的阐述与阐释。教学重点,是教师根据课程标准及教材中知识的核心价值所界定的最关键的知识要点。而教学难点,则是教师基于课程标准、教材内容以及学生的实际学习情况,识别出的学生在学习过程中易感到困惑或难以理解的知识部分。

每一堂新课都应围绕一个明确的教学核心展开,这一核心往往聚焦于构建某个概念、法则或原理。这些概念、法则、原理既是教学的核心内容,也可能成为学生理解的难点,因其抽象性而难以被学生轻易掌握。在构建这些知识点的过程中,通过对关键演示实验现象的深入解析,可以有效攻克教学的重难点。因此,对关键演示实验现象的细致解析,成为了突破教学重点与难点的核心策略。

教学实例说明:教师利用矿泉水瓶、橡皮膜、橡胶管、透明玻璃缸等实验工具与材料进行实验展示。通过实验现象,教师解释了液体内部向各个方向均存在压强,且在液体内部同一深度,各方向的压强相等,以及深度增加时,液体压强随之增大的原理。这一实验演示有效地突破了"探索液体压强影响因素"这一学生必修实验的教学重难点。

5.师生共演:激发学习兴趣的关键点

演示实验并非只能由教师单独执行,若能让学生参与其中,与教师共同完成,则不仅能极大地激发学生的学习热情,还能锻炼学生的实践能力及团队合作精神。师生共同参与实验演示,正是点燃学生学习热情的关键环节。

(二)如何提升课内分组实验的质量

分组实验也称学生实验,是学生在教师的指导下独立操作的课堂教学过程,有测量性实验、探究性实验、验证性实验等。分组实验可以帮助学生熟悉仪器的基本原理,验证和巩固基本规律并学会整理实验数据。

1.明确目标:探索问题的起点

在设计任何形式的分组实验时,首要任务是辨识并清晰界定实验旨在解决的具体问题,也就是要明确实验的核心目标。教师唯有在深入理解并明确了实验目标的基础上,才能有效地规划后续的实验设计方案、确立实验操作的标准流程、展示实验过程,并构思出一系列逻辑上层层递进的问题,以引导学生发展科学思维能力。因此,明确目标成为了我们探索实际问题的起始点。

《义务教育物理课程标准(2022年版)》中的课程内容的第四个一级主题是实验探究,明确规定了学生必做的两类实验,一类是测量类学生必做实验,另一类是探究类学生必做实验。测量类学生必做实验的实验目的都是测量某物理量,而探究类学生必做实验的实验目的往往是探究某一物理量与哪些因素有关,或者几个物理量之间的关系,或者某一过程中的物理量的变化特点和规律等。[1]

2.设计方案:解析问题解决的策略

一旦分组实验的目标得以明确,接下来的关键步骤便是基于这一目标,精心规划实验的具体方案,深入探究解决问题的多种可能途径,并从中筛选出最符合学生认知水平、最为高效的问题解决路径。因此,规划方案的过程,实质上是对问题解决策略的深入解析。

以设计探究性实验为例,首先应将整堂课的教学目标细化为几个可独立探究的科学问题;随后,紧密结合新课程标准中强调的科学探究四要素——问题提出、证据收集、解释构建、交流分享,灵活运用不同的探究教学模式和科学方法,针对这些问题展开深入探究。在探究模式的构建上,主要存在两种策略:一是通过归纳法构建模式,所得模式称为"归纳式探究模式";二是运用演绎法构建模式,所得则称为"演绎式探究模式"。

3.规范操作:培育科学习惯的途径

对于学生必须完成的实验,不论是测量类还是探究类,教师都应高度重视实验整体的规范化操作以及特定测量工具的正确使用方法的设计与执行。整体规范操作涵盖了根据特定条件与情境设计实验流程、选取合适的测量工具以收集数据、撰写实验报告以交流并评估科学探究的过程与成果等多个方面。不论是整体实验的规范操作,还是测量工具的具体使用规范,教师都应引导学生先进行理论学习,随后在实际操作中深化理解,而非依赖大量的习题练习来替代真实的实验体验。实验的整体操作规范与测量工具的使用规范,唯有通过亲身实践,才能在学生心中留下深刻印象。因此,强调实验的规范操作,是培育学生科学习惯的重要途径。

---

[1] 孙英杰,周勇.提高初中物理实验实施质量的几点思考[J].物理教学,2023(1):29-31.

4.展示过程：深化知识理解的桥梁

在完成实验操作并收集到数据后，教师应鼓励学生进行实验过程的交流与展示。在准备表达与交流的过程中，学生必然会在脑海中系统地回顾并整理提出的问题、实验设计方案以及实验过程，这一整理过程实际上是学生深化知识理解的实用桥梁。因为，只有真正理解的内容，才能逻辑清晰地传达给他人。所以，实验过程的展示与交流，是促进学生深化知识理解的有效桥梁。

5.问题导向：塑造科学思维的关键

思维的启动与推进往往依赖于问题，从某种意义上说，问题解决的过程就是思维的过程。同样，在初中物理探究类实验的实施中，可以通过一系列逻辑上递进的问题来引导学生，培养学生的科学思维。因此，教师设计合理且连贯的问题序列进行引导，是塑造学生科学思维的关键所在。

（三）如何提升课外实验的质量

课外实验是指在课堂教学之外，由学生自主或在教师指导下进行的科学实验活动。这些实验通常与课堂教学内容相关联，但又不完全局限于课内所学，旨在通过实践操作来加深学生对科学原理、概念及实验技能的理解和掌握。

1.家校联动：营造学习环境的框架

家校联动机制强调的是学校、教师、家长与学生四方的紧密协作，共同推动课外实验活动的有效展开。学校方面，可以在课余时间开放实验室资源，为学生提供实验场所；家庭方面，课外实验的成功实施依赖于教师的专业指导、家长的积极支持以及学生的主动参与。因此，家校联动构成了一个营造积极学习环境的有效框架，有助于课外实验的顺利进行。

2.团队协作：培育团队精神的过程

团队协作模式鼓励学生以小组形式参与课外实验活动。鉴于个体能力和行为的局限性，小组合作能够促进成员间的优势互补，形成协同效应。长期坚持这种团队协作方式，不仅能够提升学生的实验技能，更重要的是能够培养他们的团队合作精神和集体意识。

3.走进生活:物理源于生活的演绎

课外实验的实施应当紧密联系学生的日常生活,鼓励学生从生活中的实际问题出发,探索其中蕴含的物理原理。通过模拟生活现象,运用所学物理知识解释这些现象,或以解决生活问题为目标进行实验,体现了"从生活走向物理,从物理走向社会"的教育理念。这种生活化实践方式,有助于加深学生对物理知识的理解。

4.问题解决:激发创新思维的火花

教师应设计贴近生活的实践性任务,引导学生在解决问题的过程中深入思考。例如,在学习"光的折射"后,可以布置任务让学生自制彩虹并记录下来,同时简要阐述彩虹形成的原理。这样的任务不仅能够锻炼学生的实践能力,更重要的是能够激发他们的创新思维和想象力。

5.搭建平台:彰显实验成果的舞台

为了激励学生持续参与课外实验,教师需要搭建一个展示平台,让学生有机会展示自己的实验成果。这个平台可以是线上社群,如班级微信群,也可以是线下的课前展示、班会展示等。通过成果展示,学生可以获得成就感,同时教师也能及时发现并纠正学生的错误操作和观念,为提升学生的动手能力、表达能力和科学思维提供良好机会。

综上所述,为了提升课外实验的质量,应重视家校合作以营造学习氛围,采用小组合作形式培养学生的合作意识,将实验融入学生生活以加深理解,设置问题解决任务激发创新思维,并搭建平台展示学生实验成果。课内实验则需紧密围绕教学目标,科学设计实验环节,选用生活化实验器材,突破教学难点,激发学生的学习兴趣,同时注重实验操作的规范性和实验过程的交流展示,以促进学生科学思维的发展。[①]

二、构建物理实验教学课堂新范式

初中生的思维正处于从形象思维向抽象思维过渡的关键阶段,他们展现出

[①] 孙英杰,周勇.提高初中物理实验实施质量的几点思考[J].物理教学,2023(1):29-31.

活跃的思维与强烈的好奇心。物理实验因其真实、直观、形象及生动的特性,对学生产生了极大的吸引力。然而,调研揭示了一种普遍现象:教师在课堂上往往倾向于"讲实验"而学生则"听实验",或是教师"做实验"而学生仅"看实验"。尽管有些课堂安排了分组实验,但实际上留给学生亲自动手做实验的时间却非常有限。这种情况导致实验教学目标的实现程度严重不足,实验教学的宝贵教育价值被忽视。为了转变教育理念、规范教学行为,并充分发挥实验教学的作用与功能,急需采取相应措施。国内有学者构建了"玩—活—动—用—乐"五环节实验教学课堂范式,有效促进了学生学科核心素养的养成。[1]

(一)构建

针对初中物理实验教学,"玩—活—动—用—乐"五环节实验教学课堂范式直接聚焦于教学主体,旨在通过教师的教学行为引导学生积极参与学习过程,其结构如图4-2。具体来说,"玩"是指学生在课前自主进行小实验活动,以此增强他们的实践勇气和参与热情,在"玩"的过程中获得体验;"活"则是指课上教师设计的小实验活动,学生通过参与来加强梳理总结和口头表达的能力,在"活"的氛围中领悟物理原理;"动"强调的是学生全员参与的分组实验活动,通过实践来巩固科学观念和研究方法,在"动"的状态下辩证物理规律;"用"是指学生通过分析、论证及分享物理现象、数据和结论的实验活动,锻炼运用知识和科学方法的思维,在"用"的实践中融合物理理论;"乐"则是指学生在课后探索新颖未知的实验活动,激发他们的问题意识并优化实践行动,在"乐"的体验中实现创新。

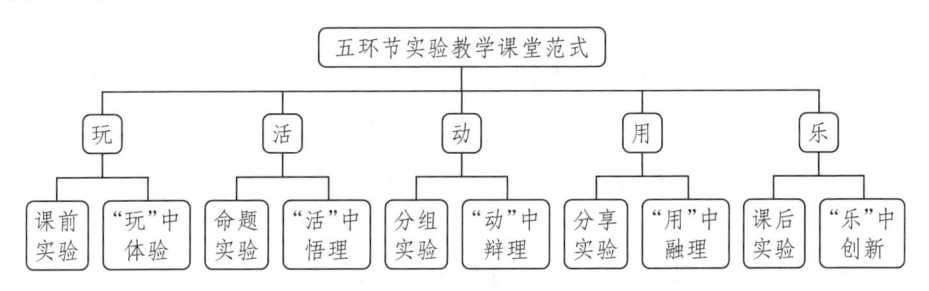

图4-2 五环节实验教学课堂范式结构图

---

[1] 孙玉杰,邓晓琼,李星辉.构建"初中物理实验教学课堂范式"的实践研究[J].物理教学,2023(3):50-52.

(二)举措

1. 点燃兴趣火花,驱动内在学习动力

教师应把握学生学习物理的黄金时期,通过精心策划与简化,构建既富有趣味性又贴近生活的真实实验教学环境。借助可重复的实验操作,让学生亲身体验探索的乐趣与成功的喜悦,从而树立内在学习目标,引领课堂教学向实验教学转型。

2. 拓展实验维度,强化科学素养培育

通过实施学生自主小实验、体验式活动、教师示范及小组合作实验等多种教学模式,积极引导学生自主、合作与探究学习。激发学生的学习热情,鼓励动手实践与思考并重,在趣味中构建物理概念,深化学生对物理规律的理解,把握其内在逻辑与联系,提升问题解决能力及科学思维水平,全面培养学生的实验探究能力与核心素养。

3. 增强学科技能,构建科学思维体系

在实验教学中,教师应鼓励学生对实验现象提出独到见解,探索实验方法的创新。通过多元途径开发与创新实验课程,确保实验活动贯穿物理教学的始终,深度融合学生思维,体现物理与生活的紧密联系,最终实现知识的实践应用,全面提升学生的综合素养。

(三)探索

1. 在"玩"中体验

"教育的本质在于点燃热情而非灌输知识。"遵循教育规律与物理学科特性,教师应自课程之初即引导学生踏入物理实验的世界。精心设计的学科实验活动对于激发学习兴趣、挖掘学习潜能至关重要。将"玩"融入课堂,为学生带来惊喜。

例如,提前进行实验预演,每节课前预留3分钟用于小实验展示,每学期初期设定每周实验主题及所需材料、步骤,由学生自主选择。随着技能提升,学生开始自主从书籍与网络中选择实验内容。一学期下来,每位学生都有机会展示个人小实验,这一系列的实践活动极大地激活了学生的思维,增强了他们的参与感与成就感。

2.在"活"中悟理

课堂是教学的核心场所。随着课前小实验展示活动的持续深入,物理实验在课堂上愈发频繁。教师不仅要让学生知道结果,更要引导他们理解原因。为此,教师可设计实验活动,逐步引导学生从描述现象("是这样")过渡到探究原理("为什么是这样")。

在"摩擦力"一课中,一位教师设计了四个实验活动。

活动1:"拉不开的物理书"。

活动2:"刷子滑动时刷毛向哪弯"。

活动3:"筷子提米"。

活动4:"捉泥鳅"比赛。男生徒手捉泥鳅,女生手上套澡巾捉泥鳅。

教师:依据上述活动及你的生活经验,描述一下什么是摩擦力呢?

前两个活动使学生认识并感受了摩擦力的存在,帮助学生理解并归纳摩擦力的定义,后两个活动为学生猜想"滑动摩擦力的大小可能和什么因素有关"做了很好的铺垫。

3.在"动"中辩理

分组实验是以学生为主体开展的自主、合作、探究性的学习活动。通过学生"动"手实验,观察实验现象,"动"脑分析、讨论、归纳实验过程和数据,依据所学知识发现规律、得出结论,真正地体验物理科学研究的全过程。

"摩擦力"教学片段:

教师:根据前面的活动体验和生活经验,你觉得滑动摩擦力的大小跟哪些因素有关?汇报时说出你的依据。

学生:因为手上套了澡巾捉泥鳅比徒手捉效果好,所以我认为摩擦力的大小可能与物体表面的粗糙程度有关。

学生:我认为可能和接触面所受的压力大小有关。

教师:你为什么会有这种感觉?

学生:当我的手用力压在桌面上滑动时,感觉桌面在阻碍我的手滑动。

教师:还有别的想法吗?

教师:同学们试着体验一下,伸出你的手,将它平放和侧放在桌面上滑动。你的感觉一样吗?

学生:我感觉侧放在桌面上滑动时更容易一些,说明摩擦力的大小可能与接触面积的大小有关。

学生:我感觉手在滑动时速度不一样,摩擦力的大小也不一样。

教师:同学们认为这些因素可能与滑动摩擦力的大小有关,滑动摩擦力的大小究竟与什么因素有关,需要通过实验来验证。实验时我们应该采用什么方法来验证呢?

学生:控制变量法。

教师:举个例子,当我们想研究滑动摩擦力的大小与接触面的粗糙程度是否有关时,我们该怎么办?

学生:控制压力大小、接触面积大小和速度不变,改变接触面的粗糙程度。

教师:怎样测量滑动摩擦力的大小呢?同学们的桌面上有器材,你们可以试试看怎样测量滑动摩擦力。

学生:可以用弹簧测力计测量。

教师:可是弹簧测力计测量的是拉力,而不是摩擦力呀。

学生:用弹簧测力计水平拉动木块做匀速直线运动,根据二力平衡的知识,滑动摩擦力的大小等于拉力的大小。

学生结合生活经验,做出有理有据的猜想并不困难,但是从猜想到设计有条理的逻辑分析过程进行探究,需要科学的方法做支撑。教师放手给学生,让学生亲自经历实验探究的过程,体会学习的乐趣,可以培养学生科学思维、科学态度和精神。

4.在"用"中融理

交流、评估、反思的过程,是促进学生合作学习和提升科学思维能力的最好时机。学生适时解决实验探究活动中遇到的实际问题,将所学知识融会贯通,学以致用。

在完成"探究浮力的大小是否跟物体浸在液体中的体积有关"的实验活动后,学生反思教材中的实验方案,其对待科学严谨的态度,打破了教学常规。

学生1:我认为教材中的探究方法没有控制物体浸在液体中的深度不变。

学生2:教材中探究的是浮力的大小是否跟物体浸没的体积有关,那浸没前呢?

在学习"摩擦的利用与防止"时,一位教师有这样一段设计。

教师:如何解决在雨雪天或泥泞路面上汽车容易打滑?用遥控小汽车来模拟。

学生方案1:给车上放橡皮增加自重。

学生方案2:将前车轮抬起减少接触面积。

学生方案3:在打滑的车轮前面垫棉布增加接触面的粗糙程度。

学生方案4:给车轮上缠绳子增加接触面的粗糙程度。

学生方案5:可以尝试先倒车再前进。

学生方案6:慢慢晃悠再突然加速。

……

第一个方案演示时没有成功。一位学生否定了第二个方案,认为真实的汽车很重两个前车轮同时抬起不现实……经过模拟实验和小组讨论,学生得到多种可行的方案,所学知识和生活经验给了他们融理的底气。知识在运用中得到强化,学生的思维能力让人叹服。

5.在"乐"中创新

课堂是学习交流的场所,课外是探索的延伸,是快乐探究的广阔天地。从课前小实验到课中实验探究,学生不断探索新知,挑战疑难。教师通过精心设计实践性的作业和课后服务的方式,使学生对课堂的活动进行改进或创新,引领学生发现新问题,扩充学生个性化的学习与发展空间,使学生收获探究的成功,享受探究的快乐。

例一:在"摩擦力"一课,教师布置学生课后查阅气垫船的工作原理,自制"气垫船"。在自制过程中,巩固知识,强化应用,提升动手操作能力和实践能力。

例二:在"重力"一课,教师抛出了一个火爆网络的谎言,"扫把可以在地球引力最小的一天站立起来",引导学生用实验还原真相,用真理战胜谎言。

例三:一个学生在课后遇到一道棘手的题目"试管开始插入的深度h满足什么条件时,它刚好可以向上爬升?",百思不得其解的情况下,教师为她找来器材做了"试管爬升"的小实验。一个看似简单的实验,师生共同做了十几次才成功,屡次尝试的过程帮助学生理清了思维脉络,问题顺利得到解决。

例四:学生在课后把准备好的小实验录制成小视频,上传到班级的学习空间,同学们进行互评,既提高了学习的兴趣,拓宽了视野,又提高了实验操作能力。

创新实践性作业和课后服务的内容是多样的、有针对性的,既不脱离课程标准,也不丢失教学目标,这样的安排克服了课后服务是课堂教学的延伸或与教学游离现象,有利于构建课后优质服务体系以满足学生个性化发展需要。

总之,五环节物理实验教学课堂范式的实施,使学生感受到学习也是一种乐趣。通过实验活动,学生感受了实验的乐趣、成功的喜悦和物理学之美,激发了学习的动力;通过亲历实验探究的过程,学生初步掌握了研究物理问题的方法,体会用物理学为人类社会服务的意识。通过对实验教学课堂范式的实践研究,将物理学科核心素养的培育融入师生的学习和生活中,教师进一步落实以实验教学为基础,回归物理学科的本真教育。研究形成具有实效意义与创新意义的物理实验教学特色,改变了初中物理实验教学的现状,促进了物理教师专业技能的提高和学生科学素养的发展。

三 聚焦科学探究的核心要义

美国的《国家科学教育标准》指出:科学探究指的是科学家们用来研究自然界并根据研究所获事实证据做出解释的各种方式;科学探究也指的是学生们为获取知识、领悟科学的思想观念、领悟科学家们研究自然界所用的方法而进行的各种活动。科学探究对学生来说,不仅是学习的内容,也是一种独特的学习方式,它融合了领悟知识、形成能力的认识与实践过程。在这一过程中,学生不仅能获得探究的直接体验,还能构建起对知识的深刻理解,并对知识和探究过程进行反思。[①]

(一)筑牢科学探究的根基:物理知识的建构

物理知识作为科学探究的载体与基础,其重要性不言而喻。没有知识的积累、铺垫与支撑,科学探究就如同无米之炊、无根之木,难以进行。在探究教学的各个环节中,学生的知识始终发挥着关键作用,无论是事实性知识的记忆与回忆,概念性知识的理解与应用,还是技能、方法等程序性知识的了解与掌握,都与探究教学紧密相连。通过探究教学,学生运用已有知识与方法去探索未知,逐步深化对新知识的理解,最终实现知识与能力的双重增长。

---

① 李雪林.物理教学要体现科学探究的本质[J].物理教师,2016(12):9-11.

在物理教学中,一些教师过于强调"做科学"以培养学生的科学技能,却忽视了"学科学"在促进学生科学知识构建与概念转变中的重要作用。这种片面的"探究"忽视了学生的知识背景与知识获得过程,仅仅为了"探究"而探究,实则是一种假探究。因为真正的探究是不能与知识及其构建过程相分离的。

教学实例:

在探究"加速度"概念的教学中,教师提出问题:我们已经用位移、速度这两个概念分别来描述运动的位置变化和运动的快慢,那么,物体的运动是否还有新的特征需要我们用新的物理概念来加以描述呢?

教学片段:

过程1:让学生对生活中常见的现象进行描述和分析。

例如,在多个车道的十字路口,车子遇到红灯而停在各自的车道上。当绿灯亮起时,这些并排的车子几乎同时启动并沿直线通过路口中,不同车子通过路口的运动有什么不同?

过程2:展示现象,让学生做定性的观察和分析。

例如,给学生播放法拉利跑车与幻影战机比赛的视频,然后布置任务:请同学们用 v-t 图像描述两者的运动,并作出解释。

过程3:进一步进行实验研究和现象分析。

例如,让学生利用打点计时器,研究物体在不同倾角的斜面上的运动,根据打出的纸带上的点,分析物体的运动,通过有力的数据分析辨别出新的运动特征。

点评:

在学生辨别出物体的运动还可能具有"速度变化快慢"这一特征后,就可以顺利地引出"加速度"的概念,并引导学生去建立"加速度"的表达式。

部分教师对"加速度"概念的探究式教学持保留态度,质疑道:概念本身是否需要探究?事实上,物理概念所涵盖的属性或特征,需经由持续且深入的观察与思考方能逐渐掌握,因此,对概念进行探究是必要的。在"加速度"概念的探究中,首要步骤是引导学生探究物体运动,从中辨识出"速度变化快慢"这一关键特征,理解加速度的物理含义,随后再推导出其定量表达式,并进行更深入的探讨。

探究过程不仅使学生能够积累解决实际问题的经验,掌握相应技能,更重要的是,它能促使学生基于问题分析,构建相关的原理性知识,形成对问题的准确理解。这些新知识和学习经验是学生在探究之前所不具备的,它们是在探究活动的进程中逐渐被认识并构建起来的。因此,科学探究实质上是学生知识构建和增长的过程。探究教学并非旨在削弱物理知识的学习,而是旨在转变传统的灌输式教学方法和学生的学习方式。

(二)提取科学探究的精华:科学方法的学习

物理学,作为一门方法论性质的科学,其特性凸显了物理教学中科学方法教学的重要性。科学方法,作为人们在长期实践中形成的思维与行为模式,是联结知识与能力的关键桥梁。在中学物理教学中,强化科学方法训练能显著提升学生学习物理知识的能力,犹如"授人以渔",让学生掌握终身学习的方法。

《普通高中物理课程标准》明确指出,学生应"体验科学探究过程,了解科学研究方法",即在学习物理知识的同时,接受科学方法的训练。然而,许多教师仅从操作层面理解科学方法,将探究程序等同于科学方法本身。科学探究通常包含质疑、观察、提出问题、假设、计划、设计、实验、推理、评价及交流等要素,这些要素中往往蕴含科学方法的教学价值。但学生在探究过程中,往往只是机械地遵循步骤,缺乏真正的思考,这不利于他们掌握科学方法和遵循认知规律。

在"牛顿第二定律"的教学中,可以从牛顿第一定律出发,物体产生加速度的条件是物体所受合外力不为0,由此我们可以猜想加速度a与物体所受合外力F以及物体的质量m有关,这样就需要设计定量的实验来验证这些猜想,就需要用到实验验证法。在实验中有3个相互关联的物理量,为此需要先保持质量m不变去研究加速度a与合外力F之间的关系,再保持合外力F不变去研究加速度a与质量m之间的关系,这里运用的是控制变量法。实验得出的数据只有经过科学处理才能验证猜想,而最简单、最直观的方法就是图像法,即通过作出两个物理量之间的变化图像来探究函数的变化趋势。其中,非线性的加速度a与质量m之间的函数图像就转换改成线性的加速度a与$1/m$之间的函数图像,这又是利用了"化曲为直"的方法。在得出$a\propto F$和$a\propto 1/m$的结论后,再将两者综合起来,得出$F=kma$的关系式,并在国际单位制中取$k=1$,最终得出了$F=ma$的表达式,此处用到的是比例系数法。由此可见,我们在确定探究"牛顿第二定律"的教学设计时,需要与实验验证法、控制变量法、图像法、"化曲为直"法和比例系数法等方法相对应。

教师在引导学生开展探究活动时,会运用多种科学方法,如设疑提问、观察、实验、数学分析、比较与分类、分析与综合、归纳与演绎、理想化处理、类比、科学假说及科学想象等。然而,科学方法的教学不应脱离学科知识单独进行,否则学生难以深刻理解其内涵,也难以应用这些方法解决物理问题。科学方法通常隐含在知识背后,难以直接学习和掌握。因此,在物理教学中融入科学方法教育,对于帮助学生理解物理本质、领悟科学精神及提升科学素养至关重要。教师应在教学过程中有意识地强调科学方法,系统地将与物理学相关的科学方法传授给学生,使他们在物理学习中逐渐体会、掌握并理解科学探究的核心。

(三)升华科学探究的灵魂:科学思想的启迪

科学思想是对科学知识和方法的总结与提升,有助于知识的拓展和方法的推广。物理思想,作为对物理概念、规律、方法及理论的进一步概括,对人们运用物理知识解决实际问题具有指导性意义。它是一种科学思想,而非物理教学内容的附加品,是贯穿于物理教学过程中,体现教学价值的重要内容。

然而,当前探究教学中仍存在忽视学生科学思想培养的问题,导致部分学生缺乏思考能力和科学思想。物理教师若能在教学中持续渗透科学思想教育,将极大地提升课堂教学的效果,进而推动物理教学质量的整体提升。

教学实例:

在教授"牛顿第一定律"前,学生虽已有初中知识基础和生活经验,对"惯性"一词有所了解,但理解不深。如何讲好这节表面简单却蕴含深厚科学精神和人文思想的物理课,成为教学的关键。

教学片段:

过程1:提出问题——亚里士多德敢为人先。

从生活中举例,例如静止的自行车用力踩脚踏板才开始运动,如果没有对车继续用力,它最终会停下来,接着提出亚里士多德的观点:力是维持物体运动的原因。

当时,亚里士多德提出了运动和力的关系的问题,而提出问题比解决问题还要重要,这是伟大的。

过程2:实验与理想实验——伽利略开天辟地。

通过"伽利略斜面实验",提出伽利略的观点:在水平面上的物体之所以停下来,是由于受到摩擦力的原因.如果没有摩擦力,物体会一直运动下去。

伽利略的发现以及他所采用的科学推理方法是人类思想史上最伟大的成就之一,而且标志着物理学的真正开端,尤其是物理学的科学方法。

过程3:补充完善——笛卡儿更上一层楼。

笛卡儿第一个明确指出:如果没有其他原因,运动的物体将继续以同一速度沿同一直线运动,既不会停下来,也不会偏离原来的方向。

从而说明,物理规律不是做几次实验就能轻易得到的,而是很多人智慧的结晶。

过程4:建立定律——牛顿站在巨人之肩。

牛顿开创性的工作建立了力的概念,指出惯性是物体具有的一个基本性质;提出了牛顿第一定律,并且确认它是运动定律的基础。牛顿在1687年出版的《自然哲学的数学原理》一书中进而提出了三条运动定律。

点评:

就解题层面而言,直接传授牛顿第一定律并辅以生活实例,学生亦能应对自如;然而,从科学探究的视角出发,从亚里士多德提出问题,经伽利略探究,笛卡儿修正,至牛顿得出结论,这一系列过程构成了一个完整的探究链条。这些科学家的深厚学识背景,为科学思想教育提供了丰富的素材。通过本例的探究,学生不仅能了解科学思想从提出到发展再到成熟的全过程,还能在领悟科学思想的同时,认识到其中蕴含的独特科学人文价值,从而引导学生树立正确的价值观和世界观,提升学生的科学人文素养。

因此,在探究教学中深入渗透科学思想教育具有深远的教育意义。它有助于提升学生的思想品质,使他们的思想更加深刻、灵活和敏捷。作为物理教师,我们有责任还原和再现这些科学思想的发生和发展过程,让学生在这种"亲历"中逐渐培养出追求科学的人文情怀,最终成为真正的物理学习爱好者和探究者。

第三节 凸显深度教学过程

一 流程剖析：深度教学特性阐释

深度教学超越了工具性和浅表层的教学模式，对其流程进行深入剖析，可以更清晰地揭示深度教学理念下教学的独特属性。深度教学强调理解的深度，着重于学生对知识的深入把握；它倡导反思，鼓励学生通过积极的自我反省促进个人成长和意义构建；同时，深度教学也重视体验，关注学生的整个学习历程和学习感受。

（一）深度教学：以理解为基石

"理解"在哲学诠释学中占据核心地位，阿斯特区分了理解的三个层次：历史性的理解，即把握作品的内容；语法性的理解，涉及作品的形式、语言及表达方式；以及精神性的理解，达到对作者个人及古代整体精神的洞察，这是最高层次的理解。心理学视角下，理解被视为个体运用既有知识和经验，去认识事物的内在联系、关系直至本质和规律的思维过程，如掌握科学概念、理解文本的主旨、洞悉公式和定理的内在逻辑等，均离不开思维的积极参与。

深度教学强调理解而非单纯灌输，它建立在学生对知识、他人及自我关系深刻理解的基础之上。在这一过程中，教师发挥引导作用，帮助学生构建知识的意义，拓宽他们的认知视野，既丰富他们对外部世界的认识，也促进他们内心的成长与自我理解。具体来说，深度教学涵盖以下几个关键方面的理解要求：

第一，是理解事物及其本质，这意味着学生需掌握知识的符号表征，将外在的、抽象的知识转化为个人化的理解，这是深度学习的基石。

第二，要求理解知识的逻辑框架与内在思想，学生不仅要了解知识的来源与构成逻辑，还要深入挖掘学科背后的深层次思想，比如数学中的确定性、不确定性，以及数形结合等思维方式。

第三,强调理解关系与规律,鼓励学生探索个人与历史、社会、文化等多维度的联系,同时把握知识发展变化的内在规律。

第四,深度教学重视学生对他人及自我的理解,通过文本学习促进学生对自我、师生关系、同伴关系的认识,正如伽达默尔所言,理解的过程也是自我理解的过程,它促进了学生精神层面的成长。

第五,深度教学关注学生对知识意义与价值的理解,旨在让知识成为学生精神世界的一部分,使他们的生活更加有意义,并指导他们的人生发展。同时,它还引导学生正确理解和处理不同的价值观冲突,防止在知识爆炸的时代中失去伦理与信仰的方向,保持个体的主体性与独立性。

深度教学鼓励学生作为学习的主体,主动构建对知识的全面、深入且多元的理解,而非仅仅被动接受信息。它反对片面、单一的知识理解方式,提倡学生通过构建个人理解、体验丰富情感来获得多样化的学习感悟。

(二)深度教学强调反思性特质

反思作为近代西方哲学中的一个核心概念,曾受到康德、黑格尔等诸多哲学家的深入探讨。例如,康德对反思进行了分类,区分为逻辑的反思与先验的反思,并指出反思是获取概念及普遍原理的关键手段。借助反思,个体能够将概念的形成过程与主体的感知经验紧密联系起来。

在《纯粹理性批判中》,康德提出反思"是心灵的一种状态,我们在这种状态中首先发现使我们能够到达概念的诸般主观条件","反思不只是指向主体自身,它还要发现达到知识自身的主观条件"。黑格尔认为"本质的否定性即是反思",反思是"一种从无到无并从而回到自己本身的运动"。反思是个体生命成长过程中的重要活动,个体对自我的认识、自我的成长都伴随着反思的过程,反思是个体探究主体自身的过程。[①]

深度教学侧重反思而非被动接受,它强调通过符号知识的探究促使学生自我审视,从而达到深刻的自我认知、发展与超越,进而构建个人生活的意义。反思是实现知识教育中自我意识价值的关键途径,这一价值无法仅通过简单的灌输与接受来实现,必须依赖于个体对自我的深入探究与拷问。因此,反思构成了深度教学的一个核心特征。

---

① 伍远岳.论深度教学:内涵、特征与标准[J].教育研究与实验,2017(4):58-65.

在具体实践中,教师应从几个方面引导学生的反思:首先,激励学生积极反思自我,以加深对自我的理解与认识,推动自我认知的发展,实现自我超越,并为自我设定新的定义;其次,教师应指导学生审视在学习过程中的自身状态,关注学生在学习知识时是否真正感受到了学习的自主性、意义及效能,以及知识学习对个体生命成长和人生发展的价值,还有是否经历了积极的情感体验和思维活动,这些都依赖于学生的主动反思;最后,教师还需引导学生反思自己与知识之间的关系,探究在学习过程中,学生是仅仅将知识视为外在对象进行占有,还是与知识建立了双向互动的关系,知识对学生而言是价值中立的,还是承载着特定价值的,以及学习是停留在符号认知层面,还是促进了意义的共同创造。唯有通过反思,教学才能真正触及学生的精神世界、生命本质及意义追求,这正是深度教学所追求的核心目标。

　　深度教学强调反思性,要求学生扮演反思性实践者的角色,并培养起反思性自我意识。在解读符号的过程中,有效的反思性自我意识是不可或缺的。通过引领学生理性地反思客观世界与自我世界,教学促使学生的知识学习从符号层面跃升至逻辑与意义层面,从表象深入至本质,从浅显迈向深刻,从而构建起"物—我""我—你"以及自我之间的多维关系,既丰富了经验又促进了经验的转化。通过反思促使学生自我觉醒与提升,同时也赋予了教学以深度。

(三)深度教学强调体验性

　　体验意味着经历、感悟与创造。在我国义务教育课程标准中,重视学生的学习过程体验是一个核心理念。实际上,学习者在学习过程中的体验,正是其个体知识构建、主观感受表达、内心情感流露、思维发展以及意义生成的过程。

　　深度教学是体验性的教学,不是静态的教学。深度教学注重学生在教学过程中的切身体会、感受与经验,丰富学生的过程体验,是深度教学的要求,也是对学生学习过程性的回应。深度教学注重引导学生体验学习过程中的各种关系,体验学习过程中的丰富情感,体验积极的思维活动,即关系体验、情感体验和思维体验。关系体验,是学生对知识学习过程中存在的各种关系的体验与感受,包括学生与教师的关系、学生与同伴的关系、学生与自我的关系、学生与学习内容的关系、学生与学习情境的关系等等。情感体验,是学生对自身在知识学习过程中的情绪状态的体验与感受。情感是学生知识学习的一条重要主线,个体在知识学习过程中需要体验丰富的情感,或热爱、厌恶,或愉悦、忧伤,或接纳、排斥,学生是否有积极的情感体验,直接影响着学生的学习状态和存在状

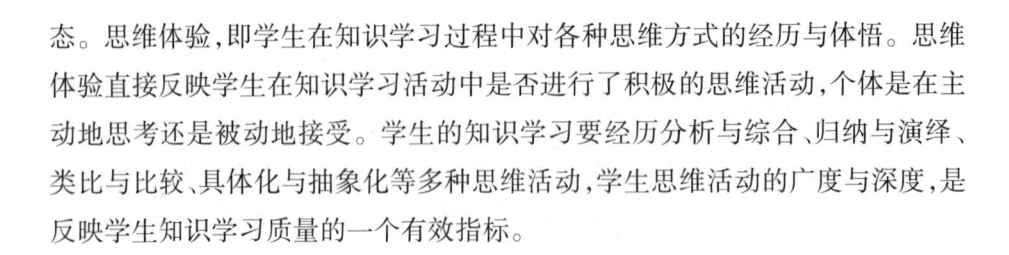

态。思维体验,即学生在知识学习过程中对各种思维方式的经历与体悟。思维体验直接反映学生在知识学习活动中是否进行了积极的思维活动,个体是在主动地思考还是被动地接受。学生的知识学习要经历分析与综合、归纳与演绎、类比与比较、具体化与抽象化等多种思维活动,学生思维活动的广度与深度,是反映学生知识学习质量的一个有效指标。

二、构建标准:深度教学的核心价值取向

在深化课程改革的过程中,我们追求教学的"深度"及其内在的发展性,而这一过程不应仅仅以学生成绩的提升作为评判的核心标准。深度教学植根于对知识的深度剖析,旨在搭建学生生活经验与教学活动之间的桥梁,使学生在掌握事实性知识的同时,也能深刻体会知识中蕴含的思想与文化精髓,进而培养其核心素养,这才是深度教学的根本衡量尺度。

(一)深入的知识解读

深入的知识解读构成了深度教学的基础标准。没有教师对知识的深入剖析,就难以达成学生及教学层面的深度发展。教师在解读知识时,不应仅局限于对知识表面文本符号的理解与分析,而应深入挖掘知识背后所隐藏的学科思想、方法论、情感态度及其深远意义,并积极探索如何有效地将这些内在价值转化为学生成长与发展的动力。

教师要转变自己的知识观,从认识论的知识观转向教育学立场的知识观,从学生个体的发展需求来解读以文字符号呈现出来的知识,并实现知识的有效处理。第一,教师需要对知识进行理解性的处理。教师对知识的理解在极大程度上影响着学生对知识的理解,教师对知识的理解是否正确、全面与丰富,会直接决定学生对知识的理解是否正确、全面与丰富。教师对知识的理解性处理也包括理解逻辑及思想,理解关系及规律,理解他人及自我,理解意义及价值,如果教师只是理解了知识中的事实,而没有充分挖掘符号背后的逻辑、思想、方法、关系和意义,那么学生对知识的学习也就限于对符号知识的掌握与记忆,无法获得知识背后的逻辑、思想与方法,知识对个体发展的意义也就无法展现出来。第二,教师需要对知识进行转化性处理。教师对知识的理解必然不同于学生的理解,教师对知识的转化性处理是指教师通过一定的方式将知识的事实、

逻辑、思想、关系、意义"表达"出来,进而帮助学生获得更好的理解。通过对知识的转化性处理,学生才能够在知识的符号和事实、逻辑、思想、关系、意义之间建立关联,进而建构自己的理解。

(二)融合生活经验

生活经验构成了学生学习知识的重要基石,它对于深化知识理解、构建深度学习框架具有不可替代的作用。深度教学强调在学生生活经验、教学活动及学习活动之间建立紧密联系,鼓励学生将个人的生活经验与履历融入知识学习过程,参与思想的构建与意义的发掘。这种生活经验的融合,不仅有助于学生在教学中体验到学习的意义、自我价值及效能,也是"教育贴近生活"理念的实践体现。

通常而言,知识依存于三种方式:背景依存、逻辑依存及经验依存。背景依存涉及知识产生与存在的自然环境、社会环境及文化背景;逻辑依存则关乎知识形成的逻辑流程、方式与方法;而经验依存则强调种族经验与个体经验在知识产生与存在中的关键作用。这三种方式共同确保了知识的有效保存与传递。知识的三种依存方式客观地要求教学将知识教学与学生的生活背景、与社会背景联系起来,与学生的逻辑思维方式和已有的经验联系起来,与学生的生活世界、生命成长、情感体验、精神与价值观联系起来,只有建立起了稳固的联系,学生对知识的深度学习才具有了现实可能性。如果缺乏教学与学生生活经验的联结,学生在学习过程中,就会出现理解的断层和盲点,而这种理解性断层和盲点,是学生深度理解事物、逻辑、思想、关系、自我及意义的最大阻碍,也是深度教学的最大阻碍。

(三)思想文化的熏陶

学生所学的知识不仅包含具体的概念,还蕴含着深刻的思想与文化内涵。深度教学的一个核心目标,就是实现这些思想文化对学生的潜移默化影响。这种熏陶既是知识传授的内在需求,也是促进学生全面发展的重要一环。只有当课堂真正做到了思想文化的熏陶,它才能焕发出生命的活力,成为学生生命成长的沃土,而这样的教学才能称为真正的深度教学。

在教学过程中,实现思想文化的熏陶并非一蹴而就,不能依赖于简单的灌输与接受,而应当是一种渐进式、渗透式的过程,即"如春风化雨,润物无声"。

这一过程大致可分为三个阶段:首先,学生需理解知识中所蕴含的思想文化,这要求他们深入解读知识,从表面的符号认识深入到背后的思想与文化层面。其次,学生需对思想文化进行澄清与内化。这需要学生通过联系个人生活经验,进行积极的反思,从而实现思想的清晰化与文化自觉,构建起个人的思想体系,并提升文化内涵。最后,学生需表达思想文化。这意味着学生要接受思想文化对自己成长的正面影响,并自觉地将这些思想文化要求付诸实践。没有思想的教学是空洞的,缺乏文化的教学是浅薄的。深度教学致力于实现思想文化的熏陶,提升课堂的思想深度与文化底蕴,这样的教学才是充满生命力的,是思想活跃的,也是文化自觉的。

(四)核心能力的培育

《教育部关于全面深化课程改革落实立德树人根本任务的意见》提出"明确学生应具备的适应终身发展和社会发展需要的必备品格和关键能力,突出强调个人修养、社会关爱、家国情怀,更加注重自主发展、合作参与、创新实践",深入回答了"培养什么人、怎样培养人"的问题。培养学生的核心素养,课堂教学是关键的环节。深度教学通过对知识的处理,追求使学生在认知方式、情感体验、思想境界、实践能力、处事方式等维度发生实质性的变化,由此达成培养学生核心素养的高层次发展目标。

知识承载着多维度的教育意义,涵盖认知教育价值、自我意识教育价值及实践教育价值。从核心素养的培育视角来看,个人修养、社会关怀、国家意识、自主学习、创新能力等的培养,与知识的自我意识教育价值及实践教育价值的实现紧密相关。深度教学致力于知识多维度教育价值的全面达成,因此,它能够有效推动学生核心素养的提升。同时,深度教学强调通过知识符号的探究,领悟学科背后隐藏的思想与方法,而这些学科思想与方法的掌握,将进一步增强学生的学科能力,而每一学科的特定能力正是核心素养培养中的关键要素。

为了提升课堂教学的成长性品质,促进学生的深度学习,深度教学理念倡导构建具有实质影响力与深刻内涵的教学模式。教育者需挣脱工具理性对教学的制约,超越浅层教学的局限,确立基于教育学视角的知识观念,重视知识的内在结构与多维度教育价值,引领教学向更深层次、更深远的意义迈进。

第五章

本原物理的教学要素

第一节 学习目标层次化

一 指向本原教学的目标研制

在教学设计的初步构思中,教师们常常会细致考虑教学内容的选择、教学方法的运用以及教学材料的准备等关键环节。尽管这些因素对于构建一个完整的教学设计至关重要,但教师在规划之初应明确地将教学目标置于核心位置,这样整个教学设计流程才会更加高效且目标导向性更强。教学目标的设定,应当深深植根于学生核心素养的发展之中,将核心素养的培育视为教学的根本出发点和最终归宿,确保教学目标在引导学生核心素养的培育上发挥明确的指引和规定作用。[1]因此,如何精心设计直接指向核心素养的学习目标,并充分发挥这些目标在教学实践中的战略价值,成为我国当前新一轮课程改革中备受瞩目的重点课题,同时也是一个需要深入探索和解决的难题。

(一)整合"内容标准与实施指标"的框架

要制定出能够真正引领教学灵魂的学习目标,关键在于把握两个核心要素:一是目标的正确性和科学性,即所制定的学习目标必须紧密围绕核心素养的培养,确保方向正确且科学合理;二是目标的自觉性,意味着在教学过程中,师生双方都能自然而然地依据这些学习目标展开教学活动,无需外力强制。为了实现这一目标,我们首先需要清晰界定一个完整学习目标所应包含的基本要素。从学生发展的角度出发,结合核心素养的培育要求,学习目标的制定需要进行全面而系统的思考,确保各个要素之间形成一个有机联系的整体。具体来说,学习目标应围绕核心素养的培养,深入解答以下五个核心问题。

学什么:这一问题关注的是知识体系的构建与选择。核心素养的培养,主

---

[1] 蒋永贵.再探指向核心素养的学习目标研制[J].课程·教材·教法,2023(5):48-55.

要体现在学生正确价值观的形成、必备品格的塑造以及关键能力的提升上。虽然核心素养并不直接等同于学生所学习的各门学科的具体知识,但其发展却离不开这些学科知识的坚实基础。因此,在制定学习目标时,我们需要首先明确学生需要掌握哪些知识点,这些知识点之间有何内在联系,以及它们如何共同构成学生核心素养发展的载体和基础。

学到什么程度:这一问题涉及学业标准的设定与达成。学生的认知发展具有一定的规律性,其认知发展阶段直接影响着学习与教学的效果。皮亚杰的认知发展理论告诉我们,学习是从属于发展的,是从属于学生主体的一般认知水平的。因此,在制定各门具体学科的教学目标时,我们需要深入研究如何根据不同发展阶段学生的认知特点,组织既符合其当前认知能力又能促进其向更高阶段发展的教学内容。这意味着,我们需要科学决策学生对每个知识点应达到的理解深度和应用能力,如"知道""理解""应用"等层次,以此作为评价学生学业成就的重要依据。

怎样学:这一问题关乎素养的培育方式与过程。坚持素养导向,围绕核心素养制定学习目标,是深化教学改革的基本要求,也是实现立德树人根本任务的关键所在。对于一个知识要点的学习,学生经历的学习过程、采用的学习方法,将直接决定他们核心素养的发展情况。例如,在物理教学中,对于"电荷间的相互作用"这一知识点,教师可以通过传统的演示实验和讲授方式,让学生被动地接受科学结论;也可以采用探究式学习方式,让学生主动提出问题、进行猜想与假设、设计实验方案、进行实验并记录数据、分析与论证得出结论,并进行交流与反思。显然,后一种学习方式更加注重促进学生科学探究素养的发展,体现出科学教育的本质特征。因此,对"怎样学"的科学决策,将直接决定学习目标所指向的核心素养的具体发展路径和程度。

怎样是学会:这一问题涉及评价与学习相互促进的机制。在学习目标的制定中,我们常常会遇到一些看似明确但实际上却缺乏具体评价标准的描述。例如,"学生能够对电荷间的相互作用进行猜想"这样的学习目标,如果没有明确的评价标准和依据,就很难判断学生是否真正达到了学习目标。因此,我们需要完善学习目标的描述,使其包含具体的评价标准和促进学习的支架。例如,"学生能够根据生活经验、已有认知等,对电荷间的相互作用做出科学、合理的猜想与假设",其中嵌入的"根据生活经验、已有认知等"和"科学、合理"这些内容,不仅为评价学生的学业表现提供了具体标准,也为促进学生相关素养的高质量发展提供了有力的学习支架。因此,学习目标在回答"怎样是学会"这一问题时,本质上是在构建一种以评价促进学习的机制。

为什么学:这是一个深入探讨育人价值的问题。若将学习目标视作教学的灵魂,那么育人价值便是这个灵魂的核心所在。在针对特定课题制定学习目标时,我们需要不断追问学生为何要学习这个内容。难道仅仅因为课程标准有规定,或是因为它是中考的重要考点吗?进一步地,我们又要追问,为什么课程标准会规定学习这个内容,中考又为何将其视为重要考点?这样的追问应持续进行,直至触及学科育人的本质,乃至立德树人的根本目的。因此,与"怎样学"这一关注素养发展的问题相比,"为什么学"则更多是从形而上的角度,回答我们应该重点发展哪些核心素养。

"学什么""学到什么程度""怎样学""怎样是学会""为什么学"这五个问题,共同构成了学科育人的元问题,它们形成了学习目标制定的核心框架,为学习目标的制定提供了稳定的基石。根据学生核心素养的发展载体和过程,以及整体与部分的辩证关系,这五个元问题可以进一步划分为两个层次:第一层次主要关注"学什么"和"学到什么程度",具体回答应该学习哪些内容,以及这些内容各自有什么要求。这实际上构成了课题的内容标准,它们既是学生发展核心素养的载体,又从整体上规定了核心素养发展的大方向。第二层次则主要关注"怎样学""怎样是学会"和"为什么学",它们实际上是在回答如何实现内容标准的问题。与这三个问题相对应的是一系列实现指标,它们代表了学生发展核心素养的过程,其中包含了各内容标准实现的阶段以及一系列具体的核心素养要求。因此,从功能上来看,我们可以用上述新框架来制定学习目标。从结构上来看,这也可以被理解为由一级和二级两级学习目标所组成。

(二)从读明教材到确定目标的转化

在"内容标准+实现指标"这一新框架下,学习目标制定的技术路径就是以学科育人的元问题为基石,首先通过三次深入阅读来"读明教材",然后基于课程标准、结合学生实际情况等超越教材的限制,最后运用三个步骤来"确定目标"。"读明教材"与"确定目标"这两个环节相互促进,形成了一个有机的闭环。

1.夯实学习目标研制基础

《义务教育课程方案(2022年版)》对教材编写提出明确要求,"教材编写须落实课程标准的基本要求,基于核心素养精选素材,确保内容的思想性、科学性、适宜性与时代性。创新体例,吸收学习科学的最新成果,强化内容间的内在联系。创新教材呈现方式,注重联系学生学习、生活、思想实际,用小故事说明大道理,用生动案例阐释抽象概念,增强吸引力和感染力。加强情境创设和问题设计,引导学习方式和教学方式变革。充分利用新技术优势,探索数字教材建设。关注学生认知发展特点,强化教材学段衔接"。这可理解为:首先,学习目标的制定是深深植根于教材的,而教材本身在很大程度上就是课程标准的直接体现。其次,根据既定要求编纂的教材,全面覆盖了制定学习目标时必须考虑的学科育人五大元问题。再者,每一版教材都是该领域内顶尖专家团队智慧与努力的结晶,因此,教材自然应当成为制定学习目标的基石。

尽管教材在制定学习目标中扮演着举足轻重的角色,但在实际的教学活动中,其使用情况却不尽如人意。例如,在集体备课活动中,很少有教师会携带教材,遇到问题时也鲜有教师会主动查阅教材。事实上,只有先深入理解教材,我们才有资格谈论如何超越教材,也才有可能实现从"教教材"到"用教材教"的转变。接下来,我将结合具体实例,详细阐述如何通过研读来深入理解教材内容。

一是明确知识体系。在首次研读教材时,我们应带着"学什么"的问题,弄清教材围绕某一课题具体编排了哪些知识要点,这些要点分别是什么,以及它们之间存在怎样的关系。对于理科教材,一个有效的策略是通读教材,划分段落,归纳各段要点,并辨析这些要点之间的关系。

二是理解教材进阶。在这一轮研读中,我们需要站在客观的立场上,旨在厘清教材的进阶编排,而暂时不考虑其是否适合学生的学习。至于其适切性,我们将在"三步定目标"阶段进行审视与调整。梳理教材进阶的有效方法是,带着"怎样学"和"怎样是学会"等问题精读教材,不遗漏任何细节,并与每一个细节进行深入对话。

三是明确素养发展。在最后一次研读教材中,我们需要牢记立德树人的初心和素养发展的使命。挖掘素养发展的有效策略,带着"为什么学"的问题,深刻领会国家课程标准对本课程所要培养的核心素养的规定。我们不仅要理解其含义,还要从整体上把握其内在联系,并能够对各方面的核心素养进行进一步的细化和具体化。以物理学科为例,科学思维是其基础,它涉及认识客观事物的一系列科学方法,如观察、比较、分类、分析等。如果没有积极、高品质的科学思维,其他方面的核心素养也将成为空中楼阁。此外,没有思考就没有学习,没有高阶思维就没有深度学习,而没有深度学习就难以全面发展核心素养。因此,思维发展是制定学习目标时必不可少的核心素养之一。

2.明晰目标制定框架

第一步:确定内容要点。这是为了从整体上全面、系统地把握学习目标。通常,一个内容要点对应一条学习目标。内容要点的确定:一是策略上与"明确知识体系"相一致,其中的知识要点即为内容要点;二是顺序上要以学生的有效认知负荷为前提;三是表述上要简明扼要。

第二步:确定学业要求。这一步是科学决策每个内容要点应达到的学习程度。其策略是基于课程标准中的"课程内容"相关内容,并结合学情、教学经验等进行综合研判。基于以上两步,我们就完成了新框架下学习目标制定的"内容标准",其策略为:学业要求和内容要点。

第三步:确定实现指标。这一步是科学、合理决策一级学习目标"内容标准"如何具体达成,以将素养发展落到实处。确定实现指标的总体思路是,针对每一条内容标准,系统规划学生需要经历的几个学习阶段,以及在每个阶段学生需要做什么和达到什么样的预期。这里的每一个阶段实际上就是达成内容标准的一个实现指标。可以说,实现指标是新框架下学习目标制定的关键,直接决定学习目标战略价值的发挥。实现指标一般为描述"通过什么样的学习过程"以及"能够实现什么样的预期"。

优质的实现指标应体现以下五个特点:

一是学生中心性。即站在学生立场,坚持学为中心,促进学生发展。

二是综合性。核心素养的每个方面都是知识、能力、情感态度与价值观的综合表现,同时,核心素养的各个方面又是相互联系、有机统一的。因此,在确定实现指标时,应避免依据核心素养的各个方面割裂呈现,而应按照学什么知识、如何学这个知识及其过程中发展什么关键能力、内化什么必备品格、形成什么价值观念等进行一体化界定。

三是进阶性。学生核心素养的发展是一个持续进步的过程。教学目标确定应反映核心素养的形成过程。因此,确定的每一个实现指标以及各实现指标之间都应遵循学生的认知规律和不同类型知识的认知程序。每一条内容标准，尤其是重点内容，一般都包括过程、结果和评估三阶段的实现指标。对此，限于一般教师的教学经验和能力，可以通过比较分析多版本的教材进阶设计，然后结合课标、学情等做出最优的学习进阶设计。

四是实践性。教学目标应体现核心素养的实践性。学科实践作为学习方式变革的突破口，为核心素养背景下学科如何育人提供了新的范式。因此，确定实现指标应凸显实践性。总体上，应遵循"实践—感性认识—理性认识—新实践"这一辩证唯物论的认识论和知行统一观。具体而言，可以通过"做中学""用中学""创中学"来实现对自主、合作、探究三大学习方式的迭代升级。

五是明确性。一个明确的实现指标应该表述清晰、具体、可测量和可操作。因此，确定实现指标时应少用"理解""掌握"等较模糊的认知性目标动词，而用较为具体的行为动词。

二　教学目标的层级设计与量化评价

教学目标是对教学活动预期使学生实现何种转变的明确阐述，它作为教学的导向和核心，既是教学的起始点，也是最终归宿。目标的水平层级是教学的期待值，其确立除了要考虑"学什么""怎么学"，还要充分考虑"学到什么程度"，即考虑学业质量水平的表现结果。[①]而判断这些表现是否达成，则需依据学业质量评价标准，来衡量学生是否满足既定的学习要求。因此，确立可量化的教学目标应基于学习任务和学业标准，而教学效果的量化评估则依据任务目标和质量标准来执行。

（一）构建可量化教学目标的框架

学业质量标准界定了学生学科核心素养的关键特征，并根据问题情境的复杂性、知识技能的结构化程度以及思维方式和价值观的综合程度，划分了不同的能力水平。这为课堂教学中的素养评价奠定了坚实基础。素养评价的设计涵盖两大方面：一是学生需完成的任务，二是评估表现结果的标准。

设计策略如下：首先，将教学目标细化为具体的学习任务和学业要求，通过

---

① 郭拯.高中物理教学目标的层级设计与量化评价[J].中小学教材教学，2022(11):68-71.

初始评估确定教学目标的层次;其次,开发适用于各层次的评价工具和方式;最后,根据各层次的量化指标和学业质量标准,评估学科核心素养的教学目标是否实现。

(二)实施分类评价与分层量化描述

在学业质量标准的指引下,教学目标要求对学生的学习进程进行分类评价,并对学习成果进行分层量化描述,这是培养学生学科核心素养和提升学生自主学习能力的关键途径。

1.实施分类评价

课堂教学中的形成性评价包括交流式、论述式和表现性三类。交流式评价旨在推动教学进程、收集反馈信息,以助学生改进学习。论述式评价则是在师生互动或生生互动中进行的反思性评价,旨在反映学生对知识技能及其联系的理解深度以及解决实际问题的能力,从而帮助学生调整学习策略。表现性评价则通过观察学生解决问题、实验操作、数据处理及结果表达等方面,量化评定其学习水平,为后续学习提供依据。

教学过程与评价过程紧密相连,评价目标与教学目标一致,不同的评价目标对应不同的评价策略和方法。这三类评价贯穿于整个教学过程中,使教学与评价融为一体。通常,在教学初期,主要采用交流式或论述式评价以提供支持和反馈;而表现性评价则主要用于阶段性评估,以衡量学习效果,刻画素养水平,并促进教学改进。

2.进行分层量化描述

在课堂教学中,对学生表现水平的量化评价应综合考虑评价维度、评价内容及行为水平描述,以此连接教学目标与学业质量标准。量化评价的设计应在教学设计之前进行。这既能帮助教师在教学设计中将目标行为水平的可测结果细化为具体的学习任务设计与组织,使目标更加具体;又能促使教师通过整合教学目标与教学内容,创造学习活动,优化教学设计。

在制定量化评价标准时,教师应以学业质量标准为基础,结合学业要求设定全体学生的基础目标,并根据学生的认知水平、思维能力和发展需求等差异,科学制定分层次的教学目标,以满足不同水平学生的学习需求。

课程标准在阐述学业质量水平、教学目标与教学评价之间的关系时,强调在教学评价中关注学生对具体内容的掌握程度以及物理学科核心素养的不同表现,关注物理学科核心素养各要素的特征及要求,同时关注其整体性和综合性。因此,准确理解学业质量的分级要求,从整体上逐步设计进阶路径,是发展学生核心素养的重要策略。

一是理解分级要求。人的认知发展具有阶段性特征,对具体知识的认知也呈现出阶段性。高中物理核心素养包含十四个二级指标,所有指标可从低到高分为五个水平,描述不同学习阶段的学习成果,作为学生完成课程学习后的学业成就表现。因此,理解分级要求对于确立教学目标至关重要,它能够将素养的达成明确为一个随学习逐步进阶的过程。

学习进阶描述的是学生在一段时间内学习或探究某一主题时,其思维连续且不断深化的发展过程,其实质是核心概念理解和学科能力发展的深化。学习进阶既表现为学生对核心概念内涵的层次性理解,也表现为学生在不同层次上对概念的应用。设计学习进阶的目的是促进经验概念向物理概念的转化。

二是合理设计进阶。设计学习进阶层级目标的策略有两种:(1)自上而下,明确核心概念的属性及属性间的层次递进关系,以核心概念引领学习的进阶过程,这是设计进阶目标的关键;(2)自下而上,以学生的前概念为基础,围绕核心概念的构建,拆解相关概念,揭示属性关系,丰富基本概念的具体内容,这是实现进阶目标的途径。如在摩擦力概念的教学中,可以从静力学、动力学、功能关系等不同角度构建概念进阶层级,运用不同的思维方式,让学生经历从具体到抽象再到具体的螺旋式上升学习过程,即归纳与演绎的过程。这样的进阶贯穿整个学习过程,形成五个进阶层级。

在这五个进阶层级中,经验层级对应学生学习摩擦力前的前概念,映射、关联层级对应学生学习过程中可能经历的中间阶段,系统层级对应学生完成单元学习后应达到的目标,整合层级则对应学生经历整体学习后应达到的目标。构建学习进阶的主要目的是促进科学概念的转化与整合,以及学生物理观念和科学思维的形成。

第二节 学习内容结构化

学生的高效学习应当在激发学习动机、促进学习互动和精选学习内容这三个方面协同作用,其中,高质量的学习内容是促进学生有效学习的核心要素之一。然而,在众多物理教学实践中,教师所选的学习内容往往显得零散且缺乏深度,未能构建起良好的知识结构。这样的教学内容安排容易使学生陷入大量的非核心认知活动中,难以形成系统的认知框架,进而导致学生对学科本质的理解浮于表面,学习成效显著降低。那么,何种学习内容能够有效提升学习的质量?又该如何构建并应用这样的学习内容呢?

一 搭建知识结构,实现内容结构化

一个清晰、有序的知识结构是学生形成稳固认知结构的基础。只有当教师将课程内容结构化,并进行恰当的教学引导时,学生才有可能建立起系统的认知体系。因此,构建结构化的课程内容显得尤为重要。那么,如何在大概念的引领下,构建单元知识的层级结构呢?

(一)大概念的必要性

在教育领域,为了解决学生知识碎片化、记忆浅表化等问题,研究者们从不同维度提出了大概念(或称为核心概念、大观念)。从认知发展的视角来看,大概念为学生提供了一个构建个人理解的认知框架,有助于将零散的知识点串联起来。从课程内容的角度来看,大概念指向学科中的核心概念,是从具体事实中抽象出来的、具有深层含义和可迁移性的概念。而从学科教育的角度来看,尽管不同学科的大概念表述各异,但其核心方向是一致的。

(二)大概念的特性

大概念是一种富有深意的教育理念,它在宏观的认知框架、中观的课程线

索以及微观的教学设计上都有着独特的贡献。大概念并不局限于某一具体知识点,而是指向知识背后的核心思想和观念,是对概念间关系的抽象表达,以及对事物性质和内在规律的深刻概括。大概念具有中心性、持久性、网络状和可迁移性等显著特征。

学科大概念则是指那些能够体现学科特色,位于学科核心,具有广泛适用性和解释力,以及超越课堂、具有持久价值和迁移价值的原理、思想和方法。根据类型,大概念可以分为内容大概念和过程大概念,前者主要涉及原理、理论或模型,后者则与知识的获取和使用相关的技能有关。例如,"场的概念可以解释物体如何对其周围一定距离内的其他物体产生影响"是物理学中一个能够统摄多种物体间相互作用的大概念,它抽象地描述了物体间相互作用的普遍存在,具有概括性、抽象性、普遍性和可迁移性等特点。

(三)基于大概念构建单元知识层级结构

不同概念根据其范围和大小,呈现出明显的层级结构。从基本事实、知识与技能,到学科一般概念,再到学科大概念,乃至跨学科概念和哲学观点,这一过程是学生认知结构不断完善的过程。从低层次到高层次,是一个不断抽象和概括的过程;而从高层次到低层次,则是一个迁移和应用的过程。通常,概念的范围越大,其表述就越抽象,与实际现象的距离也就越远,相应的层次也就越高。

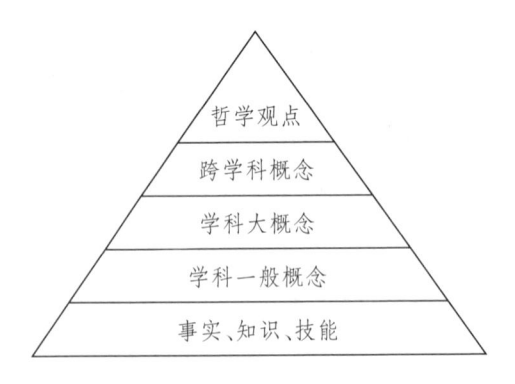

图5-1 大概念统摄下的知识层级结构

上述知识层级结构清晰地展示了不同层次知识、概念和规律之间的关系,对教师的教学具有重要的指导作用。然而,在具体学科教学中,由于学科大概念过于抽象,无法直接作为教学内容。对大概念的理解和学习是一个逐步深入、循序渐进的过程。例如,"场的概念可以解释物体如何对其周围一定距离内的其他物体产生影响"这一与物理学紧密相关的学科大概念,虽然高度概括且内涵丰富,但在教学中却难以直接传授给学生。因为学生对大概念的理解和掌握需要更多不同范围和层次的次级大概念的支撑,即需要在相对具体、抽象程度较低的概念学习的基础上,逐步完成对大概念的学习。

这些次级大概念可能是针对一个教学单元或章节的大概念。每个学科大概念由多个单元大概念支撑,每个单元大概念又由多个章节大概念支撑,从而形成一个层级分明的大概念知识结构。由此可见,一个高层次、广范围的学科大概念,往往需要通过构建其统领下的一个或多个知识层级结构来支撑其学习和理解。那么,如何提炼和构建学科大概念呢?

1.基于学科视角,提炼学科本质,形成学科大概念

每个学科都有其独特的特征和研究对象,以及基本问题、研究方法和思维方式。因此,在提炼学科大概念时,应基于学科的独特视角,聚焦于学科的本质。以物理学科为例,物理是自然科学领域的一门基础学科,研究自然界物质的基本结构、相互作用和运动规律。在中学阶段,物理学科的大概念可以从三个方面来把握:一是基于物理学科的研究对象和基本问题来提炼;二是基于物理学科的研究方法来提炼;三是根据学科的课程目标和价值来提炼。例如,"牛顿运动定律和动量守恒定律可以预测宏观物体的运动变化"以及"场的概念可以解释物体如何对其周围一定距离内的其他物体产生影响"就是基于物理学科的研究对象提炼出来的大概念,高度概括和浓缩了物理学科中运动与相互作用主题的基本问题及其内在规律。

2.研读课程标准和教材,确定学科大概念

课程标准和学科教材是教师教学的重要依据和素材。通过分析课程标准对具体知识的要求,以教材知识为载体,梳理和提炼不同层级的大概念,是构建学科知识层级结构的另一个重要维度。基于学科本质和特征解构的各层级大概念,还需要结合课程标准和学科教材进行相应的调整和取舍,才能在实际教学中得以实施。

在《普通高中物理课程标准(2017年版)》中,"相互作用与运动定律"主题的内容要求包括:①认识重力、弹力与摩擦力。通过实验,了解胡克定律。知道滑

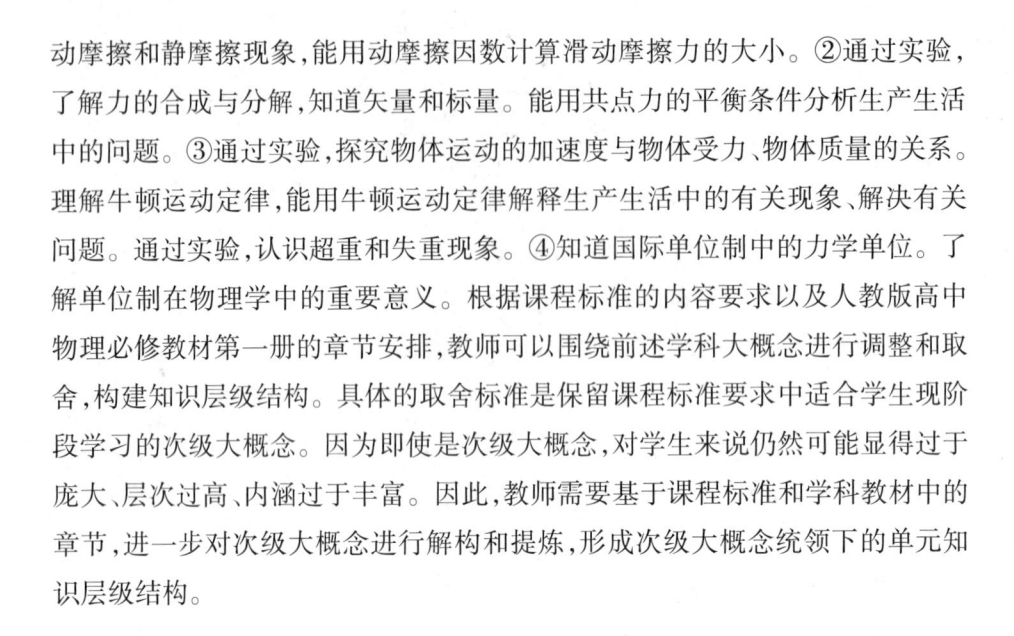

动摩擦和静摩擦现象,能用动摩擦因数计算滑动摩擦力的大小。②通过实验,了解力的合成与分解,知道矢量和标量。能用共点力的平衡条件分析生产生活中的问题。③通过实验,探究物体运动的加速度与物体受力、物体质量的关系。理解牛顿运动定律,能用牛顿运动定律解释生产生活中的有关现象、解决有关问题。通过实验,认识超重和失重现象。④知道国际单位制中的力学单位。了解单位制在物理学中的重要意义。根据课程标准的内容要求以及人教版高中物理必修教材第一册的章节安排,教师可以围绕前述学科大概念进行调整和取舍,构建知识层级结构。具体的取舍标准是保留课程标准要求中适合学生现阶段学习的次级大概念。因为即使是次级大概念,对学生来说仍然可能显得过于庞大、层次过高、内涵过于丰富。因此,教师需要基于课程标准和学科教材中的章节,进一步对次级大概念进行解构和提炼,形成次级大概念统领下的单元知识层级结构。

3. 依据学生的发展需求,构建次级大概念统领下的单元知识层级结构

基于以上分析,以次级大概念为基础构建合理的单元知识层级结构,是设计高质量教学内容的关键。那么,应该构建多大的教学单元呢?从教学实施的角度来看,既可以是连续的"小单元",也可以是非连续的"大单元"。确定何种单元架构,取决于教师的实际情况和学生的具体发展需求。一般来说,如果教师对学生的知识学习、思维发展和能力提升有较高期待,往往会构建较大的教学单元。当然,这也取决于教师对学科内涵的理解以及对课程与教学内容的整体把握。因此,构建单元教学所依托的单元大概念通常小于学科大概念,甚至小于部分次级大概念,所形成的单元并不一定是教材所呈现的章节单元。单元知识层级结构将本单元需要学习的一般概念作为理解单元大概念的支撑,并将基本的事实、知识和技能关联起来,形成一个有逻辑的单元知识架构。

在教学中构建大概念统领下的单元知识层级结构,有助于课程内容结构化。教师适时地向学生展示并引导他们建立大概念统领下的单元知识层级结构,有助于减少课堂上的非核心认知加工,增加生成性认知加工,促进学生形成良好的认知结构。当然,以大概念统领下的单元知识层级结构进行单元教学,需要教师在深化学科理解的同时,积累实践经验和策略,并结合与科学本身相关的过程大概念进行融合教学,才能实现对学生综合素养的培养。

二 重组层级结构,实施单元设计

单元教学规划颠覆了传统教学中师生"仅见细节忽略全局"的现象,促使师生共同建立起"先全局后细节"的宏观视野。实施单元教学既是培养学科核心素养的关键,也是促进教师专业成长的重要途径。在构建基于大概念的单元教学设计时,既要建立大概念引领下的单元知识体系架构,也需明确设定单元学习目标、界定待探讨的核心议题、规划单元学习流程及确立关键环节。

(一)明确单元学习目标

单元学习目标指的是学生在完成整个单元学习后应达成的学科核心能力,涵盖灵活运用知识、技能、策略的能力,体现学科精髓及思维方式的方法论,综合解决问题的能力,历经挑战后收获的成就感与快乐,以及对学科持续的好奇心和积极期待。设定单元学习目标时,需综合考虑课程标准的具体要求、单元的学习主题与核心内容、单元对学科核心素养逐步提升的支撑作用,以及学生的既有基础和未来发展需求。而单元教学中需深入探讨的核心议题,则是那些位于学科或课程核心,能够激发学生深度思考与主动探究的总结性问题或单元的主题导向问题。

基于上述讨论,在"匀变速直线运动的描述及规律"的单元教学设计中,聚焦单元大概念,重点围绕"引入哪些物理量、如何定义物理量可以描述物体的运动""如何获取匀变速直线运动的规律并解决问题"等基本问题,结合学生实际情况设定如下单元学习目标:(1)经历位移、速度、加速度等物理量的引入与建立过程,能用它们来描述直线运动;(2)了解建立质点模型的方法,能用抽象和极限的思维方法研究匀变速直线运动的规律并运用其解决或解释生活中的具体问题。

通过对前述核心议题与单元学习目标的精心设定,学习旅程得以超越单一知识和技能的局限,转而以"理解宏观物体运动需借助相关物理量进行描述,并借助模型构建与简化来精确捕捉特定运动规律"这一次级大概念为核心,着重培育学生掌握物理学特有的思维模式,促成可迁移性认知的形成。在此层级结构框架下,众多事实、知识与技能被视为构建认知的素材与辅助资料。

(二)规划单元学习流程

单元学习目标虽已清晰界定了学生的学习内容,但如何有效学习这些内容还需细致考量教学内容的编排。在大概念引领的知识层级结构中,学科逻辑严谨地构建了一个框架,它能够将相关联的学习内容紧密联结成一个统一体,有助于教师和学生全面把握教学内容的整体脉络,被视为学习旅程的终点导向。然而,在单元学习的实际设计过程中,教师应充分考虑学生的认知发展规律及当前认知水平,采取以学习逻辑为主导的设计思路替代纯粹的学科逻辑视角,来规划学生的学习路径。学习逻辑强调以学生为中心,关注学习成果的获得,具有主观适应性,要求按照学生易于理解和掌握的方式,来逐步构建学科知识体系。

在"匀变速直线运动的描述及规律"的单元教学设计第一部分中,围绕次级大概念"宏观物体的运动需要引入相应的物理量来描述"进行设计。根据单元学习目标确定需要探讨的基本问题,即"引入哪些物理量、如何定义物理量可以描述物体的运动",引入时遵循从简单到复杂、从已知到未知、从熟悉到不熟悉的原则。单元教学设计采用了从上位学习逐步过渡到下位学习的设计思路,上位学习与下位学习的量可依据学生的情况进行调整。在这种设计思路下,每次学习都可以强化学生对大概念的进一步认识。[1]

此外,在设计中将"直线运动的描述"的学习过程作为学习"圆周运动"的铺垫,为大概念在后续学习中的迁移做好了准备。整个学习过程渗透了物理量的比值定义法。在任务设计环节,以问题为导向设计学习任务,从学生较为熟悉、容易理解的位置描述,到位置变化(位移)的描述,到位置变化快慢(速度)的描述,再到速度变化快慢(加速度)的描述,最后到匀变速直线运动的描述,是一个为了描述运动而不断引入物理量的过程,学生在此过程中能体会到依据变化率即物理量的比值定义新的物理量的过程和方法。这一单元的前半部分被串联成为一个有机整体,事实、知识、技能都成为学生学习并领会大概念的载体。如在准确描述物体的位置时需要抽象质点模型,建立参考系;在描述物体位置变化时需要引入矢量与标量,同时要使用打点计时器等工具;描述位置变化的快慢及速度变化的快慢时要引入图像描述运动的方法及变化率来定义物理量。通过学习这些载体并完成相关任务,学生对大概念的认识发展为基于证据和事实的理解,迁移能力在大概念的指引下得到有效提升。

在"匀变速直线运动的描述及规律"的单元教学设计第二部分中,围绕次级

---

[1] 邓靖武.大概念统摄下物理单元知识结构构建及教学探讨[J].课程·教材·教法,2021(1):118-124.

大概念"通过模型建立及简化可以准确描述特定的运动规律"进行了设计。根据单元学习目标确定需要探讨的基本问题,即"如何获取匀变速直线运动的规律并解决问题"。在学习设计中将"匀变速直线运动规律"的大部分内容作为上位学习,将"自由落体运动"及其相关应用的大部分内容作为下位学习。学习过程渗透了极限或图像的思想来规避求取位移规律所需的微分与积分问题。在任务设计环节,从如何获取运动物体的速度—时间图像,到获得匀变速直线运动的速度—时间图像所蕴含的信息,再到根据图像获取位移信息,最后到利用获取的规律解决问题,整个学习流程是连贯且贴合学生认知发展轨迹的。在此过程中,学生的模型构建技巧、基于实证的推理分析能力等科学思维技能均得到了实质性的提升。学习媒介成为了助力学生达成学习任务与深刻理解大概念的有力支撑。[①]

三 学习内容结构化的意义

推行以大概念为引领的单元知识结构构建与教学实践,能够使教与学的活动直接触及学科的核心精髓。大概念的理解与运用,不仅直接反映了学科核心素养的要求,更是推动核心素养落地的关键所在,具有深远而积极的意义。

一方面,通过构建以大概念为核心的知识结构并实施单元教学,有助于学生形成条理清晰的知识体系,促进他们建立合理的认知架构,从而确保学科核心素养的有效落实。学科知识作为培育学生学科核心素养的重要基础,何种知识最能促进学生的发展,是一个值得深入探究的问题。孤立存在的事实、概念及技能往往使学习显得空洞乏味,而要赋予它们实际意义,就必须将这些知识进行有意义的整合与结构化处理。大概念引领下的单元知识结构构建,旨在将具体的知识点与学科中那些具有核心地位、持久价值及迁移性的大概念紧密相连,让学生通过学习媒介完成学习任务,进而洞察知识背后更为普遍的规律与原理。正是由于大概念对知识结构的统领作用,以及具体知识与大概念之间的有效对接,才使得师生在教学过程中能够轻松聚焦于共同的学习目标,显著减少了无关的认知活动,为学生的创造性认知加工提供了广阔的空间。这有助于

---

① 邓靖武.大概念统摄下物理单元知识结构构建及教学探讨[J].课程·教材·教法,2021(1):118-124.

学生科学思维能力、问题解决能力的全面提升,推动学习过程从单纯的知识与技能积累向学科核心素养的全面发展转变。

另一方面,构建大概念引领下的知识结构,有助于教师全面而深入地把握学科教学内容的核心与本质,使具体内容的学习真正服务于学生的全面发展。如果教师无法基于大概念来系统梳理符合学科逻辑的知识结构,并进一步形成自身的合理的认知框架,那么他将难以准确把握教学内容的核心与关键。他的每一堂课都可能显得零散而缺乏系统性,无法引导学生聚焦于需要深入理解的学科大概念上,难以满足学生学科核心素养发展的需求。相反,如果教师能够清晰把握每个具体知识点与学科大概念的内在联系,梳理出单元知识的层次结构,那么他就有可能在教学过程中根据学生的认知发展规律来统筹考虑教学内容的顺序与内在逻辑,引导学生以结构化的方式进行高效学习与深度思考,使学习内容真正为学生的全面发展提供有力的支撑。

第三节 学习评价持续化

近年来,教育领域的"热词"从"深度学习"到"本原教学",从"三维目标"到"核心素养",这些理念是实践的革新,都与教育评价改革相辅相成。本原教学的实施、核心素养的培育、教育评价走向发展性评价,都指向人的发展。实施本原教学成为核心素养培育落地的必由之路,同时也是教育评价打破传统束缚、实现创新的实践基石;而学生核心素养的发展,则是实施本原教学与深化教育评价改革的终极目标;教育评价的革新不仅为本原教学与核心素养培育指明了方向,更为这两者的实施提供了坚实的保障。

一 本原教学理念下的评价理解

本原教学旨在通过全面且深入的知识传授、注重学习过程,追求教学的发展性,力求在丰富的学习体验中,引导学生全面而深刻地吸收外部公共知识,确保学习的真实发生,进而促进学生的全面发展。

(一)全面性的知识传授

知识的起源、发展历程,以及其内容与形式的多样性,赋予了知识文化、社会、辩证及实践等多重属性。[1]本原教学正是基于这些多维属性,在教学设计、实施、评价及反馈的全过程中,深入挖掘知识的深度、广度、内在逻辑及广泛联系,实现知识的全面教学。教师通过解构与重构知识,引导学生深刻理解其背后的文化内涵与意义;通过知识学习,使学生认识社会、融入社会,并将个人意愿与社会实践相结合,达到主客观的统一,体验知识中的情感、道德与美学价值;通过帮助学生从静态知识中洞察动态意义,从多样形式中把握本质内容,从片面孤立中构建全面联系,培养学生的动态、联系、全面思维;通过引导,使学生在学习与生活中发现问题并创造性地解决。本原教学要求教师在知识理解、处

---

[1] 周霞,伍远岳.深度教学视野下的学习评价[J].教育理论与实践,2020(8):10-13.

理及传授过程中,全面而深刻地揭示知识的多维属性,从而实现知识的全面教学。

(二)深入性的知识探索

"知识内在地包含符号表示、逻辑结构及意义体系三个不可分割的部分",其中,符号表示的是自然、社会、思维等领域中的客观公共知识;逻辑结构则反映了客观世界的本质规律或知识自身的逻辑,是连接公共知识与个人知识的"桥梁";而意义体系则是学生通过符号与逻辑,建立与客观世界的互动关系,理解并体验知识所蕴含的思想与情感的最深层次。本原教学以知识的内在结构为基础,通过把握"三重关联",实现知识教学的深度。具体而言:一是全面把握某类知识的内在结构,将符号、逻辑与意义紧密"关联";二是采用多样化的教学方法,引导学生以不同方式学习不同类型的知识,实现知识间的"关联";三是基于学生的现有经验,将知识的内部逻辑与外部应用"关联"起来。"深度"体现在知识"纵向"深入与"横向"拓展的结合上。

(三)过程性的学习历程

本原教学着重于学生的学习参与过程,认为充分的学习参与是实现教学过程价值的基础。学习参与指的是学生在学习活动中展现出的积极态度,包括深入思考、积极应对挑战与困难,并伴随着正面的情感体验的心理状态。它能即时反馈学生的注意力集中水平、记忆的能力与持久性、情感的激发状态、思维的活跃程度以及行为的准确性,对于监控学习进程、调整教学策略具有至关重要的作用。教育者需探索如何融入本原教学理念,帮助学生明确学习内容的目的性、学习方式的合理性,进而引导学生树立起学习的"意义感"标杆,增强其学习参与度。同时,实施本原教学与提升学生学习参与度应相互促进:在教学过程中深入贯彻本原教学理念,有助于提升学生的学习参与度;提高学生的学习参与度有利于实现教学与学习的过程性价值,确保教学具有内在的发展动力。

此外,本原教学还重视学生的课程经历,认为丰富的课程经历是确保过程价值得以实现的关键。在追求过程价值的过程中,课程经历扮演着过程性评估与表现性评估的双重角色。本原教学强调引导学生依据知识的符号表征、逻辑结构及意义系统的内在构成,经历"攀登与远瞻""下降与深挖""上升与反思"三个阶段,将思维方法与价值关联内化为个人的认知成就。首先将人类认知的终点作为学生学习的起点,实现"首次转换",随后引导学生进行"第二次转换",即结合个人已有经验去探索与重构人类认知的过程。其中,"首次转换"阶段相当于"攀登与远瞻"的过程,将人类认知的终点作为学生学习的起点,学生在此阶段达到个体认知的第一个"转折点",此时的认知主要停留在掌握知识的符号表面,即了解客观事实;"第二次转换"阶段则是"下降与深挖"的过程,学生个体认知达到第二个"转折点",经过此阶段,学生开始理解知识的逻辑层面,即掌握人类认知成果的逻辑结构与方法论。经历双重转换后,引导学生进入"上升与反思"阶段,实现知识对学生个人的意义构建。此学习模式更加注重学生在学习过程中的任务完成度、学习方式的多元化与适应性、过程的规范性与丰富性,旨在丰富学生的课程经历,确保学习在"过程"的监控下真实且有效地进行。

二 本原教学理念对学习评价的要求

在本原教学理念的指导下,学习评价体系的构建被赋予了新的深度与广度,它不是对学生学习成果的简单测量,而是对学生知识学习全面性、深刻性以及过程性的综合考量。这一理念强烈要求教师摒弃以往单一以知识占有量为标准的评价方式,转而关注知识的多维度教育价值及其内在结构的层次性,同时,也极为重视学生在获取知识过程中的丰富体验与深度探索。

(一)深度挖掘知识教育价值的多维度特性

传统的学习评价体系往往受到功利主义的影响,过分强调分数的重要性,这种倾向导致教学过程中的知识点被过度分割,学生被要求机械地记忆这些零散的知识片段,而忽视了知识作为一个整体时所蕴含的丰富认知教育价值。在这种背景下,知识的个性化自我意识教育价值和社会化实践教育价值往往被边缘化,无法得到有效实现。

本原教学则倡导一种全面的知识教学观,它要求评价者在对学生进行学习评价时,必须充分考虑知识的多维教育价值。具体而言,这包括三个方面:一是知识的认知性教育价值,即知识如何帮助学生拓宽视野,提升他们的分析、概括、批判以及预见未来等认知能力;二是知识的自我意识性教育价值,知识作为一面镜子,帮助学生反观自身、映照现实,使学生逐渐建立起个体与全体、自我与世界之间的联系,从而实现个人社会化与个性化的和谐发展;三是知识的实践性教育价值,这主要体现在知识的应用与创新上,包括教育理论工作者根据学生学习特点研发知识、学生在日常生活中通过经验积累知识，以及学生根据问题解决需要整合前两者形成实践性知识体系。特别是实践性知识的形成，它超越了单纯的知识认知与自我意识，发展学生的主观能动性，鼓励他们在实际问题解决中展现创新性与创造力。

为了实现知识教育价值的多维度展现，评价者需要采用多样化的评价方式，如项目式评价、表现性评价、同伴评价等，科学、全面地评估学生在不同学习阶段及学科中的知识掌握情况。评价不仅要关注学生的知识认知水平，还要评估知识对学生自我意识觉醒的促进作用，以及在日常生活与学习中，知识对学生的实践能力与问题解决技巧的增强作用。

(二)细致剖析知识内在结构的层次性特征

本原教学追求的是一种深刻的知识教学，它要求评价者在对学生进行学习评价时，必须关注学生能否理解并把握知识的内在结构层次。这一理念强调，教学不应仅仅停留在知识表面的符号记忆上，而应深入剖析知识背后的世界本质与规律，以及蕴含在其中的思想方法与价值意义。

学生对知识内在结构的理解程度，不仅反映了他们与知识所展现的客观世界的联系深度，也体现了他们在知识学习中，对自我与世界、事实与价值、历史与现实、现象与本质、局部与整体等多重关系的理解程度。因此，本原教学要求教师在教学准备过程中，必须全面、深入地分析教学资源，为展现知识的完整内在结构与知识间的联系准备充分的材料。在教学过程中，教师应引导学生对知识进行从表面符号到深层意义的解读，促进知识间的有意义连接，帮助学生以整合、关联、情境化的方式存储知识。

学生需深刻理解知识结构的层次性，这促使评价者在对学生学业进行评估时，创造多样化的评价环境，以观察和评估师生在不同背景下的表现。教师应巧妙地将教学设计融入这些多变的环境中，使学生在这些多样化的情境里能够自由地展示他们所学的知识与技能。唯有如此，评价者方能准确且全面地衡量学生对知识的把握程度。

(三)强调学生学习历程的多元性

本原教学着重于教学过程的探索，因此，学习评价也应聚焦于学生学习历程的多元性。教师在教学过程中,不应仅仅界定学习内容或简单列举知识点,而应详细规划学生必须经历的学习步骤、完成的任务、采用的学习策略以及应达到的学习深度,以此激励学生更全面地参与到学习中来。在教学过程中,教师应积极引导学生参与,而非仅仅进行知识灌输,要将学习历程的多元性融入到明确的任务安排、过程指导和方法引导中。

为了凸显学生学习历程的多元性,评价者在评估时,应构建一套完善的过程质量标准,以引导和丰富学生的学习过程。这一标准应确保评价具有正确的导向、科学的判断、有效的激励、准确的诊断、恰当的调节、合理的监督以及有序的管理。通过聚焦于学习过程,评价紧密跟随学生的学习轨迹,确保评价指标具体、可操作且科学合理,从而使学生在学习过程中有明确的目标、清晰的方向,有效实现学习的过程价值。[①]

三 本原教学理念下的学习评价新路径

本原教学强调评价者关注知识的多维度教育价值、知识结构的层次性以及学习历程的多元性。因此,学习评价必须打破单一的评价模式,摆脱抽象的评价环境,摒弃忽视学生学习过程质量的评价观念。在本原教学理念的指引下,我们应开展新的评价实践,促进学生的真实学习发生。

(一)运用多元化的评价方式,全面评估学生的知识习得

在学生的知识学习过程中,不同维度的知识学习质量有着各自独特的表现形式和作用机制。因此,对于不同的知识类型以及同一知识类型中的不同结构层次,我们需要采用与之相适应的评价方式。这要求评价者运用多种评价方式,有针对性地评估学生不同层面的知识习得情况,以充分发掘知识的多维度特性,全面实现知识的多维度教育价值。

从学习活动的角度来看,根据学生所掌握的不同知识类型和同一知识类型中的不同结构层次,我们可以分情况使用定量评价与定性评价。对于学生的认知性知识掌握情况,如预习效果、作业完成情况和测验成绩等,适合采用定量评价进行衡量;而对于学生的自我意识性知识和实践性知识掌握情况,则更适合

---

① 周霞,伍远岳.深度教学视野下的学习评价[J].教育理论与实践,2020(8):10-13.

通过观察评价、表现性评价、访谈评价等定性评价方式来评估。这些方式能够更全面地展现学生在小组讨论、任务展示、课堂提问、师生互动以及综合实践活动中的表现和能力。

从学习阶段的角度来看,根据教学活动或学习活动所处的不同阶段,我们应综合运用诊断性评价、过程(形成)性评价和终结性评价,对学生进行全面而系统的评价。在教学活动开始前,通过诊断性评价了解学生的基础知识和学习水平,为个性化教学提供有力支持;在教学过程中,通过过程性评价密切关注学生的学习表现,为及时调整教学策略和提供科学反馈提供重要参考;在教学活动结束后,通过终结性评价全面评估学生是否达到既定的学习目标和掌握预期的知识。这样的评价方式能够更准确地反映学生的学习情况,促进学生的全面发展。

(二)构建多样化的评价情境,全面考量学生的知识应用能力

评估者需综合考虑评估目的、学科特性、学生身心发展阶段等多方面因素,精心构建多维度的评价情境,以全面、深入地考查学生在不同情境下知识的获取与应用能力。以国际PISA(国际性评估项目)的阅读素养测试为例,它根据情境与学生生活的关联度,细致地将情境划分为个人生活情境、教育学习情境、社会公共情境及职业工作情境。在这些各具特色的情境中,学生所需调用的知识技能、面对的问题类型及解决层次各有侧重。再以PIAAC(国际成人能力评估)的阅读评估情境为例,个人生活情境聚焦于家庭、健康、消费、娱乐等日常话题的阅读材料,而教育学习情境则侧重于与未来学习机会紧密相关的阅读材料。评估者面临的核心挑战在于,如何巧妙地将评估内容融入具体情境,创造出丰富多样的评价情境,从而准确捕捉学生在不同学习阶段和活动中知识技能的掌握深度与广度。在此过程中,评估者需清晰识别事实性知识、概念性知识、程序性知识及元认知知识各自最适合的评价情境,并明确各类知识在不同层次(如表象理解、逻辑推理、深层领悟)下最适合的测试情境。借鉴国际大型教育评估项目的成功经验,评估者首先应在确保情境"真实性"的基础上,根据评估的具体目标,灵活调整情境的广度、深度、复杂度及跨学科性。其次,情境的分类与配置应充分考虑学科差异、测试形式及学生年龄阶段的特点。最后,评估者还需将抽象的情境转化为具体可操作的评估任务,如通过提炼情境的关键要素,辅以详细的情境描述与说明。

(三)确立学习过程质量准则,优化学生学习过程的评估体系

学生的学习质量不仅体现在最终的学习成果上,更贯穿于整个学习过程之中。为了提升学生学习过程的质量,评估者需建立一套全面的学习过程质量准则,以系统监测和评估学生的学习进展。

从促进学生全面发展的战略高度出发,这套准则应兼顾预设性与灵活性,同时容纳多元价值。在制定学习过程质量准则时,评估者需全面审视学生多样化的学习过程,力求从多个维度全面反映学生的学习表现。在预设层面,学生的学习过程质量准则应涵盖学习动力、学习策略、元认知调控等多个关键要素:确保学生在学习过程中保持高昂的学习热情,提高其学习投入度;引导学生探索并采用多样化的学习策略,深化对知识的理解和应用;密切关注学生的元认知调控能力,以提升其思维计划、监控和调节的自主性。此外,学习过程质量准则还应根据不同学段、不同学科的特点,设置差异化的过程质量要求;同时,考虑到地区差异,不同地区的学校在学习过程质量准则上也可能有所不同。因此,首先需对不同学段学生的学习心理、学习机制及学习行为进行深入研究,以确保准则的针对性和适用性;其次,准则应具体、明确,以可观察的行为和具体的内容为描述基础,为学生学习过程的质量监测提供清晰的指导。在此基础上,明确的过程质量准则与灵活的过程质量准则并不相悖,灵活的过程质量准则旨在更好地服务于预设的目标,共同构成全面评估学生学习过程质量的框架。在生成层面,学生作为学习的主体,其主观能动性在学习过程中发挥着重要作用,因此,学生的学习过程质量还应包括表现性准则、主体性准则等,以将学生在学习过程中的非正式学习活动纳入学习过程质量评估的视野之中。

第四节 学习活动多样化

一、理论依据剖析

(一)认知科学的理论支撑

随着社会对人才需求的不断演变,学科核心素养的概念应运而生。在这一背景下,"具身认知理论"与"认知发展阶段理论"为核心素养的培育提供了坚实的理论支撑,尤其在构建以单元目标为导向的学习活动设计中,这两大理论的作用尤为显著,为教学活动的有效实施注入了新的活力。

"具身认知理论"强调认知过程与生物体及其所处环境的紧密联系,指出认知不仅依赖于大脑的神经活动,更与个体的身体感知和运动系统息息相关。特别是视觉这一核心感官,在认知世界的建构中扮演着举足轻重的角色,对于科学知识的系统化和深入理解具有不可替代的作用。

而"认知发展阶段理论",特别是皮亚杰的理论,则揭示了知识和经验之间的动态转化过程。皮亚杰将个体的认知发展划分为四个阶段,其中形式运算阶段标志着青少年能够进行抽象逻辑思维,利用符号进行复杂的推理分析。这一理论对于理解初中生在物理学习中的认知特点具有重要的指导意义。

在初中阶段,学生正处于从具体形象到抽象逻辑的过渡时期。他们能够通过视觉观察理解物理现象、实验过程以及知识点之间的联系,并基于自身的认知发展水平,对物理现象和知识进行深入的逻辑推理和分析。

(二)单元目标导向与学习活动设计的深度融合

单元目标是教学设计的核心,它根据教学的基本要求,明确了教学内容的方向和重点。在初中物理教学中,单元目标旨在实现物理学科素养的四维目标,即培养学生的物理观念、科学思维、科学态度与责任感,并通过单元学习使学生达到预期的学习效果。

以单元目标为导向的学习活动设计,要求教师在设计教学活动时,充分考虑教学单元的整体目标和学生的实际情况,构建出符合教学需求的教学框架。这一设计过程应从物理学科核心素养出发,结合学生的认知特点,探索出适合学生的学习模式,形成物理学科特有的思维方式,并围绕核心素养的培养设计出一系列的教学活动。鉴于传统教学模式已难以满足当前教育的需求,采用单元目标导向的设计方式,能够更有效地激发学生的科学思维,提升他们的探究能力,明确科学态度与责任,树立科学观念,从而全面落实初中物理核心素养的培养目标。

二、物理学习活动设计的创新实践探索

传统的教学模式往往过于注重知识点的直接传授,而忽视了情境的重要性,导致科学思维方法的渗透不足,限制了学生的实验能力、问题解决能力和深度思考能力的发展。随着基础教育改革的不断深入,从基本技能到三维目标,再到核心素养的转变,以单元目标为导向的初中物理学习活动设计显得尤为重要。为此,学习活动设计的创新框架(见图5-2),强调在核心素养的框架下,物理教学应更加注重知识的整合与学生的全面发展。

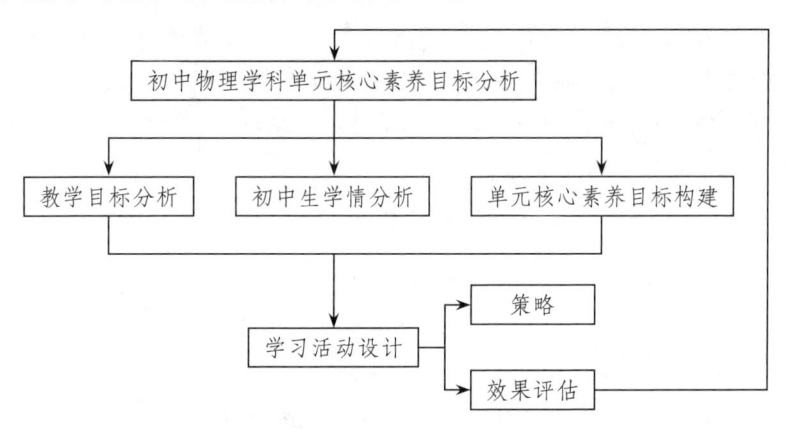

图5-2 初中物理学习活动设计导图

(一)初中物理单元核心素养目标的深度剖析与构建策略

对单元目标的深入分析,有助于将知识点融入单元整体之中,减少对单一知识点的过度关注,转而更加注重提升学生的学科核心素养。教师在设计教学活动时,应深入挖掘教材内容,制定明确的教学目标,并根据学生的特点采用适

合的教学方式来整合教学内容。从整体上把握教学需求,选用恰当的教学方法,优化教学过程,以提升学生的抽象概括、分析综合、推理判断等思维能力。在概念和规律的教学中,教师应融入模型建构的内容,引导学生通过建模来深入理解物理概念和规律,进而增强他们的模型建构、科学推理、科学论证以及质疑创新等科学思维能力。通过这样的设计,旨在培养学生的物理学科核心素养,促进他们的全面发展。

以"压强学习"为例:

教学目标分析:大气压强与固体压强、液体压强一起构成了一个相对完整的知识体系。由于大气压的产生与静止液体内部压强的产生原因类似,所以大气压强的学习是前者的延伸和巩固。本节课要求学生主动参与,通过假想实验、模拟实验、演示实验这一系列知识形成的过程,感受观察、分析、推理、间接测量、假想实验等科学的思想和方法(表5-1),并体验学习的乐趣。

初中生学情分析:学生已经掌握了学习本节课需要具备的基础知识,压力和压强的概念、压强公式($p=F/S$)、液体内部的压强公式($p=\rho gh$),这些都为本节课的学习做了很好的铺垫。但是由于托里拆利实验是应用了间接测量的方法,学生在理解上一直存在着困难,所以要将其方法作为难点。初三学生已经具备了一定的实验探究能力和空间想象能力,形象思维和抽象思维都有了不同程度的发展,有一定的分析问题、解决问题的能力。但是初三的学生往往不爱发言,不主动表现自我,需要教师的积极、灵活调动。初三学生心理和认知发展规律要求教师在教学中充分调动他们的激情。他们不喜欢枯燥的理论分析和教条式的计算,但乐于参与实验、观察现象、了解与物理规律有关的图片。他们喜欢探索自己熟悉的或与所学知识有关的生活现象、科学事件。在玩中学更能激发学生的情感,更能激发和培养他们的创造性。

表5-1 单元核心素养目标

单元目标序号	单元目标描述	预期学习水平
1	知道大气压强的存在	知道
2	知道托里拆利实验,经历探究大气压强值的实验活动,感受分析、推理、间接测量等科学方法,初步感受模型建构的科学思维	知道
3	知道大气压强的大小与哪些因素有关,初步了解控制变量的科学方法	知道
4	知道大气压强在生产生活中的应用,激发探索未知世界的热情	知道

学习活动设计：

(1)通过设计实验证明大气压强的存在，感受实验、观察、归纳的科学方法。

(2)经历"探究测定大气压强值"的活动，感受分析、推理、间接测量的科学方法。

(3)通过了解马德堡半球实验和托里拆利实验，领略先辈崇尚科学、勇于探索的精神。

(4)通过大气压强的学习，激发兴趣，感悟理论联系实际、学以致用的重要性。

(5)通过测量大气压强值的一系列活动，提高学生动手动脑学习物理的兴趣，激发探索未知世界的热情。

设计单元教学目标要符合学生心理特点和认知规律，而难点的确立要基于学生的认知水平和思维障碍。如把托里拆利实验中应用了间接测量的方法作为难点，这样的单元目标设计导向的活动设计才能真正起到培养学生物理学科核心素养的作用。[①]

(二)物理学习活动设计要点

学习活动设计是单元教学设计的关键，是落实物理学科核心素养的重要步骤，能为学生的学习活动提供良好的基础和方向。初中物理学科核心素养是通过物理教师对教学活动的设计，为学生创造学习环境，对学习中的问题不断的交流慢慢培养出来的。在进行学习活动设计时应该注意以下几点。

第一，创设意境，培养学生科学态度与责任。对于学习意境的寻找是为了让学生的物理知识学习更加贴近实际生活，让学生感受到物理来源于生活，此外，也能让学生感受学习的魅力，让物理在学生眼中不再只是符号、公式，而是可以感知和触摸的生活中的世界。

"压强学习"活动设计：

活动1：利用实验桌上所给器材，分组设计实验并证明大气压强是存在的。

活动2：马德堡半球实验的故事介绍。

活动3：学生分组进行马德堡半球实验。学生通过皮碗等模拟马德堡半球实验，亲身感受大气压强的存在和大小。

[①] 朱英,冯杰.以单元目标为导向的初中物理学习活动设计——以"大气压强"为例[J].物理教师,2022(4):50-53.

第二,设计问题,培养学生科学思维与探究。

"压强学习"问题设计:

(1)探索大气压强的存在问题:"你如何证明大气压强的存在?历史上的哪些实验可以证明这一点?"

目的:引导学生探索大气压强的存在证据,了解科学历史,激发好奇心。

(2)理解大气压强的概念问题:"大气压强是如何定义的?它与海拔有什么关系?"

目的:帮助学生理解大气压强的基本概念,并探究其随海拔变化的规律。

(3)分析影响因素问题:"哪些因素会影响大气压强的测量结果?如何在实验中控制这些因素?"

目的:培养学生的变量控制意识和实验设计能力。

(4)应用实际问题解决问题:"如果被困在一座即将沉没的船上,你如何利用大气压强原理来延长生存时间?"

目的:鼓励学生将理论知识应用于解决紧急情况下的实际问题。

(5)实验设计与执行问题:"设计一个实验来测量大气压强,你将如何操作?可能遇到哪些困难?"

目的:让学生通过实际操作来测量大气压强,体验科学探究的过程。

(6)数据分析与解释问题:"在实验中,如何分析和解释你的数据?如果数据与预期不符,可能是什么原因?"

目的:培养学生的数据分析能力和批判性思维。

(7)跨学科连接问题:"大气压强在气象学、航空学和深海探索中有哪些应用?"

目的:让学生了解大气压强在不同领域的应用,促进跨学科学习。

(8)创新思维问题:"你能想到哪些新颖的方法来利用大气压强?这些方法如何改善我们的生活?"

目的:激发学生的创新思维,鼓励他们探索大气压强的新用途。

(9)社会影响讨论问题:"大气压强的变化对环境和我们的生活有哪些影响?我们应如何适应这些变化?"

目的:培养学生的社会责任感,让他们考虑科学现象对环境和社会的影响。

(10)反思与总结问题:"通过这次大气压强的学习,你学到了哪些科学知识和思维方法?你认为自己在哪方面有所提高?"

目的:鼓励学生进行自我反思,总结学习经验,评估自己的科学思维和探究技能。

通过这些问题的设计,学生不仅能够深入理解大气压强的科学原理,还能够培养科学思维、实验技能、问题解决能力和创新能力。这种教学方法有助于学生形成系统的科学探究能力,为未来的学习和生活打下坚实的基础。

第三,捕捉问题踪迹,训练高阶思维。引导学生于情境之中捕捉物理问题的踪迹,围绕课堂教学的核心难点与重点,精心设计问题场景,激励学生在此环境中主动思索,采取自主学习模式。通过动手构建物理模型及实施实验探究,增强学生的物理模型构建技能,进而促进他们进行分析、综合、类比、归纳等一系列科学思维训练,以培育学生的假设提出、科学预测、逻辑推理及论证能力。此外,鼓励学生间的合作学习,以此推动不同能力水平的学生共同进步。

托里拆利实验作为物理学领域的标志性实验,蕴含着深厚的教育意义。然而,传统教材在阐述该实验原理及操作背景时略显不足,给学生理解带来挑战。因此,为克服这一障碍,我们需在尊重教材原意的前提下,对其进行适当改编,增添假想实验与模拟实验环节,为学生搭建理解实验原理及操作步骤的桥梁,为深入理解托里拆利实验奠定坚实基础。在此过程中,尤应注重锻炼学生的思维能力,同时强调科学精神与思想方法的传授,确保学生的主体地位得以彰显。学生在这一系列的学习实践中,不仅能领悟到观察、分析、推理、间接测量及假想实验等科学方法,还能享受到学习带来的乐趣与成就感。

"托里拆利实验"教学步骤:

(1)探究大气压的产生原因

提问:大气对处于其中的物体是否产生压强?

论据:类比液体内部压强,由于大气受到重力的作用,大气会对处于其中的物体产生压强,我们称它为大气压强。同样,气体具有流动性,所以大气压也应该是向各个方向的。

(2)通过假想实验初步理解托里拆利实验原理

提问:纸片很容易落下导致实验失败,有没有更加稳妥的方法呢?为什么没有水流出来?水对管口有没有压强?是不是不论管子有多长,水都不会流下来呢?大气压强托不住多高的水柱呢?

论据:知道大气压强所能托起水柱的最大高度就能间接地测出大气压强的值。在此过程中,学生初步理解了托里拆利实验测量大气压强的原理。

方法:引导学生首先从覆杯实验中寻找测量大气压强的方法,通过假想实验,使学生理解大气压强的原理:$p_{大气}=p_{液}=\rho_{液}gh$。

(3)模拟托里拆利实验

提问:如何利用液体压强替代大气压强?

论据:玻璃管足够长;选择密度大的液体;玻璃管内要装满液体(不能有空气)。

实验:将实验用的玻璃管加长直至1 m,来寻找大气压强所能托起水柱的最大高度。学生模拟托里拆利实验如图5-3所示,当发现1 m长仍然不是最大高度的时候,引导学生讨论得出:换更长的管子或换用密度更大的液体,例如水银。

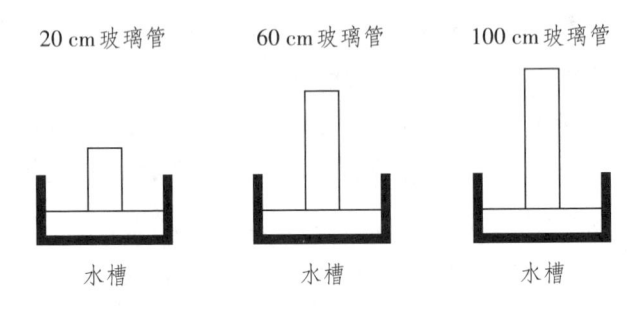

图5-3 学生分组模拟托里拆利实验

(4)托里拆利实验

视频:观看托里拆利实验录像。

(5)大气压强的利用

提问:同学们讨论一下生活中大气压强有什么应用。

举例:钢笔吸墨水、注射器抽药液、活塞式抽水机、离心式水泵等。

(三)物理学习活动设计的成效评估策略

在新课程标准的评价导向中,"重视过程,推动成长"的学习评价机制被明确提倡,这标志着采用多元化评价手段,以客观视角全面审视学生发展动态已成为当前教育评价的主流趋势(参见表5-2)。课堂评价不应是静态的结论性判断,而是一个充满活力、与学习进程紧密相连的质性反馈过程,它要求我们在教学实践中预留充分的灵活性,以适应课堂的动态生成。

课程标准在评价方面的建议强调了多种评价方式融合的重要性。这意味着我们需要智慧地运用评价的诊断性功能、激励性作用以及发展性潜力,将量化评价与质性评价、形成性评估与终结性考核巧妙结合,以此作为驱动力,促使学生主动优化学习路径。具体而言,通过课堂观察记录学生的即时反应,通过实验操作评估学生的实践能力,以及通过作品展示展现学生的创新思维,这些多元化的评价方式共同构成了一个全面的评价体系,能够深入洞察学生物理学科素养的成长轨迹。

以"大气压强"的教学为例,在以单元目标为引领的初中物理学习活动设计中,学生对于托里拆利实验的理解得到了显著深化。通过引入假想实验和模拟实验的教学环节,不仅帮助学生掌握了实验背后的原理,即"知其所以然",而且为学生深刻理解托里拆利实验奠定了坚实的基础,有效攻克了教学中的难点问题。这样的教学设计不仅提升了学生的知识水平,更促进了他们科学探究能力和物理思维的发展。

核心素养下的以单元目标为导向的初中物理学习活动设计改变了以往的应试教育教学模式,让更多的学生在快乐中学习,体验到了物理学习的魅力,让物理教学中的更多零碎的知识点有效结合在一起,让学生在学习过程中形成了良好的学习习惯,落实了教学目标,培养了初中学生物理观念、科学思维、科学探究、科学态度与责任等学科核心素养,为学生提供了真正有意义的学习。①

表5-2　初中物理学习活动设计教学效果评估要素

评价项目	评价要素	师生共评
过程评价	能够与同学合作完成实验,提升生生之间的合作精神	☆☆☆
	能够查阅资料,感受科学与人文的关系	☆☆☆
	能够类比旧知识,构建物理观念	☆☆☆
交流评价	知道大气压强所能托起水柱的最大高度就能间接测出大气压强的值,体现间接测量的科学思维	☆☆☆
	能讨论得出测定大气压强值的两种方案:1.用水做实验,增加管子的高度;2.增大液体的密度,用水银进行实验。确定第2种方法为最佳方案,经历科学探究的过程	☆☆☆
	知道大气压强在生活中的应用,感受物理来源于生活,又回归于生活	☆☆☆

---

① 朱英,冯杰.以单元目标为导向的初中物理学习活动设计——以"大气压强"为例[J].物理教师,2022(4):50-53.

第六章

本原物理教学策略

第一节 再论物理概念规律教学

物理概念与规律是物理知识的重要组成部分,整个中学物理是以为数不多的基本概念和基本规律为主干而形成的一个完整的体系。物理基本概念、基本规律和基本方法的相互联系构成了物理学科的基本结构,其中基本概念是基石,基本规律是中心,基本方法是纽带。一方面,形成概念是掌握物理规律的基础;另一方面,掌握规律可以使我们从各种物理现象中进一步深入理解物理概念。因此,可以说物理概念和规律是整个物理学的生命线。物理课堂教学就是要帮助学生理解和掌握物理概念和规律的发展过程,发展学生认识问题和解决问题的能力,激发他们的科学探究精神,达到培养和提高学生的科学素养的目的。

一 物理概念教学

物理概念是指客观事物的物理共性和本质特征在人们头脑中的反映,是物理事物的抽象。

（一）物理概念的特点

1.物理概念是观察、实验和科学思维相结合的产物[1]

物理学是典型的自然科学,其概念大都是人们对于自然界——宏观或微观现象的描述,其中有些概念是观察实验的结果。例如,广泛存在于自然界的具体运动状态(小鸟飞行、河水流淌、车轮转动),通过观察发现,这些表面现象都具有一个共同的特征,即随着时间的推移,一个物体相对另一个物体的位置改变——机械运动;然而,在区分平动和转动时,就须将实验和科学思维相结合,将无关和次要的因素排除,得出平动的刚体各点运动状态相同,转动的刚体各点线速度不相同的结论。

---

[1] 阎金铎,田世昆.中学物理教学概论[M].北京:高等教育出版社,1997:174.

2.许多物理概念都是用数学表达式来表征物理"量"的含义

许多物理概念可以用数学公式来表达其"量"的性质,例如,把动量表述为乘积的形式 $p=mv$。

(二)课堂教学概念分析

1.物理概念的引入

在物理教学中,有些概念可以直接给出,无须过多地讲解,例如长度、温度等;而有一些概念是最基本、最核心的,我们将其称为基本概念,做好这一部分概念的教学,对于日后继续学习至关重要。在物理概念教学中,首先要使学生明白原有概念的局限,从而知道为什么要引入新的物理概念。例如"密度"概念的引入:给学生一些体积相同、材料不同的长方体物块,让他们用手掂轻重,比较其质量;再取几个试管,放入质量相同的不同液体,比较其体积的大小。这样能使学生从中悟出物质的一个特殊性质,即"体积相同时,不同物质的质量不同;质量相同时,不同物质的体积不同"。接着,提问学生:"我们能根据物质的颜色、气味、硬度来辨认物质,但如果两种物质的颜色、气味、硬度都相同时,还有什么方法可以区分它们呢?"于是,学生感到还有必要来寻找物质的新的特性,从而领会用单位体积的质量来表征物质特性的一种方法,由此引入"密度"这个概念。

2.物理概念的形成

形成概念的前提是使学生获得十分丰富的、有助于形成这个概念的感性材料。首先,必须给学生提供足够的感性材料,列举生活中熟悉的实例,或观察模型、实物、示意图,或进行实验,等等,实现知识的正迁移。然后启发诱导,让学生观察、思考、分析、比较"现象"的共同属性,概括、抽象出其本质,得出物理概念的含义。

以"动量"教学为例,列举与生活接近的事例:学生们都有这样的经验,在冬天,雪花飘飘而下,没有人惧怕和担心这些从天而降的"客人"会伤及身体;而面对冰雹就是另一种心情,安全防护的意识会格外强。同样是天上来客,却产生了不同的接受心理,究竟是什么原因呢?

学生很容易想到这里的区别是:冰雹重,落得急;雪花轻,飘得慢。这只是一个初步的感性认识。

接着可以让学生们想象,游乐场中玩碰碰车的情形,体重小的会尽量避免和体重大的驾驶者相撞,这又是为什么呢?

教师应当引导学生思考,并得出初步的印象:上述现象都是与物体的动量有关,而物体动量的大小是与物体的质量和速度有关的,质量越大,速度越大,则物体的动量就越大。在学生获得了感性认识,有了明晰的印象之后,可以告诉学生:早在三百年前,人们就在各种生产和生活中察觉到了这些知识。伽利略、笛卡儿、惠更斯等人,在研究打击、碰撞等问题的过程中,发现了动量是与质量、速度相关的。

物理学史内容是中学物理的有机组成部分。历史上物理学家对某一物理现象、概念或规律的发现,其思维过程与今天学生认识这一问题的思路往往有类似之处,所以,概念教学有时可借助物理学史料来启发学生的思维。教学实践表明,学习物理学史,可以激发学生的学习兴趣,加深对物理概念的理解。了解了物理概念在历史上产生、形成和发展的过程,才能更深刻地理解它们的本质。例如,对光的本性这一部分,物理教学中常常采用"沿着人类对光的认识历程"的方法来进行教学。

3.物理概念的解析

在学生头脑中建立了概念后,必须对概念进行解析,才能更好地理解和应用它们:

(1)对概念的内涵与外延的理解

概念的内涵即概念的本质。概念的内涵既反映了物理对象所特有的某种属性的"质",又反映了物理对象某种属性的"量"(即"量度方式"和"量度单位"),这样的物理概念也叫物理量。概念的外延即概念的适用范围,是指概念所反映的具有某一属性的现象或事物。概念教学的关键是使学生了解概念的内涵和外延,定义是明确概念内涵和外延的依据。所以,为了找出概念的内涵和外延,必须从分析概念的定义入手。

力的定义是"物体对物体的作用",力的概念所反映的事物的特有属性是"物体对物体的作用",此即力的内涵。力的概念所反映的特有属性的事物是具有这种特有属性的所有的力,如万有引力、电磁力、核力等具体的力,此即力的概念的外延。同样,惯性概念的内涵是"物体有保持原来运动状态的性质",外延是"一切物体"。

（2）对概念的表述方式的理解

物理概念的表述分为文字表述、公式表述、图像表述、图形描述、图表描述五类。

文字表述：是指用科学简练的语言，正确描述概念的定义。

公式表述：是指用数学方式反映物理概念的定义，直观体现概念的构成要素。

图像表述：是指用数学图像反映物理含义的一种表达方式。

图形描述：是指用图形形象地描述概念的方式。例如"场"的概念，尽管场的物质性是不可否认的，学生也能通过推理得出、承认这一事实，但是场毕竟与学生很熟悉的实体物质有着很大的差异，故需要用图形描述。

图表描述：是指用图表揭示物理概念的内在规律。如 LC 振荡电路的电流变化、电荷量变化、电场强度与电场能量变化、磁感应强度与磁场能量变化等用图表描述非常清晰，容易对比，便于理解。

（3）掌握物理概念的本身特征

学生初步建立了概念后，必须对概念进行解剖，才能正确地理解和应用。在教学过程中，需要弄清楚物理量属于何种类型：状态量还是过程量、相对量还是绝对量、矢量还是标量。

4. 物理概念的巩固和深化

要通过多次反复思考和运用，不断纠正错误的认识，深化对概念的理解，特别是对于为数不多的、作为重点知识的基本概念，具体的应该要求高一些，能将它们熟练运用。

二 物理规律的教学

反映物质运动变化过程中各个因素之间的本质联系，揭示物理现象、物理过程在一定条件下必然发生、发展和变化的规律，称为物理规律。物理规律包括物理定律、定理、原理、法则和公式等。人们认识规律的过程，是人类探索自然秘密的科学发现的过程，物理规律是观察、实验、思维、想象和数学推理相结合的产物，同时它也反映了有关物理概念之间的必然联系。

(一)物理规律的特点

1.物理规律具有近似性的特点

所谓近似性,是指物理规律经常是对于理想状态(即客观世界和现象的抽象)的描述。例如理想气体状态方程、牛顿第一定律的适用范围的物理场景是人为抽象出来的,即使再精密的仪器、再先进的实验室,使用再合理的运算方法,都无法完全达到理想状态的要求或消除误差。

2.物理规律具有因果性的特点

物理规律不但能够反映概念之间的必然联系,同时相关的物理规律之间也存在着演绎关系。例如,可以从牛顿定律推导出动量定理、动能定理等。正是由于这种因果关系,使物理规律可以借用数学变换得出另外一些规律。

3.物理规律具有局限性的特点

所谓局限性是指任何物理规律都有它的适用范围和条件。例如,牛顿定律适用于惯性系,在非惯性系就不适用了。在经典力学中,认为质量是固定不变的,而在20世纪初,物理学家爱因斯坦提出了狭义相对论,改变了经典力学的一些结论,他指出物质的质量会随速度的增大而增大。

4.物理规律具有发展性的特点

人类认识自然规律的过程是一个曲折的科学进程,限于知识和技术手段的不完善,对于自然界的物理规律的挖掘、整理是一个循序渐进的积累过程。例如,17世纪,在伽利略的力学和开普勒的"行星运动规律"的基础上,牛顿建立了经典力学体系,完成了人类历史上第一次科学理论的大综合,揭示了物质运动规律。电磁场理论的理论推导、实验论证与完善也是一个渐进的历程,体现了物理规律的继承性和发展性。

(二)物理规律的课堂教学

规律教学与概念教学有许多类似之处,诸如引导学生对物理现象的发生、发展产生兴趣,采取合适的方法来解释、帮助学生理解规律,在需要证明的时候,力求体现逻辑顺序,并且要讲明规律的适用范围、条件和深远意义。中学物

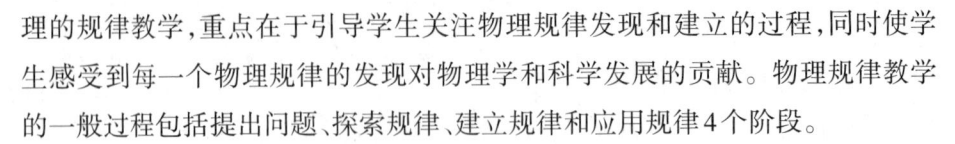

理的规律教学,重点在于引导学生关注物理规律发现和建立的过程,同时使学生感受到每一个物理规律的发现对物理学和科学发展的贡献。物理规律教学的一般过程包括提出问题、探索规律、建立规律和应用规律4个阶段。

(1)创设情境,提出问题——现实到物理

在教学开始阶段,在明确相关物理概念的同时,要创设好学生便于发现问题的物理情境,使学生通过体验获得探索物理规律所必需的感性知识,实现从现实到物理的问题意识。

(2)探究物理规律——物理到模型

从物理教学的角度,可以把物理规律分为三种类型:实验规律、理想规律和理论规律。然后根据其类型,选择恰当的方法展开探索。所以,探索阶段要从两个方面入手:一是设计定性方案(理论或实验),这是规律教学的核心环节。二是进行定量探究(理论或实验),完成从物理到模型的转换。

(3)建立物理规律——模型到物理

这一环节的关键是让学生领会定量探究(理论或实验)的作用、建立规律的思路和过程。因此,一方面,教师创设的物理情境既要能提供探索物理规律的感性材料,又要有助于激发学生的学习兴趣和求知欲。另一方面,提供的基础材料要完备,能够使学生进行一系列的思维加工,完成从模型到数学的定量表征,从而建立物理规律。

(4)应用物理规律——关注辨析与条件

一是对规律的适用范围进行拓展。基于规律的近似性,教师应该在对理想条件下的规律进行分析后,侧重于规律的应用性和实战性。准确理解规律表述式中的关键词是学生正确理解规律和运用规律的关键,因为这些关键词是相关物理概念的再现。

二是加强规律(定理、定律和公式)中概念的分析。作为规律的构成要素——概念,对于规律应用的成功与否起着至关重要的作用。物理规律往往都是在一定的条件下建立或推导出来的,只能在一定的范围内使用,超越这个范围,物理规律则不成立,有时甚至会得出错误结论。

三 对物理概念与规律教学的重新审视

1. 加强物理概念与规律教学的理论根基研究

一直以来,我国在物理概念与规律的教学实践中,始终未能实现根本性的突破,很大程度上归咎于理论研究的缺失,导致教学实践缺乏坚实的理论支撑。因此,若要推动物理概念与规律教学走出当前徘徊不前的困境,就必须积极探寻并构建稳固的理论基础。

在新课程背景下,以科学方法为核心的物理学知识体系结构,为物理概念与规律的教学提供了强有力的理论支撑。它不仅准确把握了物理教学的核心要素,还构建了一套科学、合理且流畅的教学逻辑,充分展现了物理概念与规律教学的深层意义,使得教学能够超越经验层面,提升至理论高度。这一理论框架有效解决了物理概念与规律教学中长期存在的滞留问题,为教学要求的重构提供了明确的理论指导。

在物理教育领域,将获取知识本身视为教学目的,与将获取知识作为掌握科学方法的工具和手段,这两种教育观念截然不同。因此,物理教学不应仅仅局限于揭示物理知识的表面含义,更重要的是要引导学生探索和研究物理知识的方法。显然,重构后的物理概念与规律教学要求更好地体现以科学方法为核心的物理教育理念。在这种教学要求下,科学方法被置于教学的核心地位,物理知识的获取与应用都需依托科学方法。换言之,科学方法是知识的"源泉",而物理知识则是这一源泉所涌动的"溪流"。这一转变从根本上颠覆了传统以知识为中心的物理概念与规律教学模式,为物理概念与规律教学要求的研究开启了新的篇章。

2. 厘清物理概念与规律教学的逻辑脉络

探索物理概念与规律教学需求的逻辑本质,需回答以下几个核心问题:教学需求的理论基础何在?逻辑顺序如何安排?具体涵盖哪些要点?要点是否全面无遗漏,又是否存在冗余?显然,唯有准确回答这些问题,方能重新构建物理概念与规律的教学需求,从而超越传统观念中对物理概念与规律教学需求的理解。物理教学需求应注重逻辑性,这既源于物理学逻辑解释与展现的必要性,也源于物理教学特有的教育价值和简洁性要求。因此,单纯依靠经验层面来研究物理概念与规律的教学需求,难以揭示其逻辑不足。唯有深入探究以科学方法为核心的物理学知识体系结构,才能洞察物理概念与规律构建及应用的逻辑路径。由此可见,围绕科学方法核心的物理学知识体系结构所重构的物理概念与规律教学需求,圆满解决了长期悬而未决的难题。它清晰界定了物理概念与规律的教学需求包含五个环节,依次为:构建引入物理概念与规律的情境—采用科学方法推导出物理概念与规律—阐释物理概念与规律的核心意义—运用科学方法应用物理概念与规律—利用物理概念与规律解析物理现象。总之,通过实现物理概念与规律教学需求的逻辑一致性和内涵合理性,为物理概念与规律的教学实践提供了明确指导。

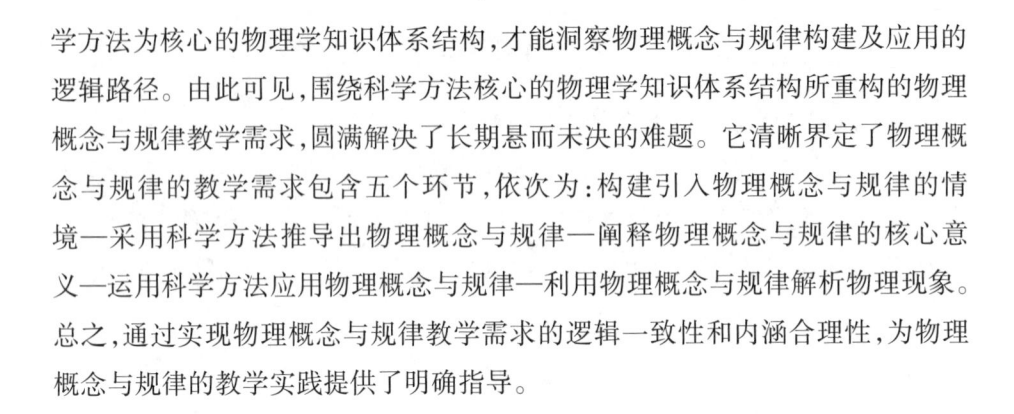

3.审视并优化物理概念与规律教学的传统路径

我国物理教育领域承载着丰富的历史传承,这些宝贵的传统是我们在持续探索与进步中必须珍视并发展的基石,旨在推动物理教学的全面优化。然而,对待传统不应是盲目遵循或过度神化,而应在深切尊重的基础上,敏锐洞察我国物理教学传统中潜在的缺陷,从而探寻改进与创新的策略。

回顾物理教育数十年的演进历程,其与基础教育课程改革的步伐紧密相连,共同发展。当前,我们面临着一个重要的转折点,即是否需要暂时放缓快速推进的步伐,转而深入回顾过往研究的成就与局限,审视哪些领域的研究尚待深化,以及是否需要从全新的角度重新评估。因此,对物理概念与规律教学要求的研究,其意义远不止于对传统教学方法的简单反思与调整,更应被视为实现学生核心素养层面的重要举措。核心素养,作为知识、技能、能力及个人特质在特定情境下综合作用的结果,是我们教育目标的核心所在。

重新审视物理概念与规律的教学要求,不仅是对物理教学传统的深刻反思,也是对有效促进学生核心素养发展的积极探索。在此背景下,对物理概念与规律教学的重构研究,无疑是对我国物理教学传统最为深刻且有益的继承与革新。

第二节 重构物理概念规律教学[①]

实施物理概念与规律教学要求规范与重构的一个重要思路,就是要超越经验思维,进行理论思维,最终形成中学物理概念与规律教学要求的理论。

一 物理概念与规律教学的理论重构

物理学三维结构图能够为物理概念与规律的教学提供具有指导意义的理论基础。追溯该三维结构图的演变历程,可发现其来源于美国霍尔顿提出的物理学三维结构模型和苏联费多琴柯提出的经典力学学科结构平面图。霍尔顿是美国哈佛物理教材改革计划的主要执笔人,他认为,物理学的任何一部分基本内容(包括物理量、定律、理论)的结构及其发展都可以分解为三种因素或三个坐标:X——实验(事实)、Y——物理思想(逻辑、方法论)、Z——数学(表述形式或计量公式),这可谓抓住了物理学知识结构的核心。

因此,这一普适的物理学结构模型也为物理学各分支学科、各章节单元课题的结构及其教学规律指明了方向。参考苏联费多琴柯的学科结构图,有学者做出了以物理知识为中心的物理学知能结构图(如图6-1所示)。

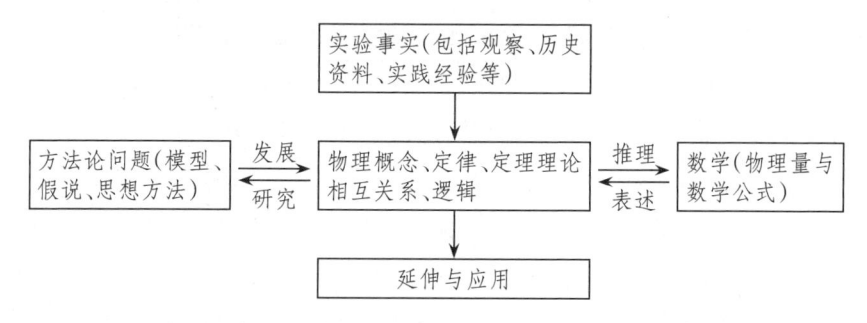

图6-1 以物理知识为中心的物理学知能结构图

[①] 邢红军,张抗抗,胡扬洋,等.物理概念与规律的教学要求:反思与重构[J].课程·教材·教法,2018(2):91-96.

实际上,该过程是将三维架构投射至二维平面,构成了上方(实验环节)、中央(核心理论)、左侧(科学方法论)、右侧(数学工具)及下方(延伸与应用)五个板块,全面展现了物理学的特性及各部分间的相互联系,尤其是知识与方法的内在联系,构成了一个典型的物理学知识与能力结构图示。无可争议的是,物理学知能结构图的提出为确立物理概念与规律的教学框架提供了有益启示。然而,经过细致剖析,我们发现该结构存在不足之处。

具体而言,实验观察与物理概念、规律之间并非直接对应,而是需要通过科学方法的桥梁作用,方能转化为物理概念与规律。因此,从实验观察直接跳跃到物理概念、定理及理论的构建,在教学逻辑层面显得不够严谨。同理,物理概念与规律的实际应用也并非一蹴而就,同样需要科学方法的辅助,以实现其有效的延伸与应用。为解决上述问题,我们建构了以科学方法为中心的物理学知能结构图(如图6-2所示)。

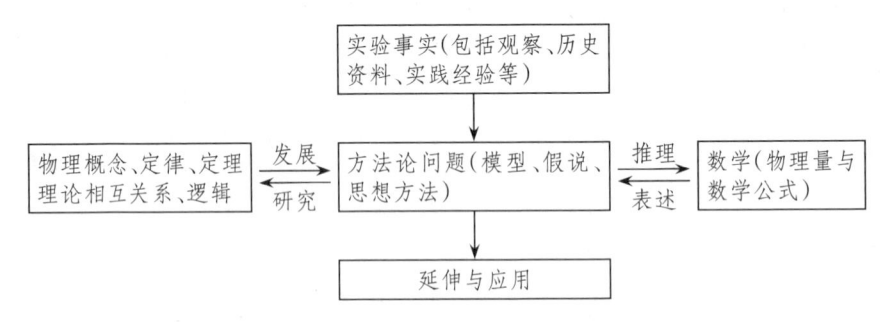

图6-2 以科学方法为中心的物理学知能结构图

与传统结构图不同的是,以科学方法为中心的物理学知能结构图虽然也由实验事实、物理概念规律、科学方法、数学以及延伸与应用五部分组成,但其独特之处在于将科学方法置于结构的核心位置,作为连接其他四个部分的桥梁与纽带,发挥着至关重要的作用。该结构图创造性地将物理概念与规律的教学活动划分为两个阶段:知识的获取与知识的应用。物理知识获得过程包括从实验事实出发,借助科学方法形成物理知识。物理知识应用过程包括从物理概念、规律出发,借助科学方法进行延伸与应用。如此,以科学方法为中心的物理学知能结构图就为物理概念与规律教学要求的规范和重构提供了坚实的基础。

二、物理概念与规律教学策略重构

以以科学方法为中心的物理学知能结构图为基础,遵循物理教学的逻辑,我们重构了物理概念与规律的教学要求。

1.创设物理概念规律建立的情境

"现象是物理学的根源。"因此,在物理概念与规律的教学中,本着"以人为本"的素质教育观,教师应重视学生的内心体验与主动参与。应以实验事实作为出发点,把创设情境作为物理概念与规律教学的第一步,为学生提供感性认识的材料,通过创设与教材内容相关的物理情境,把学生导入活动情境,引导他们在情境中捕捉信息、产生疑问。具体途径有:运用小实验,利用学生积累的生活经验,抓新旧知识的逻辑展开,讲述生动有趣的物理学史实或故事,利用多媒体把学生不易观察的现象展示出来,等等。但以往的研究对实验事实和科学方法并不进行区分,而是将两者一同作为物理概念与规律的教学要求,这种方式极易混淆物理概念与规律教学的起点,不利于教学逻辑的顺利展开。

2.运用科学方法建立物理概念与规律

物理概念与规律作为物理知识,其获得必然要借助科学方法。因此,在创设物理情境之后,就需要沿着物理概念与规律获得的逻辑路径,运用科学方法建立物理概念及规律。为了恰当运用科学方法建立物理概念与规律,需要将科学方法的运用过程加以展开,按照科学方法的内在逻辑呈现物理概念与规律建立的过程。比如,建立密度概念时,比值定义法呈现过程就应当包括以下四个步骤:①选取比较的对象(质量m);②选取比较的标准(体积V);③研究比较的意义(m/V);④得到比较的结论($\rho=m/V$)。正是通过科学方法的展开过程,使物理概念与规律以一种符合物理教学逻辑的方式建立。

从认知活动的角度来看,物理概念规律能否建立主要依赖于引入过程是否符合学生的认知规律,教师提供的典型物理事例是否能够启迪学生的物理观念,教师是否有效地运用逻辑的方法(分析、概括、抽象等)帮助学生积极地思维和主动地构建物理新概念。

值得强调的是,数学同样是科学探索手段的一个重要组成部分。在构建物理概念与揭示物理规律时,往往需要提升至量化分析的层面,这时数学工具便显得尤为关键。通过清晰界定并系统梳理科学方法的各类别,有助于促进物理概念与规律教学流程的顺畅进行。

3.深入把握物理概念与规律的核心要义

在教授物理概念与规律时,仅仅掌握其定义或公式是远远不够的,更重要的是深入挖掘这些概念与规律的本质特征,涵盖它们的内在含义、适用范围、应用条件,以及它们所体现的物理思维方式和基本观念。以这种方式,学生才能深刻领会物理概念与规律的核心价值。以"能量"这一概念为例,我国中学物理教材长期局限于"能量是衡量物体做功能力的物理量"这一简单定义。对此,美国学者莱尔曼提出了尖锐的批评,他主张能量的定义应综合热力学第一定律与第二定律,将热量也视为一种能量形式纳入考量。他强调,一定量的功可以转化为等量的热,但等量的热在封闭系统中无法完全转化为功;能量在转换过程中总量保持不变,而做功的能力却在转换中不断衰减。因此,一个全面的能量定义应为:能量是衡量物体做功能力和产生热能力的物理量。这一例子说明,为了让学生真正理解能量的概念,不仅需要提供准确的定义,还需引导他们理解定义背后蕴含的"守恒"与"转换"原理,因为能量正是基于守恒原则被定义,同时功与热之间可以量化地相互转换。

显而易见,根据以科学方法为核心的物理学知识体系框架,我们可以明确物理概念与规律的获取路径。在这一过程中,实验观察通过科学方法的处理,最终提炼出物理概念与规律。换句话说,物理概念与规律的获取始于具体情境,经由科学方法的运用,最终达成知识的获取。

4.运用科学方法应用物理概念与规律

在科学方法的指导下,我们应积极运用物理概念与规律解决实际问题,以此加深理解,提升应用能力。

为了促进学生对物理概念与规律的深入理解和牢固记忆,最终达成熟练掌握的目的,实践应用环节显得尤为关键。一旦学生初步构建了某个物理概念或规律的认识框架,紧接着就应当引导他们进入实践应用阶段。在此过程中,教师应从多个维度出发,提供概念的多种变形形式,要求学生进行判断或自行创设问题情境;同时,设计一系列由浅入深的问题序列,逐步引导学生深化理解,实现能力的提升。

由于物理概念与规律的应用同样依托于科学方法的支撑,因此,为了确保这些概念与规律能够得到有效应用,科学方法的运用是不可或缺的。研究指出,获取物理概念与规律所采用的科学方法与运用这些概念与规律时所需的科学方法并不完全重合,两者仅在部分内容上存在交集。因此,在应用过程中,对科学方法的精心选择与准确识别显得尤为重要。以牛顿第二定律的教学为例,其获取过程可能涉及控制变量法、实验法、图像法及比例系数法等多种方法;而在应用该定律时,则更多地依赖于隔离法与整体法。科学方法在物理概念与规律应用中的这一重要作用,不仅体现在它是连接知识与应用的桥梁,更在于通过明确科学方法在不同教学阶段的具体应用,我们能够更清晰地划分出物理概念与规律教学中的两条核心路径,从而使整个教学体系更加条理分明。

进一步而言,通过明确展示物理概念与规律应用过程中科学方法的运用,我们强调了科学方法在教学中的核心地位,这不仅丰富了物理概念与规律教学要求的内涵,也为教学实践提供了更为明确的指导方向。

5.利用物理概念与规律解释自然现象

"迁移与应用"构成了物理概念与规律教学的收尾阶段。需要强调的是,这一阶段绝非仅仅是对物理概念与规律的简单套用,或是机械地解答物理习题。相反,它要求学生通过解决真实的物理问题,来深化对物理概念与规律的理解。因此,在这一教学阶段,引入原始物理问题显得尤为重要。原始物理问题,即直接源自物理现象的描述,既新颖又贴近生活,能够激发学生的学习兴趣。例如,要求解释这一现象:当地铁在黑暗的隧道中匀速行驶时,乘客会看到窗外动态的广告画面;而当地铁速度略有变化时,乘客则会观察到广告画面似乎向后或向前缓慢移动。通过解决这类问题,物理概念与规律的迁移与应用得以摆脱传统习题训练的束缚,为学生提供了在真实情境中掌握物理概念与规律的宝贵机会。由此可见,在物理概念与规律的应用实践中,知识是起点,方法是过程,而实际应用则是最终的目标。正是基于以科学方法为核心的物理学知识体系框架,我们提出了物理概念与规律的教学要求,从而解决了长期存在于物理概念与规律教学中的一些关键问题,这对中学物理教学具有重要的指导意义。

三 差异化构建物理概念、规律教学模式

物理概念本身具有抽象性、确定性、主观性和无条件性的特点,而物理规律具有客观性、理想化和条件性的特点,由于学生思维因素和学习阶段性的制约,物理概念和规律教学的模式具有较大的差异,在遵循教育心理学原理的同时,必须凸显两者教学模式的差异性。[①]

(一)物理概念教学模式新构建

不同特征的物理概念,形成或掌握该物理概念需要提供的"情境材料"不同、教学程序不同、认知难易度不同,其教学模式有比较大的差别,以下分别讨论。

1.归纳、概括、抽象教学模式

归纳、概括、抽象模式是在许多个别事例中归纳、概括、抽象出一般性概念的教学模式。这种模式有两种结构,一种是理想化方法,另一种是实验举例方法。

(1)理想化方法

在物理概念教学中最简单的理想化方法是理想模型——忽略原型的非本质因素,集中突出原型本质因素。理想模型方法适用于模型类物理概念。理想模型方法是忽略原型的次要因素,集中突出主导因素,摒弃次要矛盾,突出主要矛盾。物理教学中使用了理想模型方法的地方有很多,例如:力学中的质点、位移、速度、光滑面、弹簧振子;热学中的热、理想气体、孤立系统;电磁学中的点电荷、匀强电场、匀强磁场、纯电阻、纯电感、纯电容、无限长螺线管、理想变压器;光学中的点光源、光线与光的直线传播、薄透镜;近代物理中的绝对黑体;等等。

物理概念教学的理想模型方法流程如图6-3所示。

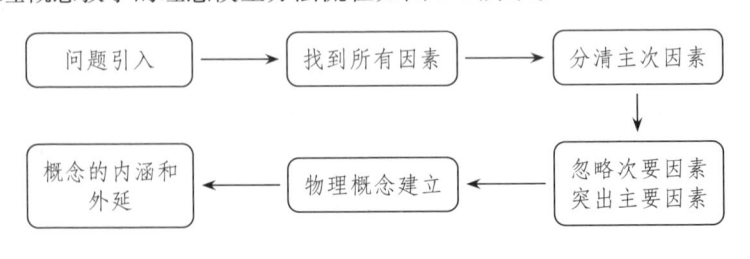

图6-3 理想模型方法流程图

[①] 冯杰.物理概念教学与物理规律教学之差异性探讨[J].物理教师,2020(1):2-8.

(2)实验举例方法

实验举例方法适用于事例类物理概念。实验举例方法先通过枚举多个感性物理实例(材料)的分析,进行概括抽象得到其本质属性,然后给出文字表达以及定义和定义式,说明物理意义和适用范围,最后与相关物理概念对比分析,明确它们之间的区别和联系。该模式的过程环节可以简化为:感性材料(举事例:3个典型物理事例)→科学抽象→本质属性→下定义(文字表达)→定义和定义式→物理意义(质和量,单位,测量方法)和适用范围→对比(有关概念的区别和联系)等。

实验举例法流程如图6-4所示。

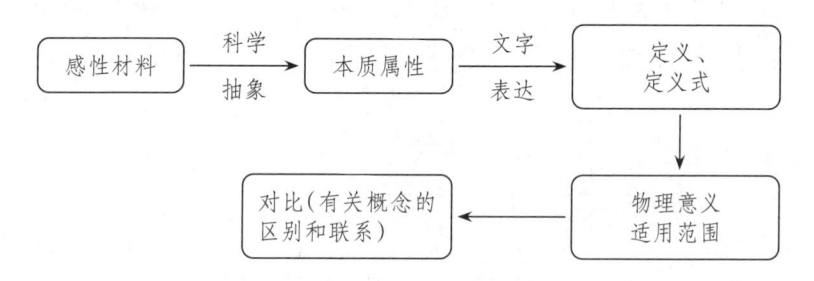

图6-4 实验举例法流程图

2.演绎的教学模式

演绎是依据某类事物所具有的一般属性、关系来推断该类事物中个别事物所具有的属性、关系的推理方法。

演绎的教学模式适用于状态量演绎到过程量,或过程量演绎到状态量的物理概念。物理概念教学演绎模式的结构:采用逻辑关系和数学的方法从旧知识中得到新知识。演绎法模型流程如图6-5所示。

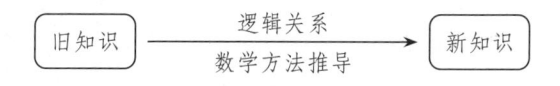

图6-5 演绎法模型流程图

3.科学探究的教学模式

实验举例方法适用于具有确定量化定义的物理概念。实验探究的目的在于让学生通过亲身体验,更好地理解知识,并培养学生分析实验数据、透过表象找到本质的能力。由此,科学探究的教学模式流程图如图6-6所示。

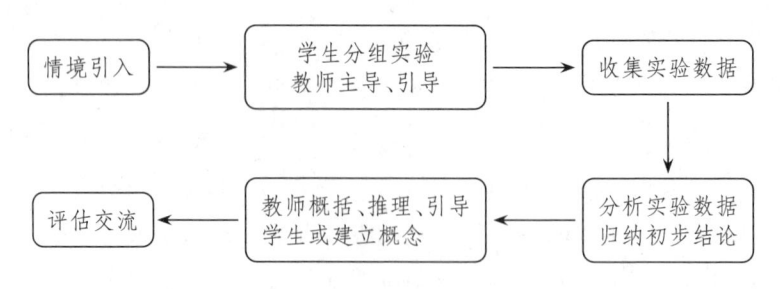

```
情境引入 → 学生分组实验 教师主导、引导 → 收集实验数据
                                              ↓
评估交流 ← 教师概括、推理、引导 学生或建立概念 ← 分析实验数据 归纳初步结论
```

图6-6　科学探究教学模式流程图

4.类比的教学模式

在物理教学中,常常用已知的物理现象和过程(包括物理学以外的现象和过程)与未知的物理现象和过程相比较,找出它们的共同点、相似点或相联系的地方。以此为根据推测未知的物理现象和过程也可能具有已知的现象和过程的某些特性和规律。

物理概念教学类比模式的结构如图6-7所示。

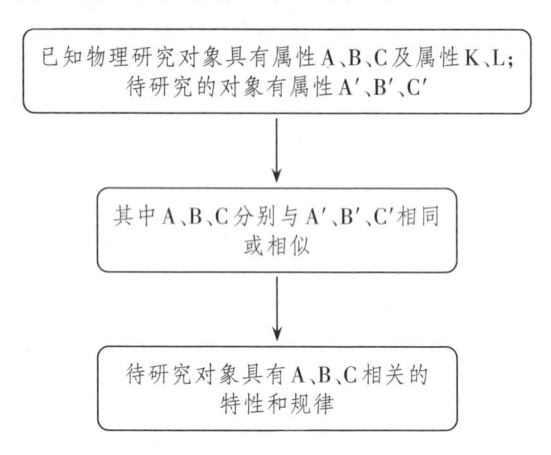

```
已知物理研究对象具有属性A、B、C及属性K、L;
待研究的对象有属性A′、B′、C′
                ↓
其中A、B、C分别与A′、B′、C′相同或相似
                ↓
待研究对象具有A、B、C相关的特性和规律
```

图6-7　类比模式流程图

5.比值定义法的教学模式

物理学的发展离不开数学,数学是研究和解决物理问题的工具。定量物理概念(物理量)是用数学方法来定义的。所谓比值定义法,就是在定义一个物理量的时候采取比值的形式。使用比值法定义的物理概念在物理学中占有相当大的比例,比如速度、密度、压强、电场强度、磁感应强度、电容等等。

物理概念比值定义法模式的流程图如图6-8所示。

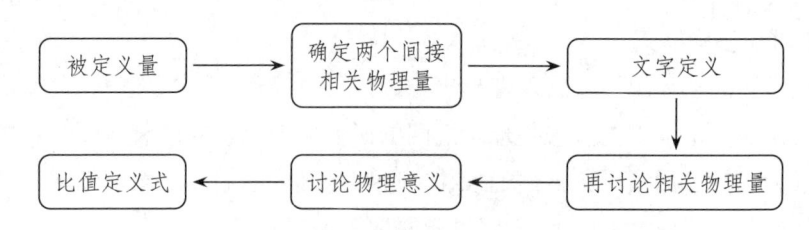

```
被定义量 → 确定两个间接相关物理量 → 文字定义
                                        ↓
比值定义式 ← 讨论物理意义 ← 再讨论相关物理量
```

图6-8 物理概念比值定义法模式的流程图

(二)物理规律教学模式新构建

从方法论的角度:由实验直接归纳建立的物理规律称为定律,如牛顿运动定律、动量守恒定律等;由定律出发,用演绎推理(含数学推演)导出的物理规律称为物理定理或原理,如动量定理、理想气体状态方程、质能方程、功能原理等。定律、定理和原理用单纯的数学公式表达称为方程。

物理规律只能发现,不能创造。物理学的发展史表明,发现物理规律主要有四条途径:实验探究、理论演绎、理论归纳和理论假说。对应于中学物理的四种教学模式分别是:实验探究模式、理论演绎模式、理论归纳模式和理论假说模式。

1.实验探究模式

包括科学探究模式、实验验证模式和实验归纳模式。

其一,科学探究模式。其教学模式是:提出问题→猜想与假设→制订计划与设计实验→进行实验与收集证据→分析论证→评估→交流与合作。

其二,实验验证模式是采用实验方法证明物理规律的教学,教师指导学生并和学生一起通过观察分析有关现象和实验结论,目的在于验证物理规律,使学生理解和掌握物理规律。这是传统的物理规律教学模式。

其三,实验归纳模式。在中学物理教学中,通过实验途径展现同类多个物理现象的共同特征,采用归纳、分析、概括和抽象的逻辑方法得出结论,这就是实验分析归纳法。实验归纳模式的结构与程序:举实验事例→分析结论(多变量)→归纳(多变量)→分析各特征→概括共同特征→抽象揭示本质→建立规律(文字、数学表达式)→讨论相关物理量的物理意义→讨论适用条件和范围→巩固与应用。

2.理论演绎模式

从已知的物理规律或物理理论出发,对某特定事物或现象进行演绎、推理,从而得出在一定范围内有关物理量之间的函数关系或新的论断,最后通过实验检验成为规律。用演绎法得出的规律一般叫定理或原理。如动量定理、动能定理、功能原理、波的叠加原理、光路可逆原理等等。

物理规律教学的理论演绎模式如图6-9所示。

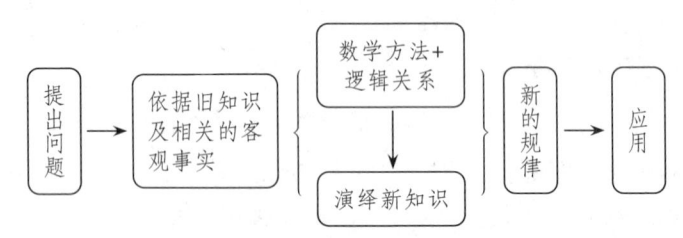

图6-9 物理规律教学的理论演绎模式

3.理论归纳模式

理论归纳模式适用于不能完全有由实验途径得出的物理规律。在中学物理教学中,用理论思维归纳得出物理规律或定理,需要充分发挥学生的积极主动性和逻辑思维的潜质,发挥非智力因素的重要作用,同时还需要充分利用计算机多媒体技术和网络环境,获取足够的信息资源进行思维加工,最后抽象出物理规律,从而更好地掌握物理规律,也为更好地应用规律打下良好的基础。理论归纳模式结构如图6-10所示。

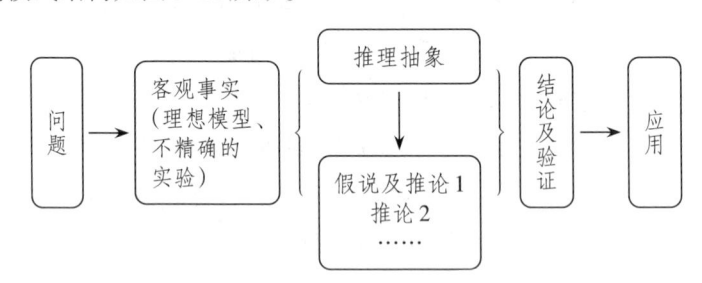

图6-10 物理规律教学的理论归纳模式

4.理论假说模式

假说是在物理事实或理论根据还不充分的情况下,通过想象、猜想或假设提出的对物理现象的理论性解释。假说的正确与否必须经过实验和逻辑的双重检验。中学物理的理论假说教学模式要求物理教育者具备扎实的物理学科理论素养和深厚的逻辑学知识造诣。

物理规律教学的理论假说模式程序如图6-11所示。

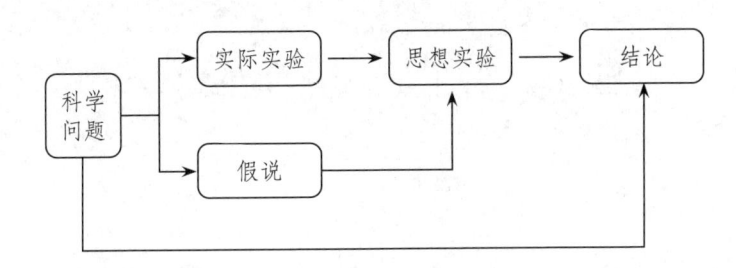

图6-11　物理规律教学的理论假说模式

物理规律教学中应用理论假说模式的目的在于使学生认识到"实验→假说→新实验→新假说"是物理发展的有效途径,同时使学生体会到科学方法论的多样性和丰富性。

第三节 外显物理思想方法

一、物理教育的理论定位

完整意义上的物理教育应当包括物理知识教育、物理方法教育、物理思想教育、物理观念教育与物理精神教育。这五个部分相辅相成，共同构成了物理教育的完整结构。它们之间相互渗透、相互影响，共同促进学生的全面发展。一个优秀的物理教师应该注重这五个方面的均衡发展，以培养学生的科学素养、创新能力和人文精神为目标。

1. 物理知识教育

在物理教育的广阔范畴中，物理知识的传授占据核心地位，是物理教育的基础，涉及物理学的基本概念、原理、定律以及它们在实际问题中的应用。通过系统学习力学、电磁学、热学、光学、原子物理学等内容，学生能够建立起对物理世界的初步认识和理解。特别是在中学阶段，物理知识的选取需紧密贴合社会需求、学生的认知能力及身心发展特点，通过精心编排的教材和运用知识逻辑、融合物理实验探究、穿插物理学史与思想脉络等手段，以实现知识的有效传授。

2. 物理方法教育

物理方法是指科学家在探索物理规律时所采用的研究手段和思考方式。物理方法教育旨在培养学生掌握这些方法，如实验设计、数据处理、模型构建等，以便他们能独立地进行科学探究。

相较于物理知识的明确性，物理方法的训练则显得较为抽象且界定不明。这一现象的根源在于物理方法教育的理论研究尚不充分，甚至基本的分类体系都未建立完善，反映了在现行的义务教育及高中物理课程标准中对方法教育的忽视，是物理方法教育的薄弱环节。

3.物理思想教育

物理思想是指物理学中蕴含的基本哲学观念、思维方式和科学方法论。物理思想教育侧重于引导学生深入理解物理学的本质,培养他们的逻辑思维能力、批判性思维和创新能力。

物理思想的启迪是物理教育的关键一环,却长期未得到应有的重视。当前面临的主要挑战在于,物理思想教育的定义模糊,与物理方法、物理观念之间的界限不够分明,这导致教学实践中常出现混淆,如将物理思想与方法混为一谈,统称"物理思想方法教育",或将物理思想与物理观念等同视之,冠以"物理思想观念教育"之名,从而在很大程度上削弱了物理思想本身独特的教育意义和价值。因此,明确界定物理思想教育的地位并深入挖掘其内涵,是物理教育体系完善过程中亟待解决的关键问题。

4.物理观念教育

在物理教育的广阔领域里,物理观念的培育同样占据着举足轻重的地位。物理观念,简而言之,是从物理学的独特视角出发,对物质、运动、相互作用、能量等基本概念的深刻理解和认知。它主要包括物质观、时空观、能量观以及相互作用观等多个维度。物理观念教育旨在帮助学生建立起正确的物理世界观,使他们能够用物理学的语言和方法去描述和解释自然现象。

5.物理精神教育

物理精神是指在物理学研究过程中体现出来的科学精神、人文精神和创新精神。物理精神教育强调培养学生的科学素养、人文情怀和创新能力,使他们能够在科学探索的道路上不断追求真理、勇于创新。

物理教育不仅关乎知识的传授与观念的塑造,更在于物理精神的熏陶与培养。物理精神教育,作为物理教育不可或缺的一部分,蕴含了物理教育的行为准则与价值导向,它是在深刻理解物理学本质的基础上逐渐形成的。具体而言,它包括鼓励合理质疑与独立思考,倡导遵守科学伦理与道德规范,以及培养严谨的科学态度与崇高的科学理想。

合理质疑与独立思考,意味着不拘泥于传统理论与观念,不盲目崇拜权威,敢于提出自己的见解与问题。科学发展的历史证明,那些勇于挑战传统、敢于提出问题的人,往往能够站在科学发展的前沿,做出开创性的贡献,甚至推动科学实现质的飞跃。

遵守科学伦理与道德规范,是物理教育承担社会责任的体现,也是实现情感、态度与价值观教育目标的最终归宿。这要求我们在科学探索的过程中,始终坚守伦理道德这一人类最基本的准则,对未来科学技术的发展做出明智且人道的判断与选择,从而将科学的发展与人类的进步紧密相连。

严谨的科学态度与崇高的科学理想,则是实现全面物理教育的终极追求。这包括为追求真理而坚持不懈的科学态度,以及为科学事业而无私奉献的精神。例如,哥白尼勇敢地冲破宗教束缚,提出了日心说,从而引领了天文学领域的根本性变革,这正是物理精神教育所追求的最高境界。

二 物理思想教育的理论内涵

物理思想的形成经历了一个演变过程,即从物理学家个体层面的"私有化物理认知"逐步过渡到物理学界共享的"公共化物理知识体系"。在这一转变中,物理学家个人的"私有化物理认知"扮演着至关重要的角色,它是物理思想萌芽与成长的核心环节。物理学家们那些突破常规的思维模式、历经磨难的探索旅程,以及达到认知巅峰时的振奋感受,共同构成了物理思想的独特魅力与深厚根基。

鉴于此,为了在物理教学过程中使学生能够全面理解并欣赏"公共化的物理思想",进而鼓励他们发展出属于自己的"个性化物理认知",我们需要深入剖析物理思想的特性,并据此提炼出构成物理思想的主要元素。这一过程不仅有助于学生把握物理学的精髓,还能激发他们探索未知、勇于创新的精神,从而在物理学习的道路上不断前行,最终形成自己独到的物理见解与思想体系。物理思想包括以下内容:对称思想、守恒思想、等效思想、可逆思想、假说思想、比较思想、转化思想、相干思想、量子化思想、相对性思想。[①]

1.对称思想

对称指物体或图形在某种变换条件下,其相同部分间有规律重复的现象,即在一定变换条件下的不变现象。从伽利略和牛顿时代开始,物理学就建立在"真空镜对称"的基础上,当群论创立后,对称思想被物理学家们自觉运用于物

[①] 邢红军,张抗抗.论物理思想的教育价值及其启示[J].教育科学研究,2016(8):61-68.

理学的研究中,并把追求理论的对称美作为物理学研究的准则,物理学大师狄拉克甚至把追求对称美誉为物理学方法的精华。

2.守恒思想

守恒指一个事物的知觉特征无论如何变化,它的量始终保持不变,是物质变化过程中最本质、最基本的特征之一。作为自然界普遍成立的规律,守恒思想的本质在于物质复杂变化中总存在某些不变性。在物理学中,守恒广泛存在于力学、热学、电学、原子物理等领域。同时,守恒的研究也引导着物理学不断走向深入。

3.等效思想

等效思想是人们在认识物理事物时,从等同效果出发,将其转化为等效、简单、易于研究的事物的过程中凝结的思想。其出发点是,自然界物质运动、构成及相互作用过程中存在的各种各样的等同性,不论是质点、刚体等模型等效,或是力分解或者合成的作用等效,其处理均建立在事物的等同性之上,从而为问题解决提供简单、便捷的方法指引。

4.可逆思想

一个物质系统从某状态出发,经过某一过程到达另一状态,如果存在另一过程,它能够使该物质系统和外界环境完全复原(即物质系统回到原来状态,同时消除了原来过程对外界环境引起的影响),则称原来的过程为可逆过程,简称为可逆。反之,则称为不可逆过程,简称不可逆。可逆现象广泛存在于物理学领域中,如光路可逆、运动可逆等,这不仅展示了物理学本身具有的可逆性,同时,为人们思考并解决物理问题开辟了新的途径。

5.假说思想

假说指人们在观察和实验基础上,根据物理原理和事实,通过物理思维加工,对未知物理现象或过程的本质、规律所做的一种假定性的说明和解释。事实上,对未知领域提出的理论和观点在未经实验证实之前都属于假说,假说是物理学探索自然的本质、规律和因果关系的必经途径和必然方式。在物理学的发展中,普朗克的光量子说、德布罗意的实物粒子具有波粒二象性等都曾是假说,在被实验证实后极大地促进了物理学的进步。

6. 比较思想

比较是确定事物之间本质上的差异点和共同点的思想。比较首先需要对研究对象进行分析以区分事物各方面的特征,再将事物按其特征进行比对,找出共同点与差异点,从而鉴别事物之间的异同,最终得出表面差异极大的事物在本质上的共同点及差异点。以初中密度教学为例,通过比值定义法得出密度表达式,其背后就蕴含着比较思想。

7. 转化思想

转化是物理学中能量部分的重要思想。热力学第一定律揭示了能量是转化过程中的不变量;热力学第二定律表明了在各种不同运动形式转化过程中,转化是有方向的,尽管转化过程中能量的"量"没有消失,但能量的"质"在不断丧失它的转化能力;热力学第三定律说明各种运动形式之间有转化的方向,而且转化是有限度的。

8. 相干思想

相干是波动的重要物理学思想。从理论上讲,各种波动都有可能产生相干。相干的实质是波动与波动的相互作用,相干的结果是波动能量在叠加空间里重新分配,产生新的能量分布,两列波离开叠加区域以后,它们的能量又会恢复为原来的分布。

9. 量子化思想

量子化是物理学的革命性思想。从普朗克提出能量子假设开始,由爱因斯坦发展为光量子假设,又被玻尔作为原子结构轨道量子化模型假设,这些假设相继解释了有关的实验结果并得到实验验证。但是,只有到量子化能量成为求解薛定谔方程时自然演绎得出的结论以后,量子化才有了理论依据,并最终成为20世纪物理学的重要思想。由于微观粒子具有波粒二象性,从而存在内在的不确定性,海森堡提出的不确定性关系成为这种不确定性的一种定量表示式。现代非线性科学的发展进一步揭示出,即使在用确定性方程描述的经典系统里,也存在着内在不确定性,混沌现象的出现正是这种内在不确定性的表现。

10.相对性思想

爱因斯坦根据自然科学和几何学发展状况,批判了欧几里得几何,接受和运用了非欧几何,并运用非欧几何来建立和论证他的相对论。从爱因斯坦提出两个基本假设到建立完整的狭义相对论,贯穿其中的核心思想就是时间和空间的相对性和统一性。包括两个基本假设:(1)相对性原理,即物理学定律在所有惯性系中是相同的,不存在一种特殊的惯性系;(2)光速不变原理,即在所有的惯性系中,真空中光的速度具有相同的值。物理思想的独特价值,可以用爱因斯坦引力波存在的假说进行完美诠释。众所周知,在牛顿的引力理论中,引力是瞬时传播的,从一点传播到另一点不需要时间。1915年,爱因斯坦在广义相对论基础上提出引力波存在,并预言强引力场事件可产生引力波,如黑洞合并、脉冲星自转以及超新星爆发等。黑洞合并改变了周围的时空性质,引力波就是"时空的涟漪"。随着时间的推移,广义相对论的其他预言,如光线弯曲、水星近日点进动以及引力红移效应都已获证实,唯有引力波一直徘徊在科学家的"视线"之外。2015年9月14日,激光干涉引力波天文台(LIGO)分别位于美国路易斯安那州利文斯顿和华盛顿州汉福德的两个探测器,探测到来自两个黑洞合并的引力波信号,使广义相对论的最后一块"拼图"被拼上,爱因斯坦100年前提出的假说得到证实。

三 物理思想显性化

(一)物理思想与物理方法的关联剖析

物理方法,作为物理学领域独特的探索工具,与物理知识体系、科学思维紧密相连,是物理学研究顺利推进的基础框架。尽管物理思想与物理方法在定义上存在明确的界限,但它们之间的相互作用却是不可忽视的。物理方法以其高度的操作性和实践性,专注于解决特定的科学问题;而物理思想,则以其抽象性和概括性,为科学研究提供了宏观的指导方向。物理思想并不直接介入具体问题的解决,而是为研究者指明了一条探索的道路,沿着这条道路前行,人们往往能够发现新的知识和规律。

1.物理方法的实践是物理思想形成的基石

物理思想,是人们在物理方法实践基础上,通过深入思考和总结,形成的对物理学本质和规律的深刻理解。换句话说,物理思想并非无源之水、无本之木,而是植根于物理方法的实践之中,通过思维的提炼和升华而逐渐形成的。许多物理方法,在经过深入的分析和提炼后,都可以上升到物理思想的高度。例如,转换法可以提炼为转化理念,等效替代法可以提炼为等效理念。物理方法在经过不断的实践和提炼后,会逐渐升华为物理思想。因此,学生物理思想的培养,不能简单地通过灌输式的教学来实现,而需要通过物理方法的实践,为学生提供领悟物理思想的机会和平台。例如,在利用比值定义法建立物理概念的过程中,我们可以设计一些认知冲突的情境,让学生在寻找错误根源的过程中,深刻领悟定标理念的价值,并掌握确定比较标准的方法。

2.物理思想引导物理方法的应用

物理方法,尤其是那些能够深刻反映物理学本质的普适性方法,往往源于物理思想,并在物理思想的指导下展开。物理方法是物理思想的具体体现和实现手段。通过物理方法,物理思想得以在实践中得到检验和应用,从而推动物理学的发展。例如,控制变量法是一种常用的物理研究方法,它源于物理研究中对单一变量变化效果的关注。在控制变量法的指导下,科学家们能够更准确地探究物理现象与变量之间的关系,从而深化对物理学本质的认识。这一方法的广泛应用,正是物理思想在实践中得到有效实现的体现。理想模型法则是在等效理念的指导下进行的,构建的模型需要与原型在主要功能、特点上存在等效关系。物理思想与物理方法之间的这种紧密联系表明,物理方法的应用离不开物理思想的引导。学生只有充分理解了方法背后的物理思想,才能更好地掌握和运用物理方法。在近年的物理中考中,经常会出现要求学生自行定义一些陌生概念表达式的问题,如硬度、蒸发速度等。这些问题实际上是对学生比值定义法应用能力的考查。面对这些陌生的情境,只有那些真正理解了定标理念的学生,才能自如地运用比值定义法得出正确的概念表达式。

3.物理思想是物理方法创新的源泉

物理思想不仅为物理方法的应用提供了指导,而且为物理方法的创新提供了动力。在物理学的发展过程中,新的物理思想往往能够激发科学家们对未知领域的探索热情,推动他们创造出新的物理方法来解决科学问题。因此,物理思想在物理方法的创新过程中发挥着至关重要的作用。例如,乘积定义法就是借助"累积"这一物理思想创生的。回溯科技发展史,蒸汽机的发明带来了第一次工业革命,当时工程师们苦于无法找到一种可以衡量蒸汽机工作效率的方法。首先,蒸汽机工作时能对物体产生力的作用,表明蒸汽机能干活;再者,物体在力的作用下能运动一段距离,说明蒸汽机干了活。为了在衡量蒸汽机工作性能时同时考虑这两个因素,工程师们从累积思想中受到启发,将蒸汽机的工作性能看作力在作用距离上产生的一种累积效应。由此在累积思想的指引下,创造出了乘积定义法,利用"乘法"工具将力与距离整合在一起,成功定义了功的概念。

4.物理思想是物理方法的灵魂与指导

物理思想,作为对物理学本质和规律的深刻理解,为物理方法的应用和创新提供了宏观的指导和方向。它决定了物理方法的研究路径和思维方式,使得物理方法能够更加有效地揭示物理现象背后的规律。例如,守恒思想在物理学中占据重要地位,它引导着科学家们去寻找在物理过程中保持不变的量,如能量、动量等。这一思想不仅为物理研究提供了重要的理论支撑,还催生了一系列基于守恒原理的物理方法,如能量守恒定律在解决复杂物理问题中的应用。

5.物理思想与物理方法的相互促进与共同发展

物理思想与物理方法之间存在着相互促进、共同发展的关系。一方面,物理思想的不断深化和拓展为物理方法的创新提供了源源不断的动力;另一方面,物理方法的不断发展和完善又反过来推动了物理思想的进一步丰富和深化。例如,在量子力学的发展历程中,随着对微观粒子性质的深入研究,科学家们逐渐形成了量子化的物理思想。这一思想的提出不仅颠覆了经典物理学的观念,还催生了一系列新的物理方法。这些新的物理方法又进一步揭示了微观粒子的奇妙性质,推动了量子力学的深入发展。

(二)物理思想与物理方法对应

物理思想源自物理方法,物理方法是物理思想的重要体现。因此,物理思想与物理方法之间就客观存在着一种"因果对应"的关系。接下来,我们采用对映的方式,以初中几种常见的物理方法为出发点,发掘其背后蕴含的物理思想(如表6-1和表6-2所示),从而实现物理思想教育内容的显性化与具体化。[①]

表6-1 初中物理知识中蕴含的物理思想

物理方法	物理思想	说明	对应的知识点
控制变量法	定标思想	变量的控制,为了确定比较的标准	音调,蒸发,二力平衡条件,滑动摩擦力,压强,液体压强,浮力,动能(重力势能),杠杆平衡条件,滑轮组机械效率,物质吸热多少,电阻,影响电流大小的因素,电流做功,电流热效应,电磁铁磁性,通电导体磁场中受力情况
比值定义法	定标思想	相除是为了统一比较标准	速度,密度,压强,功率,机械效率,热值,比热容,电功率
乘积定义法	累积思想	乘法表示一种积累的效果	功,电功,焦耳定律
等效替代法	等效思想	等效(效果相同)是物体间进行替代的前提	平面镜成像规律,二力合成
转换法	转化思想	把不容易观察的现象转化为容易观察的现象	声音产生原因,微小压强计,动能和势能,物质的吸热能力,电流热效应
操作定义法	转化思想	将抽象的概念转换成可测量的项目	温度计,测力计,阻力对物体运动的影响,电磁铁磁性
假设法	假说思想	假设法可以上升为假说思想	牛顿第一定律,液体压强(假想液柱),连通器(假想液片)
理想模型法	等效思想	模型与事物原型在主要功能、特点上是等效的,属于效应等效	眼睛和眼镜,力的示意图
积累法	累积思想	积累法可以上升为累积思想	测量纸张厚度、金属丝直径,测量大头针质量

① 石尧,刘艳辉,任炜东.初中物理方法背后的物理思想显性化研究[J].中学物理教学参考,2022(10):2-4.

续表

物理方法	物理思想	说明	对应的知识点
间接测量法	转化思想	把不能直接测量的物理量转换为可以直接测量的物理量	平均速度,密度的测量,滑动摩擦力,浮力大小,电阻的测量,小灯泡电功率的测量
等效电路法	等效思想	把复杂的电路用简单的电路来代替	电阻的串联与并联,欧姆定律的应用

表6-2 物理思想与方法统计

物理思想	涉及物理方法个数	物理方法名称	教学中物理方法使用频次
转化思想	3	转换法	5
		操作定义法	4
		间接测量法	6
等效思想	3	等效替代法	2
		理想模型法	2
		等效电路法	2
定标思想	2	控制变量法	17
		比值定义法	8
累积思想	2	乘积定义法	3
		积累法	2
假说思想	1	假设法	3

四 物理思想的应用

(一)创设情境,实现物理思想向物理方法转变

物理思想培养的目的是提高学生运用物理方法解决实际问题的能力。在物理研究和教学中,物理思想指引着物理方法;反过来,物理方法又体现着物理思想。譬如,速度是物理知识,得到速度的"比值定义法"属于物理方法,而比值

定义法的背后则隐含着"比较"的物理思想。要实现物理思想向物理方法的转变,提高学生运用物理方法解决实际问题的能力,需要我们将物理思想培养的落脚点聚焦在"应用"上,通过连接生活,合理运用教学技术手段,重构物理应用情境,化抽象为具体,化隐性为显性,化思想为方法与技能。

物理学视野下,不少物理概念是以隐性方式存在的,这种隐性存在的物理概念难以理解。这就需要我们优化教学方法,借助现代信息技术手段,将隐性的物理概念进行转变,让隐性的概念具体起来,显现出来,从而带给学生直观的感受,促进学生物理思想的形成,并能够运用物理思想解决生活中的实际问题。

譬如,"声波"是隐性存在的,除了用转换法让学生感受它的存在,还可以借助现代信息技术手段,将隐性存在的声波非常直观地呈现出来,并借助波形图精准研究音调、响度、音色跟哪些因素有关,进而掌握利用波形图比较音调、响度、音色的方法。在电磁波的教学中,借助对波形图直观的分析,可以帮助学生有效建立波速、波长以及频率三者之间的关系。

物理课程作为一门自然学科,它的课程属性决定了"应用"的教学旨意,要将物理思想培养与学生实践能力有机结合起来。实践应用又离不开特定的场景,因此物理思想培养要注重构建学习与应用场景,引导学生从生动、直观的情境中进入物理思想,并在重构物理应用情境中深化物理思想,让物理思想转化为物理方法,指导学生实践运用。

譬如,在帮助学生建立"伏安法测量电阻"的基本模型后,我们可以提出"如何利用一个电压表来测量电阻"的问题,适度拓展学生的科学思维。学生在题目规定的应用场景下,探索如何利用基本模型解决实际问题。由于学习任务简明,承上启下,学生在探究学习中将会运用转换的思想,将"电流的测量"转化为"电流的计算",巧妙利用另一已知电阻及两端的电压解决电流无法直接测量的问题,其实验设计的基本模型是不变的。

(二)建构逻辑,彰显科学方法

案例:静摩擦力教学。

依据知识与方法之间的"对应原则"和对教材内容的认真思考,可建立静摩擦力知识线与方法线的逻辑线路图。如图6-12所示,在教学过程中知识线和方法线并行,在每一个知识形成的过程中都有特定的科学方法与之相对应,我们要做的就是以知识为载体,通过显化科学方法学习知识,通过科学方法将散落的知识点串接起来凸显知识之间的方法逻辑。知识线中分为对概念的引入逻辑、内涵分析及价值延伸3部分,方法线中被挖掘的方法有观察法、归纳法、假设法、符号判断法、平衡法和辩证法。[①]

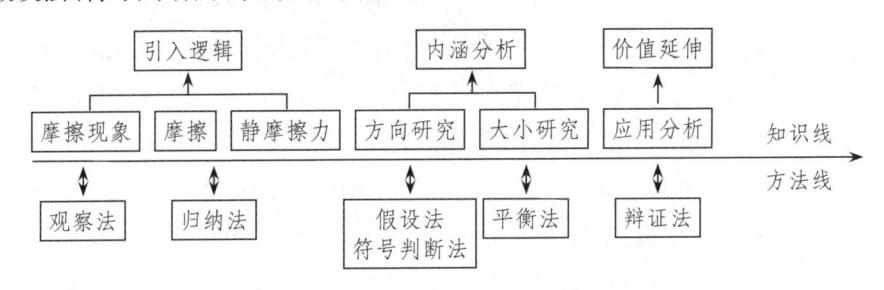

图6-12 静摩擦力的知识—方法对应图

1.观察法与归纳法下的概念引入逻辑

概念的引入遵从了"摩擦现象—摩擦—静摩擦力"的知识认知序,从摩擦现象到摩擦,再到静摩擦力定义的给出体现了从生活走向物理的教学研究路径。如果要实现从生活走向物理,那么把握诸多摩擦现象中的共有本质之研究方法至关重要。对静摩擦力概念的引入采用观察法和归纳法,具体而言,先列举了一系列生活中常见的静摩擦现象,随后向学生展示他们参与拔河比赛的照片。在观察环节,重点引导学生关注两个接触点:一是手掌与绳子的接触,二是双脚与地面的接触。鉴于学生对拔河比赛有深刻的亲身体验,他们能直观感受到"接触"作为静摩擦力产生的先决条件的重要性。没有"接触",比赛无法进行;而仅有"接触"而无"摩擦",则无法产生推进力,比赛同样难以进行。这说明了"接触"是"摩擦"定义中的必要条件,但接触不一定导致摩擦;"接触而无摩擦"代表无条件的静止,而对于静摩擦力而言,"接触且有摩擦"则意味着有条件的相对静止,即涉及"摩擦作用的方向"。整个观察过程伴随着学生的归纳与判断,这正是发现式教学的核心所在。最终,通过归纳总结,学生不仅能理解静摩擦力的概念,还能顺带掌握滑动摩擦力的概念。这就是观察法与归纳法相结合的、由生活进入课程的静摩擦力概念的引入逻辑。

---

① 李俊永,王长江.显化科学方法视野下物理概念的建构逻辑——以"静摩擦力"教学为例[J].物理教师,2017(9):2-4.

2.假设法、符号判断法与平衡法下的概念内涵分析

在探究摩擦力方向时,我们运用了假设法,这一方法使得相对运动趋势的概念变得易于理解,同时也明确了静摩擦力的方向。受静摩擦力作用的物体,其特点可概括为"内心活跃,外表平静"。这些物体的接触面必然是粗糙的。此处的假设法,实质上是理想化思维的一种应用。其运用步骤如下:首先,假设接触面光滑;其次,在此假设下,物体将沿其余外力合力的方向运动,这便是相对运动趋势的方向;再次,与这一运动趋势方向相反的方向,即为静摩擦力的方向;最后,在假设条件下,若物体相对于接触面保持静止,则不受静摩擦力作用。

在该阶段引导学生分析图6-13,图6-13所示为木板-木块组合体,给(a)图木板不施加水平向右的力F,(b)图的木板施加力F,它们的下方放置一木块且都处于静止状态。对(b)图的木板而言,假设木板与木块之间的接触面光滑,木板相对于木块向右运动则此方向为其相对木块的运动趋势的方向,这样的处理也给出了相对运动趋势的判断方法,至此教师可直接给出相对运动趋势这一物理术语。根据假设法的运用步骤就得到(b)图中木板受到的静摩擦力的方向水平向左,对比之下(a)图的木板并未发生任何变化,所以它并不受静摩擦力的作用。

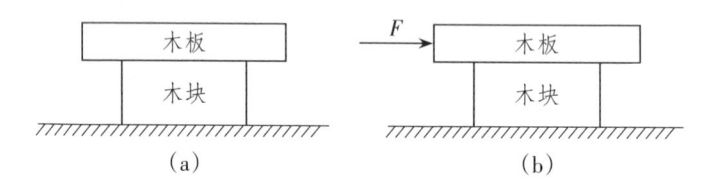

图6-13 木板-木块组合体

摩擦力方向的判断也可以采用符号判断法进行,符号判断法的具体步骤如下:(1)首先规定一个确定的正方向,在相应的矢量前冠以"+",与规定正向相反的方向统一标记为负方向,在相应的矢量前冠以"-",如果一些矢量不清楚其方向一律冠以"+";(2)根据物体的运动状态列出相应的状态方程,在此状态方程下再确定方向不清楚的矢量的正负号;(3)根据(2)中确定的正负号确定未知矢量的方向,若该矢量值为0,则该矢量不存在。图6-13(b)中,规定以力F的方向为正方向,由木板处于平衡状态可知木板一定受到木块施加的静摩擦力,其方向未知,列出状态方程$F+f=0$,则$f=-F<0$,说明静摩擦力的方向与规定的正方向相反,其方向向左。图6-13(a)没有向右的外力,故$f=0$,说明静摩擦力不存在。

至于静摩擦力大小的求解,应着重凸显平衡法的应用。平衡法的应用,往往伴随着对特定物理情境的深入分析。一旦这种分析到位,平衡法便自然而然地浮现于我们的认知之中,成为解决问题的关键。这一过程,实质上是借助已知力求解未知力的间接方法。平衡法不仅是物理学解题中的一种技巧,更是物理美学在问题解决过程中的具体展现。正如在符号判断法中所构建的状态方程,等号不仅代表了物理量的平衡,也象征着一种对称与和谐的美感。

在分析过程中,辩证法对于理解静摩擦力的价值得到了深化。先前的探讨揭示了教材中仅强调了静摩擦力的积极作用,而忽视了其潜在的负面影响,这属于"表述片面、未及全体"的情形。依据辩证法的原则,任何事物的矛盾都是普遍存在的,故而在教授静摩擦力时,应全面展现其特性,指导学生在实践中扬长避短。例如,传送带运送物品、筷子夹取食物等,均为静摩擦力有益应用的典型;轮胎纹路、手持物品的稳定性等,也体现了其积极作用。然而,静摩擦力同样存在不利影响,如生锈车轮难以旋转、定位销长期使用后难以脱离、车辆陷入泥泞等实例,均展示了其负面效应。

辩证法的核心价值在于教育学生以全面的视角认识事物,通过唯物辩证法的透镜,理解事物兼具的正反两面。辩证法的教学实践,在于通过利弊对比,鼓励学生自主举例,并在教师的引导下,深刻理解辩证法的内涵,进而达到对静摩擦力全面而深入的理解。

物理概念的构建逻辑,从根本上讲,是由隐含于相关事实性知识中的科学方法论所塑造的,这一方法论构成了获取物理概念的关键手段。因此,深入挖掘并理解这些科学研究方法显得尤为重要。遵循"对应法则",能够使与物理概念相匹配的科学研究方法从知识海洋中浮现,从而打破"物理现象—逻辑分析—概念形成—概念巩固—概念应用"的传统教学模式。为了实现这一转变,需以科学方法为核心,持续彰显科学研究方法的重要性,确保每一步骤都建立在合理的科学方法之上,逻辑清晰且合理地展开,深入理解其意义,最终达成物理概念的有效构建。

无论是概念的形成过程、内涵的深度剖析,还是概念价值的延伸,都依托特定的科学方法作为支撑,各环节紧密相连,最终形成了静摩擦力概念构建的新逻辑路径,即"现象观察—方法应用—概念形成"与"概念理解—方法深化—实践应用"的新型教学模式。

第四节 融合物理学史

物理学这门既深邃又具影响力的学科,其发展轨迹从萌芽至壮大,再到成熟,每一步都闪耀着该学科的独特魅力与深邃思想。先辈们的著作与成就,以及学科的每一次进步,都被镌刻在这门学科的历史长河之中。青年学子在初涉此领域时,研读前辈大师的著作,从中领悟治学之道,积累学识,是不可或缺的修行。在此意义上,学科史成为了初学者的入门阶梯。

物理学,作为自然科学的领航者,探索物质运动的基本规律与物质的最基本构成,其研究领域广袤无垠,从宏观的宇宙尺度到微观的夸克世界,时间跨度则涵盖了从宇宙大爆炸至世界末日的预测,是当今世界最为精确的科学之一。物理学的学科特色尤为突出:严谨、抽象、结论凝练。学生在学习过程中,往往接触到的是简洁的公式与定理,但其背后蕴含的信息却博大精深。传统教学中,教师侧重于知识点的直接传授,虽能在短期内让学生掌握大量结论性知识,但学生对于这些结论的推导过程往往理解不深。而物理规律的发现之路,往往充满曲折,且富含物理学特有的韵味。若能将物理学史深入研究,并与课堂教学相融合,那么在揭示物理规律、定律的发现过程中,可以清晰地展现大师们的思维方式、严谨的数学推导、理想化模型的构建历程以及数据处理方法,这些都是传统以教师为中心的知识讲授方式难以充分展现的。因此,利用物理学史这一媒介,在课堂教学实践中,能够更全面地实现新课程改革的教育目标。

一 以理论为基础的物理学史的发展价值[①]

在物理学的探索旅程中,数学验证与理论推导几乎无处不在,它们将物理学从特定的实验个例、偶然的观测现象及实验验证的结果中提炼出来,转化为具有普遍性和通用性的概念、规律与物理模型,最终形成确定的结论。在常规

---

① 陈东.物理学史在中学物理教学中的价值及实现方式研究[D].武汉:华中师范大学,2017.

课堂教学中,教师通常先向学生传授某个概念或结论性的公式,随后验证其正确性,并通过大量习题与案例来加深学生的理解。然而,这一过程与物理学知识的实际形成路径是相反的。物理学家在面对全新领域或未知现象时,往往会首先尝试运用已有知识去解决问题,再基于这一过程提出适用于当前现象的新概念,最后通过模拟、计算与实验观测来发现新规律。因此,以理论为基石的物理学史,在物理概念与规律的教学中能够实现有机融合,引导学生积极推理,运用已知知识尝试解决问题,并模拟物理学家的探索过程。

(一)对物理概念教学的推进作用

在物理概念的教学中,教师的教学应依据课程标准、物理概念的特点以及学生概念形成的认知过程。物理学史中概念的建立过程能够深刻反映物理概念的本质特征,同时与学生的概念形成过程相契合。

普朗克曾说:"科学的历史不仅是一连串事实,规则和随之而来的数学描述,它也是一部概念的历史。当我们进入一个新的领域时,常常需要新的概念。"在物理学的研究中,每进入一个新的领域,都会涌现出大量新概念,它们为我们提供了学习的便利,使我们能够更好地理解物理规律与现象。概念是对客观事物本质属性的一种抽象表达,而物理概念则不同于基于日常生活经验所形成的概念,它有时甚至与日常经验相悖。引入物理学史,可以有效帮助学生理解这些物理概念。在教学中融入物理学史,对物理概念的教学具有显著的促进作用。

1.有助于创设学习情境,激发学生的学习动力

物理概念的提出,往往源于新的物理现象和未知的物理问题。而物理概念教学的首要步骤,就是要阐明引入该概念的原因。物理学史能够完美地解答这一问题。例如,在讲解黑体概念时,如果教师直接提出黑体,可能会显得突兀,因为黑体本身的研究并无特别意义,只有在研究黑体的辐射特性时,黑体才具有物理意义。因此,可以从工业革命时期对辐射的研究开始,逐步引入对黑体辐射的重视,进而引出黑体和黑体辐射的概念。这样,学生在获得一些感性认识和印象之后,就更容易接受这些概念。

2.有助于学生学会实验科学方法

物理概念乃是观察、实验与科学思维的结晶,其创立深深植根于对自然界的深度探索之中。物理学史,实质上就是人类探索自然界的科学编年史。举例来说,人们日常观察到的太阳起落、车辆行进、物体位移、雨滴坠落等现象,尽管表象各异,但若从共性角度审视,便能抽象出它们共有的特征:某物体相对于其他物体的位置随时间而改变,这便是机械运动的定义。又如动量的概念,它起源于人们对守恒量的探寻,后经笛卡儿、惠更斯等物理学家的碰撞实验,通过分析大量实验数据,发现质量与速度的乘积恒定不变,从而确立。

3.引导学生掌握科学思维方法

物理学史蕴含了构建物理概念的基本思维方法,不同概念的引入与建立,其思维路径亦有所不同。合理利用物理学概念的形成过程,能有效培养学生的物理思维方式。学生在复现物理学史中概念建立的过程时,实际上也在参与科学思维的活动,这有助于他们逐步构建起正确且丰富的物理概念,而非仅仅局限于书本上的文字描述。例如,深入分析质量、加速度等概念的形成,能使学生掌握抽象概括的思维方法,有助于他们分析事物的共性、本质及主要矛盾;而探讨重力势能、弹性势能等概念的建立,则能帮助学生获得类比思维的能力。

4.辅助学生理解物理概念的内涵与外延

物理学史中广泛讨论了物理概念的内涵与外延,因为概念的定义总是在特定范围内产生的,并隶属于某个研究领域。在概念教学中融入物理学史,能帮助学生更有效地理解物理概念的内涵与外延。内涵指的是概念所反映的物理现象、过程所特有的本质属性,是区分该事物与其他事物的关键特征。以电场强度为例,它描述了电场的强弱和方向,其大小可通过公式计算得出,且仅由电场本身的性质决定,与试探电荷的电荷量和所受电场力无关。不同电场的电场强度可能不同,但在匀强电场中,电场强度处处相同,这种比值的不变性是电场本身的性质。而外延则指该本质属性所涵盖的全部对象,即适用范围。以力为例,它包括重力、弹力、摩擦力、电磁力、弱相互作用力、万有引力等,这些都是力这一概念的外延。

5.促进学生理解知识的演变历程

物理概念是不断发展与变化的,这种变化源于人类对外部世界认知的不断深化。在教学中展示科学变革、基本观念的进步以及知识的持续发展,能帮助学生理解物理学范式的演进和物理观念的升华,让他们感受到物理学的深邃与知识的无限,从而有助于他们构建完整的物理学知识体系。以能量的定义为例,从最初作为物质运动转换的量度,到后来作为保证物理系统做功能力的量度,再到作为质量时空分布可能变化程度的度量,其概念经历了不断的进化与发展。

(二)对物理规律教学的促进作用

物理规律的教学不应仅限于让学生掌握物理规律本身,更应注重培养学生掌握科学研究方法,提升其观察、实验能力,思维能力以及运用规律分析、解决问题的能力,同时激发学生对科学探究的积极情感。在物理学史中,规律的得出与观察、实验、思维及数学推理紧密相连。它为学生提供了学习物理规律的情境,有助于学生发现并提出问题。科学探究始于问题,而物理规律的发现往往伴随着物理问题的解决。因此,当物理规律与学生感兴趣的情境和问题相结合时,借助物理学史,可以更有效地激发学生的好奇心和求知欲,促进学生对情境的感知。

1.助力学生梳理物理知识的基本脉络和整体结构

物理学史料中详尽的探索过程,有助于学生清晰地理解知识的形成和发展,进而完善物理知识体系的基本框架和整体结构。实验探索得出的规律,往往是从一定的科学信念或假设出发,得出的规律一般命名为定律,如牛顿运动定律、能量守恒定律、万有引力定律、楞次定律、法拉第电磁感应定律等等。理论探索则是从已知的规律或理论出发得出的,一般称为定理或原理,它们不再是对经验事实的概括,而成为了科学理论本身的出发点,如动能定理、动量定理等等。

2.有助于学生更深入地理解物理概念的建构过程

在物理规律的创立过程中,物理概念是关键的载体。每个物理规律都由一系列物理概念组成,并可以通过语言逻辑或数学逻辑来表达这些概念之间的关系。如牛顿第二定律,借助质点、力、质量、加速度等概念进行表达,表现为加速度、质量和力这三者物理量之间的关系。

3.有助于学生认识物理规律的近似性和局限性

物理规律的近似性源于物理学研究对象和过程往往是经过科学抽象得到的理想化模型和过程。同时,作为实验科学,物理学受到仪器技术水平和操作水平等限制,系统误差难以避免。而局限性则在于物理规律总是在一定范围内进行探索,有其自身的适用范围和条件。物理学史能够很好地阐述物理规律近似性和局限性产生的原因,即物理规律产生的时代背景和物理学发展状况。在课堂中适时引入这些内容,有助于学生更好地理解物理规律的近似性和局限性。

二 实验导向的物理学史的发展意义

鉴于物理学科的本质,物理实验构成了物理学起源与演进的基石,并作为验证物理理论的唯一途径。尽管教学实验与科学实验在某些方面存在差异,但二者在核心上均体现为对物理现象与规律的探究过程,它们都依赖于特定的仪器与设备,在人为可控的环境下复现特定现象,以收集相关信息。物理学的实验活动具备两大核心特征:首先是可控性,这意味着实验的条件与流程必须保持在可控的界限内;其次是可复现性,即在相同的条件下,实验的过程及其结果应当保持一致,任何偶然性的结果均不被接纳。

(一)点燃学生的探索激情

学生内心的探索激情与对知识的渴求是推动其深入学习的强大内驱力。中学生正处在一个好奇心旺盛、求知欲强烈的阶段,而实验物理学史以其真实且富有生命力的特点,极易点燃学生的浓厚兴趣。

以电与磁的相互关系教学为例,教师可以讲述奥斯特实验的精彩片段:在一次教学过程中,奥斯特意外地让小磁针靠近了通电的导线,结果惊喜地发现小磁针发生了偏转。奥斯特对此产生了浓厚的兴趣,并经过数月的深入研究,最终揭示了通电导线周围存在磁场的奥秘。值得一提的是,奥斯特的这一"意外发现"并非真正的偶然,而是他长期以来对电磁统一观念的深入思考。1820年,他在一次讲座上成功演示了这一发现,尽管后续的研究有所中断,但他的贡献依然卓越。教师在讲述这个故事时,可以适当加入一些背后的细节,以吸引学生的注意力。当学生对某个问题产生浓厚的兴趣时,只要给予他们足够的资源和正确的引导,他们就能获取丰富的知识和深刻的理解。

中学物理学习的难度较大,部分学生可能因为课堂上的疑惑未能及时解决而逐渐失去对物理的兴趣。此时,教师的引导和外部刺激显得尤为重要。通过穿插物理学史中的有趣故事和人物介绍,如富兰克林的风筝实验,提升学生对课堂内容的关注度和兴趣。再比如,先介绍早期猜测的枣糕模型和西瓜模型,再介绍卢瑟福的原子结构模型,最后介绍玻尔的理论模型,同时穿插对这些物理学家的简单介绍和图片展示,学生对原子核式结构这一节内容的兴趣会大大提升。

在物理教学过程中,结合生动有趣的故事和人物传记来讲解物理理论,避免单一地介绍物理概念和规律,能够活跃课堂气氛,提高教学效率,培养学生的物理兴趣和求知欲。

(二)促进学生深度理解知识

物理概念和规律往往抽象且高度概括,对于学生来说理解起来较为困难。而实验则能提供经过精心选择、简化和纯化的感性材料,帮助学生形成明确且具体的物理认知。

例如,在教授机械能守恒时,可以引入伽利略经典的理想斜面实验作为辅助。通过描述小球在光滑V形斜面上的运动过程,让学生直观地感受到机械能守恒的原理。在课堂上,利用这样的经典实验引导学生主动探索、积极推理,是帮助他们掌握新知识的有效途径。

(三)物理学史中的研究方式,有助于学生掌握科学的研究方法

物理学的科学方法,如控制变量法、图像法、归纳法等,均源自物理实验的实践。将物理学史与实验相结合,使学生在观察、思考、精确测量、数据处理、分析论证等实践环节中,亲身体验科学研究的流程与方法,对于提升学生的科学探究能力、增强学生对知识的信任与理解,以及使学生逐步掌握和运用各种实

验手段至关重要。同时,这一过程也有助于培养学生形成科学的观察习惯、正确的操作技巧,以及实事求是的科学态度。

(四)物理学家严谨的实验,有助于培养学生的科学态度与责任感

物理学史中的实验精神对现代物理实验也产生了深远的影响。物理学家们在实验中所展现出的严谨、求实、创新的精神,一直激励着后来的科学家们不断探索未知领域。这种精神在现代物理实验中得到了充分的体现和传承。

以实验为基础的物理学史,在学生的非智力因素培养上发挥着显著作用。这些历史记录往往标志着物理学某个分支的萌芽与初步发展,展现了物理学家如何运用已有知识探索未知领域的艰辛历程。伽利略、法拉第、奥斯特等科学巨匠,正是凭借严谨的科学观念与无私的奉献精神,才实现了科学史上的重大突破。他们的故事不仅能够培养学生实事求是的科学态度,还能激发学生对科学的热爱、对科学规律的尊重,以及勇于面对困难、积极投身科学探索的情感。

(五)物理学史中的实验逻辑,增强学生的科学思维

每门学科都有其独特的问题研究方法与探索路径,而物理学的研究方法与逻辑思维则是在长期的生活积累与科学研究中逐渐形成的。在物理教学中,融入物理学史中蕴含的思维模式与探索方法,能够有效地帮助学生掌握物理学的问题研究与探索技巧,提升学生的科学素养与创新能力。物理学史中的经典实验为现代物理实验提供了丰富的经验和启示。例如:伽利略的自由落体实验和斜面实验为后来的力学实验奠定了基础;托马斯·杨的双缝干涉实验则为光学实验开辟了新的领域。这些经典实验的方法和思路,至今仍在指导着物理实验的设计和实施。库仑扭秤实验展示了如何通过精心设计的实验装置,不断改变条件以探索物理规律。伽利略的斜面实验则通过观察、假说和推理,得出了物体在无外力作用下的运动规律,体现了理想化推理在物理学中的重要作用。牛顿通过对物体运动过程模型的理想化,借助质点的概念,通过质量和受力,完美的阐述了力与加速度的关系。法拉第由奥斯特电生磁的现象逆向思考,经过不断的实验研究和理论推算,得出了影响世界的电磁感应定律。这些经典案例不仅丰富了学生的物理知识,更启发了他们的物理思维。

三 物理学史在物理教学中的史料选取策略

(一)引发学者争议,推进物理学发展的重要史料

历来能够引发学者争议,推进物理学发展的重要事件必然对应于历史进程中那些在实现物理学大综合与突破中具有重大历史意义的事件。从科学观念视角看,这是观念发生顺应的过程。当学生在即将学习的新概念之前不具有相关概念或完全没有前概念时,学生首先应意识到现有的图式无法解决当前问题,然后意识到需要创造新的图式,完成认识上的顺应过程。那么引入这样的史料,学生模拟事件中的科学家对争论进行探索,了解科学争论的起因,学习解决争议的方式。在该过程中,学生改正自己的相异概念,建立科学概念的生长点,这样不但可以增强对概念本身的理解,还能了解物理学的建构过程,与科学家产生共鸣,激发学习动机。例如:关于"力和运动关系"的认识,伽利略借助理想斜面实验有力地反驳了亚里士多德"力是维持物体运动的原因"。学生模拟亚里士多德和伽利略的观点进行争论,这个过程就是破除相异概念建立科学概念的过程,由此学生还能了解到伽利略的工作不仅使得力和运动之间的关系得到科学的认识,还为之后的诸多科学家关于力学的研究指明了道路。

(二)反映科学家研究过程和方法的史料

物理概念是科学家思维的结晶,理解其背后的研究过程与方法,不仅能促进学生对概念的理解,还对其思维建构、方法运用、物理观念的提升具有深远意义。深入分析科学家的研究路径,学生可追随科学家足迹,带着疑问与好奇,探索解题思路,模拟研究过程,理清概念形成脉络,体验解决问题的成就感,从而促进科学概念的形成。

此外,每位科学家在研究中均展现出独特的研究思路与方法。如亚里士多德基于广泛观察进行逻辑归纳与演绎;伽利略则在感性观察基础上,理性分析,运用数学工具演绎实验数据,总结规律;牛顿则大量运用数学方法归纳实验结果,其力学研究成果成为经典物理学的重要基石。科学家富有个人特色的研究方法为物理学不同领域研究方法的形成奠定了基础,不同领域所形成的研究方法由于领域内研究对象的不同而各具特色。例如,在力学领域,常常采用构建理想模型的方法,而在热学领域,不同于力学研究的机械观那样富有确定性,故采用统计平均的方法。这些学科内不同分支领域内的研究方法经过进一步提

炼和总结，会形成具有学科特色的一般方法，对科学研究极具指导意义。这些一般方法，例如实验探究、演绎推理、归纳总结、比较和类比等方法，可在科学领域内普遍使用，启发学生形成富有个人特色的研究思路，培养学生提出问题、分析问题、解决问题的能力。科学研究的过程和采用的方法是科学家在某种科学观念的指导下产生的，因而引入反映科学家研究过程和方法的史料有利于帮助学生建立正确的科学观念，提高科学素养。[①]

（三）对概念规律进行解释说明的史料

物理学家在科学观念的指导下，为了对客观世界的现象和规律进行相对准确的描述，创造出了物理概念，这些概念都可以从原始文献中或对研究过程的记载中找到解释性或启发性的说明。例如，伽利略如何发现和理解运动的相对性，为了批驳那种认为"倘若地球运动就会把地球上的物体抛到地球后面去"的谬论，他在其著名的科学论著《两种新科学的对话》中，用生动的例子对此做出了明确的解释和说明："一艘船的运动只要是匀速的，也不这样那样地摆动，无论船以任何速度前进，人们所观察到的现象同船静止时完全一样，人们跳向船尾不会比跳向船头来得远；水滴仍会垂直地滴进下面的瓶子里；鱼在水中游向水缸前部所用的力，不会比游向水缸后部所用的力大……"阿基米德又是如何发现并证明他提出的浮力定律呢？在他的著作《论浮体》当中，我们可见一斑。他提出了一个公设：流体内的各部分处于平滑均匀和连续的状态，受到推力较小的部分会被受到推力较大的部分的推动；如果流体中渗入其他物体并受到了来自其他物体的压缩，那么流体的各部分将受到来自它上面液体沿垂直方向的推力。在公设的前提下，阿基米德运用严密的逻辑方法证明了：与液体有相同密度的物体将完全浸入液体中，但又不会深深地沉下去；密度比水小的物体将浮出水面，物体浸入水中的部分重量上的不足将由露出部分的重量加以补偿，从而使浮体建立平衡。也就是著名的阿基米德原理。

（四）具有重大意义的物理实验

中学物理课堂上讲清概念的重要方式之一是实验，有目的地选择具有重大意义的物理实验，介绍实验的产生背景、设计思想、实验过程，指导学生模拟"物

---

① 张宇.物理学史辅助初中物理概念教学的研究[D].上海：华东师范大学，2016.

理学家"对实验进行再现,得出实验结论,反思实验方法,从而增强对实验的认识,对概念的理解。再者,教师对实验介绍之余,对物理学家的相关事迹也会有所涉及,这些材料必然能够反映出物理学家的科研精神和人格魅力,从而为学生的学习建立楷模。例如开普勒在寻找火星轨道的真实形状时,高度尊重实验观测的结果,没有忽略用偏心轮和等距轮组合而成的几何图形与真实轨道之间存在的8′的差距,而在当时,这个差距对于任何一个前辈,都是可以接受的。但是开普勒为了找到一个理想的解决办法,大胆放弃了古希腊以来一直统治着天文学研究的匀速圆周运动的传统观念,发现了天体运动的崭新规律,引发了天文学的一次革命。开普勒尊重事实,不畏权威,敢于挑战的精神能感染和激励学生,帮助学生树立严谨的科学态度。

四 运用物理学史优化物理教学的有效策略

不可否认,科学史的融入能通过讲述与阅读的方式激发学生对物理学习的兴趣,但相关研究表明,仅凭讲授与阅读对提升学习兴趣的效果有限。相比之下,实验探究、自主发现及合作讨论等方法在激发学生学习兴趣方面展现出了更高的效率。然而,若学生对科学本质的理解不足,实验探究活动的规划与执行亦会面临挑战。因此,教师在将物理学史融入教学实践时,必须融合科学本质的观念,同时充分考虑学生的兴趣点、既有前概念以及即将学习的新概念特性。在此基础上,教师应展现科学家在教学主题相关领域内的研究历程,设计出既符合学生认知水平又鼓励学生主动探索的一系列活动。

这些活动实质上是对历史情境的模拟,学生在此过程中设计实验、收集数据、解析实验结果,并最终归纳出实验结论。教师应全程参与,为学生提供支持、协助与促进,引导他们验证实验结果,并对实验设计进行反思性评估。以物理学史作为概念教学的辅助工具,旨在引导学生的关注点从单纯的概念内容转向概念的形成与演变过程,使学生理解科学不仅是教科书上的固定知识,更是科学家们坚持不懈、追求真理的智慧结晶。同时,让学生认识到社会背景、文化传统及常识观念对科学形成与发展的影响。

通过物理学史与物理概念教学的深度融合,学生能够亲身体验科学演进的实践性、批判性及反思性,从而成为学习的主动参与者。这一过程有助于促进学生的认知与元认知能力、创造力以及反思性思维能力的全面发展。在实际教学中,教师可采用的具体策略包括:通过故事讲述吸引学生的注意力,利用历史引探激发学生的好奇心与探索欲,通过角色扮演活动让学生亲身体验科学家的研究过程与思维方式,从而更深入地理解物理概念与科学本质。

(一)故事讲述

故事讲述法,简而言之,是一种通过构建富含时间顺序、地点背景、人物角色、事件起因、发展经过及结局等故事要素的教学方式,以间接或直接的形式展现概念的发展历程、研究方法及其深层含义。调研数据显示,尽管有超过半数的学生对科学课程表现出不喜爱或不太擅长的态度,但令人鼓舞的是,约三分之二的学生却对与读写相关的课程内容抱有浓厚兴趣。故事,作为人类组织和理解知识的一种基本方式,其内在的叙述性结构有助于初学者通过故事元素间的联系来整合信息,形成知识体系。相关研究表明,采用故事讲述法来传授物理概念,不仅能加深学生对知识的深刻理解,还能有效激发他们的科学好奇心,提升课堂的学习氛围,推动学生科学学习态度的积极转变,并为科学教学增添更多的人文色彩。

那么,在实际教学中,如何巧妙地运用故事讲述法,将物理学史的相关内容融入物理概念教学之中呢?关键在于,该策略是否能有效促进学生对科学概念的深刻理解和掌握。在实施过程中,教师应首先对相关的历史资料进行深入的分析、整理和组织,然后按照故事的六个基本要素,将这些历史资料编织成一个内容丰富、情节引人入胜的故事,而非简单地堆砌历史事件。在内容的选择上,不仅要突出故事主人公的成就,更要详细展现他们的研究过程,以及其中所蕴含的科学态度。通过引导学生将自身与故事主人公进行对比和联系,激发学生的共鸣,使故事更具意义和价值。

从形式上来看,故事可以分为开头、正文和结尾三个部分,这三个部分都紧密围绕教学目标展开,但在教学活动中各自承担着不同的功能。故事的开头部分对于激发学生的学习兴趣和求知欲至关重要;正文部分则应条理清晰、结构严谨地呈现所要教授的物理概念;而结尾部分则应向学生传递出研究者的科学态度和观念等关键信息。[1]

---

[1] 张宇.物理学史辅助初中物理概念教学的研究[D].上海:华东师范大学,2016.

(二)历史引探

物理学是一门以实验为基础的自然科学,实验在推动物理学发展的过程中发挥着举足轻重的作用。课程标准明确指出,初中阶段的物理课程应注重学生实验探究过程的体验,通过学习科学知识和科学探究方法,提高学生的分析问题和解决问题的能力。"历史情境引导下的探究学习"是一种以学生为中心、基于科学史的启发式教学法。这种教学方法旨在利用科学家曾经经历过的科学研究活动,为当前学生的开放式探究活动提供材料支持,使学生仿佛置身于历史情境之中,像科学家一样亲历探究活动。

为了帮助学生更好地进行探究活动,教师需要对历史过程进行深入的分析和组织,为学生搭建起一系列的探究支架。借助相关的物理学史内容,如物理学家的通信、实验日志或发表的原始文献等,帮助学生明确研究问题,进行实验设计。其具体实施步骤如下:在活动引入阶段,呈现与主题紧密相关的历史背景或科学家之间的争论,创设出问题研究的情境,激发学生的原有图式,引发思维活动,明确研究问题;在实验探究设计阶段,简要介绍科学家曾经经历过的实验研究活动,注意根据学生的认知水平预留空间让学生自主进行设计,在学生遇到困难时提供帮助——展示科学家的解决方案,引导学生将自己设计的实验探究过程与科学家的研究过程进行比较,从中获得启发,对实验设计进行反思和修正,以便获得更为合理且与科学家相差不大的探究活动。在实验过程中,学生就像科学工作者一样获取数据、分析论证、得出结论。在探究活动结束后,教师引导学生回顾自己的实验设计方法、问题解决策略、数据处理方式等,反思实验设计和过程中的不足,并思考进一步的改进方案。

案例1

自由落体运动的研究蕴含着深远的思想与方法论价值,它堪称物理学研究的里程碑,为物理学的进步提供了重要的指导,同时也是引导学生初步接触并理解物理学研究理念与方法的绝佳案例。通过复刻物理学家的探索历程,学生可以亲身体验物理学的研究路径与流程,而自由落体运动正是一个极其恰当的范例。

针对学生的学习目标,我们可以细化为以下几点:

自由落体运动的理想模型:不计空气阻力时,所有物体下落得一样快。

科学本质的认识:在不同时代背景下,人们对科学内容的认识不同;科学是不断发展的;科学来源于生活。

科学研究的方法：亚里士多德的观察—逻辑归纳法；伽利略逻辑归谬法、科学实验和直觉外推法。

科学家的研究态度：亚里士多德对生活现象进行总结归纳，渴求揭示自然界运行的一般规律；伽利略不畏权威、大胆创新、尊重实验事实、执着追求真理的科学态度。

(三) 角色扮演

角色扮演是一种有效的教学方法，它要求学生在教学过程中扮演物理学家的角色，针对特定问题进行探讨、交流观点，或通过身体语言模拟物理现象的过程。这一策略是物理学史辅助概念教学的又一重要手段。

当学生模拟物理学家进行研究时，他们能够更深入地理解物理学家的科学立场，从而更清晰地认识到研究的核心问题、各方争论的根源以及解决方案。通过这种方式，学生可以体验概念的形成与发展过程，进而深刻理解科学概念，并领悟物理学家的思维方式。例如，学生可以分别扮演亚里士多德、伽利略、笛卡儿、牛顿等物理学家，阐述他们对"力与运动"关系的看法，通过多方辩论，深入理解力与运动的本质联系，了解惯性定律的演变历程，感受物理学家的科学思维，并学习将观察、实验与逻辑紧密结合的研究方法，从而更全面地理解科学的本质。

此外，在学习过程中，学生还可以利用现有资源模拟物理现象的过程，将抽象的概念转化为具体的感知，以便更好地理解物理模型的差异，并感受科学的简洁之美。例如，学生可以通过列队行进来模拟电路中电流的动态变化，从而更直观地理解欧姆定律。

教师在运用角色扮演教学策略时，应首先帮助学生区分不同的角色，明确各角色的特点（如科学家的观点立场或物理量的本质），然后为学生提供足够的空间，让他们自主构建呈现的形式和内容（如科学观点之间的辩论、对科学家的模拟访谈、物理过程的拟人化表演等）。

案例2

对于初中阶段的学生而言，电流是一个相对抽象且具工具性的科学概念。在本案例的教学设计中，笔者采用了一种创新的方法，引导学生参与角色扮演活动，通过列队行进模拟电流的物理本质及其随电压和电阻变化的动态过程，使这一抽象概念得以生动形象地展现。在角色扮演的过程中，学生们不仅自主建构了对电流概念的理解,而且他们对角色呈现方式的深入思考也体现了对概念内在逻辑的把握。

教师在教学过程中扮演了协作者与引导者的角色,通过间接参与的方式帮助学生摒弃了先前可能存在的错误或片面的概念认知。在课堂推进的过程中,教师巧妙地运用了隐喻手法,将历史上欧姆定律的发现过程融入其中,使学生在轻松愉快的游戏氛围中不自觉地参与到电流规律的探索中来。通过这种方式,学生对欧姆定律的内容逐渐形成了定性的认识。

在课堂接近尾声时,教师直接展示了相关的物理学史内容。由于学生们在之前的角色扮演活动中已经自主地理解和体会了物理学家的研究内容与研究思路,因此他们受到了极大的激励。这种激励不仅增强了学生获得概念的自我效能感,还进一步提升了他们的学习动机,从而有力地促进了他们对物理概念的学习与掌握。

学生的学习目标:

欧姆定律的内容:对于某导体来说,通过它的电流与它两端的电压成正比,与导体的电阻成反比。

电阻定律的内容:导体的电阻与导体的材料有关,并且与导体的长度成正比,与导体的横截面积成反比。

科学本质的认识:科学是在前人发现的基础上不断发展而形成的;科学研究是解决问题的过程;科学研究并非科学家的专利;科学研究结果上升为一般理论要经得起时间的检验。

上述案例中,师生合作,学生借助列队行进拟人化演绎电流在电路中的动态变化过程,从而将欧姆探究电流变化规律的过程和内容形象化地呈现出来,促进学生对欧姆定律以及电阻定律的深入理解。

参考文献

安德烈·焦尔当.学习的本质[M].杭零,译.上海:华东师范大学出版社,2015.

崔允漷.有效教学[M].上海:华东师范大学出版社,2009.

段金梅,武建时.物理教学心理学[M].北京:北京师范大学出版社,1988.

郭玉英.中学理科课程标准国际比较与研究(物理卷)[M].北京:北京师范大学出版社,2014.

郭元祥.深度教学——促进学生素养发育的教学变革[M].福州:福建教育出版社,2021.

黄济.教育哲学通论[M].太原:山西教育出版社,1998.

李醒民.科学的文化意蕴——科学文化讲座[M].北京:高等教育出版社,2007.

林崇德.21世纪学生发展核心素养研究[M].北京:北京师范大学出版社,2016.

乔际平,邢红军.物理教育心理学[M].南宁:广西教育出版社,2002.

任虎虎.指向深度学习的高中物理教学研究[M].合肥:中国科学技术大学出版社,2019.

帅晓红.中学物理实验教学能力训练教程[M].北京:科学出版社,2014.

田世昆,胡卫平.物理思维论[M].南宁:广西教育出版社,1996.

阎金铎,田世昆.中学物理教学概论[M].北京:高等教育出版社,1991.

叶澜."新基础教育论"——关于当代中国学校变革的探究与认识[M].北京:教育科学出版社,2006.

钟启泉.深度学习[M].上海:华东师范大学出版社,2021.

钟启泉.学科教学论基础[M].上海:华东师范大学出版社,2001.

佐藤学.学习的快乐——走向对话[M].钟启泉,译.北京:教育科学出版社,2004.

安富海.促进深度学习的课堂教学策略研究[J].课程·教材·教法,2014(11):57-62.

卜彩丽,胡富珍,苏晨,等.为深度学习而教:优质教学的内涵、框架与策略[J].现代教育技术,2021(7):21-29.

陈奋策.对称性、对称性原理与对称性方法[J].福建教育学院学报,2002(1):96-99.

崔允漷.学科实践:学科育人方式变革的新方向[J].人民教育,2022(9):30-32.

邓靖武.大概念统摄下物理单元知识结构构建及教学探讨[J].课程·教材·教法,2021(1):118-124.

付亦宁.深度学习的教学范式[J].全球教育展望,2017(7):47-56.

龚静,侯长林,张新婷.深度学习的生发逻辑、教学模型与实践路径[J].现代远程教育研究,2020(5):46-51.

郭华.带领学生进入历史:"两次倒转"教学机制的理论意义[J].北京大学教育评论,2016(2):8-26.

郭华.深度学习及其意义[J].课程·教材·教法,2016(11):25-32.

郭玉英,姚建欣,张静.整合与发展——科学课程中概念体系的建构及其学习进阶[J].课程·教材·教法,2013(2):44-49.

郭玉英,姚建欣.基于核心素养学习进阶的科学教学设计[J].课程·教材·教法,2016(11):64-70.

郭玉英,张玉峰,姚建欣.物理学科能力及其表现研究[J].教育学报,2016(4):57-63.

郭玉英.从相关性到统一性——综合科学课程的现代建构模式[J].课程·教材·教法,2002(4):39-42.

郭玉英.学生的科学探究能力:国外的研究及启示[J].课程·教材·教法,2005(7):93-96.

郭元祥,李炎清.论学生课程履历及其规约[J].课程·教材·教法,2016(2):17-23.

郭元祥,马友平.学科能力表现:意义、要素与类型[J].教育发展研究,2012(Z2),29-34.

郭元祥,伍远岳.学习的实践属性及其意义向度[J].教育研究,2016(2):102-109.

郭元祥.论实践教育[J].课程·教材·教法,2012(1):17-22.

郭拯.高中物理教学目标的层级设计与量化评价[J].中小学教材教学,2022(11):68-71.

哈斯朝勒,郝志军.学科育人价值的特性及其实现[J].教育理论与实践,2020(7):14-17.

郝志军.人学视野中的课程建设[J].教育理论与实践,2006(10):49-52.

何玲,黎加厚.促进学生深度学习[J].计算机教与学,2005(5):29-30.

蒋永贵.再探指向核心素养的学习目标研制[J].课程·教材·教法,2023(5):48-55.

李醒民.关于科学与价值的几个问题[J].中国社会科学,1990(5):43-60.

李映红.指向深度学习的高中物理单元教学路径研究[J].数理天地(高中版),2024(14):70-72.

林银玲,叶信治.论表层学习与深层学习——基于大学生学业评价制度改革的研究[J].福建师范大学学报(哲学社会科学版),2014(3):151-156.

鲁洁.教育:人之自我建构的实践活动[J].教育研究,1998(9):13-18.

马亚鹏,王骋.物理教师的人文素养新探[J].物理教师,2016(9):75-77.

马亚鹏.论物理学科的育人价值[J].物理教师,2021(1):70-73.

马亚鹏.物理教育的人文本质[J].基础教育,2013(4):28-33.

马亚鹏.指向创新素养的学生物理直觉思维能力培养[J].教学与管理,2018(4):63-65.

马云鹏.深度学习视域下的课堂变革[J].全球教育展望,2018(10):52-63.

任虎虎.指向深度学习的高中物理思维型课堂构建的研究[J].物理教师,2019(7):28-31.

孙英杰,周勇.提高初中物理实验实施质量的几点思考[J].物理教学,2023(1):29-31.

孙玉杰,邓晓琼,李星辉.构建"初中物理实验教学课堂范式"的实践研究[J].物理教学,2023(3):50-52.

王道俊.知识的教育价值及其实现方式问题初探——兼谈对杜威教育思想的某些认识[J].课程·教材·教法,2011(1):14-32.

吴永军.关于深度学习的再认识[J].课程·教材·教法,2019(2):51-58.

伍远岳,周妍.必要与可能:中小学生学习过程质量监测——来自国际大规模教育评价的启示[J].教育科学研究,2018(11):62-67.

伍远岳.论深度教学:内涵、特征与标准[J].教育研究与实验,2017(4):58-65.

邢红军,董鑫鑫,石尧.论物理学科本质及其对物理教育的启示[J].物理实验,2022(4):57-63.

邢红军,张抗抗,胡扬洋,等.物理概念与规律的教学要求:反思与重构[J].课程·教材·教法,2018(2):91-96.

邢红军,张抗抗.论物理思想的教育价值及其启示[J].教育科学研究,2016(8):61-68.

邢红军,赵玉萍,李杰.论物理学科能力的建构及其启示[J].课程·教材·教法,2021(4):118-124.

闫俊仁.守恒思想在近代物理中的应用[J].中学物理教学参考,2004(5):31-33.

余胜泉,段金菊,崔京菁.基于学习元的双螺旋深度学习模型[J].现代远程教育研究,2017(6):37-47.

张春莉,王艳芝.深度学习视域下的课堂教学过程研究[J].课程·教材·教法,2021(8):63-69.

张娜.国内外学习投入及其学校影响因素研究综述[J].心理研究,2012(2):83-92.

赵安强,夏波,阮享彬.深度学习理念下的初中物理教学设计与实践——以"牛顿第一定律"教学为例[J].物理教学,2021(11):32-35.

赵国金,孙杰明.有效课堂教学评价应然模式的建构[J].教学与管理,2011(25):6-8.

钟启泉.基于核心素养的课程发展:挑战与课题[J].全球教育展望,2016:3-25.

朱英,冯杰.以单元目标为导向的初中物理学习活动设计——以"大气压强"为例[J].物理教师,2022(4):50-53.

郭元祥.论深度教学:源起、基础与理念[J].教育研究与实验,2017(3):1-11.

郭元祥.论学习观的变革:学习的边界、境界与层次[J].教育研究与实验,2018(1):1-11.

李俊永,王长江.显化科学方法视野下物理概念的建构逻辑——以"静摩擦力"教学为例[J].物理教师,2017(9):2-4.

石尧,刘艳辉,任炜东.初中物理方法背后的物理思想显性化研究[J].中学物理教学参考,2022(10):2-4.

艾静,熊建文.物理核心素养的解析与重构[J].物理教师,2018(7):2-7.

冯杰.物理概念教学与物理规律教学之差异性探讨[J].物理教师,2020(1):2-8.

陶昌宏.试论物理学科本质及独特的育人功能[J].物理通报,2021(5):2-9.

邢红军,陈清梅.从知识中心到方法中心:科学教育理论的重要转变[J].首都师范大学学报(自然科学版),2011(6):20-26.

辛涛,姜宇,林崇德,等.论学生发展核心素养的内涵特征及框架定位[J].中国教育学刊,2016(6):3-7.

成尚荣.用好统编教材 实现学科育人价值[J].课程·教材·教法,2018(8):4-10.

郭元祥.论学科育人的逻辑起点、内在条件与实践诉求[J].教育研究,2020(4):4-15.

邢红军.按照比值定义法的本质改进高中物理概念的编写[J].物理教师,2004,25(4):5-7.

邢红军.物理学科核心素养:透视、商榷与重构[J].教育科学研究,2018(11):5-14。

许冉冉,邢红军.电动势教学的高端备课[J].物理教师,2016(5):6-8.

李醒民.科学方法概览[J].哲学动态,2008(9):8-15.

李雪林.物理教学要体现科学探究的本质[J].物理教师,2016(12):9-11.

周霞,伍远岳.深度教学视野下的学习评价[J].教育理论与实践,2020(8):10-13.

陈娜,郭元祥.学科课程思想的内涵、特征及其对教学的观照[J].课程·教材·教法,2017(8):11-16.

陈东.物理学史在中学物理教学中的价值及实现方式研究[D].武汉:华中师范大学,2017.

张宇.物理学史辅助初中物理概念教学的研究[D].上海:华东师范大学,2016.

后记

随着本书的最后一个字符落下,我仿佛踏入了一片无垠的思考森林,这里既有物理的严谨与深邃,也有教育的温暖与启迪,更有对育人本原和教育目的的无尽探寻。这本书不仅是我对物理教学的梳理与传授,更是一次心灵的旅行,一次对教学智慧与育人本原的深度思考。

物理,这门探究自然界基本规律的学科,其背后隐藏着深刻的哲学意蕴。从牛顿的力学定律到爱因斯坦的相对论,再到神秘莫测的量子力学,每一步都引领我们走向更深层次的思考。物理定律的普遍性与特殊性,让我思考"一与多""普遍与特殊"的辩证关系。每一个物理定律都是对宇宙秩序的一次揭示,但同时也是对人类认知局限的一次提醒。

教育,是传承知识、启迪智慧的桥梁。通过阅读、思考、实践我更加深刻地理解了教育的本质与使命。教育不仅仅是知识的传授,更是心灵的滋养,是点燃智慧之光的火种。

我尝试着去探寻教育的本原与目的,再次查阅了经典教育著作《大教学论》。《大教学论》是西方教育史上第一部体系完整的教育学著作,作者夸美纽斯是17世纪捷克的教育家,被誉为教育史上的"哥白尼"、近代教育之父、系统的教育学之父。他在《大教学论》申明自己的目的是:寻求并找出一种教学的方法,使教员因此可以少教,但是学生可以多学;使学校因此可以少些喧嚣、厌恶和无益的劳苦,多具闲暇、快乐和坚实的进步。夸美纽斯在吸取当时的哲学成果的基础上,提出"自然适应性原则"。他已经有意识地要使教学活动按法则的支配力量运作,开始思考和寻找支配教学活动的法则,这便是"自然的秩序",即根据人的自然本性和身心发展规律进行教育。在当代教育中,这一原则提醒我们要尊重学生的个性差异和发展阶段。每个学生都有自己独特的学习方式和发展节奏,教育者应该关注学生的个体需求,因材施教。艾尔弗雷德·诺思·怀特海(Alfred North Whitehead)的经典著作《教育的目的》,以其独特的哲学视角,引导我深入探究教育的终极目标。他反对向学生灌输知识,提倡引导他们自我发展。他提出，学生是有血有肉的人，教育的目的是激发和引导他们的自我发展之路。

教育的真正目的是什么？是为了培养掌握特定技能的人才，还是为了激发人的潜能，使他们成为具有独立思考能力和创新精神的人？在物理教育中，我始终认为，物理教育应该激发学生的好奇心与求知欲，引导学生探索物理现象背后的本质，培养他们的批判性思维与科学探究能力，让他们在探索物理本原的过程中，学会如何思考、如何探索、如何创新，不断发现自我、实现自我。

这种对教育的思考，让我意识到，教育不仅仅是传授知识的过程，更是一个塑造人格、培养精神的过程。它要求我们关注学生的全面发展，注重他们的情感、态度和价值观的培养。只有这样，我们才能真正培养出既有科学知识，又有人文情怀，既有实践能力，又有创新精神的全面发展的人才。

而这一切，都离不开对教育本原的深刻思考。因为教育的最终目的，是引导我们探索宇宙的本原和存在的意义，理解我们在宇宙中的位置与角色。

物理与教育，看似是两个截然不同的领域，但在我看来，它们却共同指向了一个终极问题：存在的奥秘。物理试图通过揭示自然界的规律来解答这个问题，而教育则试图通过培养人的智慧和品格来引导我们探索这个问题。

探索像走进了一座迷宫，充满了曲折与未知。我们每个人都在这座迷宫中摸索前行，试图找到通往智慧之光的道路。有时，我们可能会迷失方向，感到困惑与迷茫。很幸运，在探索的路上，我遇到了诸多良师益友：厦门市教育局、厦门市教育科学研究院的智慧与慷慨让我受益匪浅；东北师范大学于海波教授，西南大学廖伯琴教授、罗生全教授、范涌峰教授，林伟庆、石锡伍、陈宗荣，他们以睿智敏捷的学术智慧、敦厚阔达的胸怀、高瞻远瞩的视野带我领略学术前沿最旖旎的风光和树立为人处世的厚德标杆；钱永昌和厦门市首期卓越教师培育的学友们，在学习和生活上给予我诸多指导与鼓励。感谢他们！

本书的出版得到了西南大学出版社的大力支持，特别是本书的编辑和校对为本书的出版劳心劳力，在此一并致谢！

在未来的日子里，我将继续我的探索之旅。我相信，在物理的宇宙中、在教育的光辉中、在充满艰辛而又幸福的探索路上，我定能延续求学阶段所孕育的"卓越精神"，脚下之道会越走越敞亮，越来越好！